Adolf Friedrich von Schack

Poesie und Kunst der Araber in Spanien und Sicilien

Adolf Friedrich von Schack

Poesie und Kunst der Araber in Spanien und Sicilien

ISBN/EAN: 9783742899002

Hergestellt in Europa, USA, Kanada, Australien, Japan

Cover: Foto ©Thomas Meinert / pixelio.de

Manufactured and distributed by brebook publishing software (www.brebook.com)

Adolf Friedrich von Schack

Poesie und Kunst der Araber in Spanien und Sicilien

Poesie und Kunst

der Araber

in Spanien und Sicilien.

Von

Adolf Friedrich von Schack.

Erster Band.

Berlin 1865.
Verlag von Wilhelm Hertz.
(Besser'sche Buchhandlung.)

Vorwort.

Die vorliegende Schrift ist die Frucht von Studien, zu denen mich ein längerer Aufenthalt in Andalusien und namentlich zwei, in dem herrlichen Granada verlebte, Sommer anregten. Bei meinen oft wiederholten Besuchen der Alhambra und des Generalife, wie auf den Spaziergängen, die mich bald zu dem zertrümmerten Palaste der Alijares, bald auf den reizenden Hügel Dinadamar oder über die wundervolle, mit Oleandern geschmückte, Alameda nach dem „Garten der Königin" führten, dann auf meinen Wanderungen durch die nun verödete Hauptstadt des Omajjadenreiches, bildeten die mich rings umgebenden Denkmale der Araber den steten Gegenstand meiner Betrachtung. Zugleich erwachte in mir das Verlangen, die Cultur des Volkes näher kennen zu lernen, von dessen Schönheitssinn diese eben so reizenden wie eigenthümlichen Architekturwerke ein glän=

zendes Zeugniß ablegen. Ich wünschte, die Hallen der arabischen Schlösser, wie mit den Gestalten der Menschen, welche durch sie hingeschritten, so auch mit den Gesängen, die einst in ihnen erklungen, beleben zu können. Aber meine beständige Klage galt der Vergessenheit und dem Dunkel, in welches die Nation zurückgesunken ist, die fast acht Jahrhunderte lang in Spanien herrschte und während des Mittelalters eine so große Rolle spielte. Mit beispiellosem Eifer sind die Werke der provenzalischen wie nordfranzösischen, der castilianischen, mittelhochdeutschen, altenglischen und scandinavischen Dichter, selbst bis zu den geringfügigsten Produkten, bekannt gemacht worden, aber in diesem Chor aller Nationen fehlt die Stimme gerade des Volkes, welches lange durch seine Bildung alle anderen überstrahlte. Zwar reden sämmtliche Geschichtsbücher von dem außerordentlichen Flor, zu welchem neben fast allen Wissenschaften auch die Dichtkunst bei den muhammedanischen Spaniern gediehen sei; ja lange Zeit schrieb man, freilich ohne alle Sachkenntniß nur in vagen Behauptungen, der spanisch-arabischen Poesie die erste belebende Einwirkung auf die des übrigen Europa zu; allein vergebens würde man suchen, durch Vermittelung einer der neueren europäischen Sprachen Nachrichten von ihr zu erhalten oder sie selbst kennen zu lernen. Eine

ganze poetische Literatur, welche von einem geistrei=
chen Volke in der Blüthezeit seiner Cultur hoch be=
wundert wurde, deren Ruhm sich vom Abendlande
bis in den fernsten Orient verbreitete, ist so gänzlich
verschollen, als wäre sie nie dagewesen.

Das Auffallende, was in dieser Erscheinung liegt,
mindert sich wenn man bedenkt, daß sogar die poli=
tische Geschichte der spanischen Araber bis ganz vor
Kurzem im tiefsten Dunkel gelegen. Denn, wie der
große holländische Orientalist Dozy unwiderleglich
bewiesen, hat Conde, der so lange für die Haupt=
autorität auf diesem Felde gegolten, verstümmelte
Stellen lateinischer Chronisten für Uebersetzungen
arabischer Historiker ausgegeben und da, wo ihm
wirklich orientalische Texte vorlagen, diese so wenig
verstanden, daß „bei ihm nicht selten aus demselben
Individuum zwei oder drei verschiedene werden, daß
er Infinitive zu Eigennamen macht, Menschen meh=
rere Male und bisweilen schon vor ihrer Geburt sterben
läßt und Personen, die nie existirt haben, in imagi=
nären Rollen einführt." Dennoch ist das Buch die=
ses Spaniers bis auf die neuste Zeit die Grundlage
für Alles gewesen, was über die spanischen Araber
geschrieben worden. Auf allen Universitäten Euro=
pa's hat man diesen Theil der Geschichte nach ihm
vorgetragen, sämmtliche Werke über Spanien, mögen

sie von Deutschen, Engländern, Amerikanern, Franzosen oder Spaniern geschrieben sein, haben ihre Nachrichten über jene Glanzperiode der Halbinsel aus ihm geschöpft, und aus derselben Quelle sind falsche Thatsachen aller Art in Universalhistorien, sogar berühmter Verfasser, in allgemeine Geschichten des Mittelalters, Reisebeschreibungen u. s. w. geflossen. Die Bibliothek des Casiri verdient kaum mehr Zutrauen, als das Buch von Conde.

Erst in allerjüngster Zeit ist durch das Erscheinen der wichtigsten arabischen Historiker im Urtext eine sichere Grundlage für die Kenntniß des muhammedanischen Spanien gewonnen worden, und Dozy, der schon genannte eminente Gelehrte, dem wir diese Editionen größtentheils verdanken, hat sein Verdienst durch die Herausgabe einer wahrhaft kritischen Geschichte der Muhammedaner in Spanien vom achten bis zum zwölften Jahrhundert gekrönt. Man muß dieses Werk, welchem sich desselben Verfassers „Untersuchungen über das spanische Mittelalter" ergänzend anschließen, als eine der größten wissenschaftlichen Leistungen unseres Jahrhunderts betrachten, denn ein ganzer umfangreicher und überaus wichtiger Theil der Weltgeschichte ist durch dasselbe zum ersten Male aus dem Gebiete der Lüge und Fabel an das Licht der historischen Wahrheit gerückt werden. Hoffent-

lich wird Dozy seine Darstellung der muhammeda=
nischen Herrschaft auf der Halbinsel weiter von der
Zeit der Murabiten bis zum Untergange von Gra=
nada fortsetzen.

Es konnte nicht in der Absicht dieses trefflichen
Gelehrten liegen, neben der politischen auch die Cul=
turgeschichte der spanischen Araber zu behandeln;
seine schon riesige Aufgabe würde sich dadurch ins
Unermeßliche vergrößert haben. Nur gelegentlich war
für einzelne, von seinem unmittelbaren Gegenstande ab=
liegende, Notizen Platz in seinem Werke. Daß aber eine
nähere Kenntniß der spanisch=arabischen Poesie in vieler
Hinsicht wünschenswerth sei, kann unmöglich verkannt
werden. Abgesehen von dem Genuß, der sich von den
dichterischen Hervorbringungen eines so begabten Vol=
kes erwarten läßt, wird deren historischer Werth nicht
gering anzuschlagen sein; wie Ibn Chaldun sagt,
nirgend seien die alten Araber vollständiger geschil=
dert als im Buche der Gesänge des Ali von Ispa=
han (Prolegomena III, 321), so werden Geist und
Leben der moslimischen Bewohner Spaniens sich am
klarsten in deren Liedern spiegeln. Die oft aufge=
worfene Frage endlich, ob die mittelalterliche Poesie
des christlichen Europa Einflüsse von der arabischen
empfangen habe, läßt sich weder ohne Weiteres ver=
neinen, noch auf allgemeine Annahmen und ober=

flächliche Analogien hin bejahen; nur die Bekannt=
schaft mit der abendländisch=arabischen Dichtkunst selbst
kann über den dunkeln Punkt Licht verbreiten.

Indem ich nun als Ergebniß meiner Beschäfti=
gung mit diesem Gegenstande den vorliegenden Ver=
such herauszugeben mich entschließe, geschieht es in
der Zuversicht, daß Einsichtsvolle an die erste Arbeit
über ein bisher noch nie behandeltes Thema nicht
den Maßstab anlegen werden, wie an solche, welche
sich auf vielfache Vorarbeiten stützen können. Erst
nachdem durch eine Reihe von Schriften, die sich
durch drei Jahrhunderte hindurchzieht, die Literatur
der Troubadours beleuchtet worden war, konnte ein
Werk wie das von Diez verfaßt werden. So würde
eine umfassende Darstellung der spanisch=arabischen
Poesie erst möglich werden, wenn die vereinigte Thä=
tigkeit Vieler die Materialien dazu geliefert hätte,
und selbst dann würde bei dem ungeheuern Umfang
dieses Literaturgebietes für die Lösung einer solchen
Riesenaufgabe kaum die Arbeitskraft eines Einzelnen
ausreichen. In der Erkenntniß dessen, was ich allein
zu leisten vermöchte, verzichtete ich daher von vorn
herein darauf, etwas irgend wie Vollständiges zu
liefern; statt den unermeßlichen Ocean spanisch=ara=
bischer Dichtung auszuschöpfen zu wollen, genügte es
mir, einige Muscheln an dessen Ufer aufzulesen. Wie

nun meine ganze Arbeit nur bezweckt, Denjenigen, welche nicht Orientalisten sind, einen ersten Blick auf ein ihnen noch völlig unbekanntes Literaturgebiet zu ermöglichen, so schien auch deren Form eine durchaus ungebundene, von allem Systematischen fernliegende sein zu dürfen.

In den mitgetheilten Gedichtproben werden die Kenner ein sorgfältiges Studium der oft äußerst schwierigen Originale nicht vermissen. Bei der Behandlung der Texte haben mich dieselben Grundsätze geleitet, die ich schon bei früheren ähnlichen Arbeiten befolgte. Eine metrische Nachbildung kann nicht den Zweck haben, als Hülfsmittel zum Verständniß des Originals zu dienen, vielmehr muß sie vor Allem danach trachten, ihr Vorbild dichterisch zu reproduciren. Zugegeben, daß es möglich sei, die Dichter des klassischen Alterthums und der meisten neueren europäischen Völker wörtlich zu übersetzen, ohne den poetischen Eindruck zu beeinträchtigen, so müßte doch ein gleiches Verfahren, auf die arabische, ihrem ganzen Genius nach von der unsrigen so verschiedene, Sprache angewandt, Monstrositäten erzeugen, und Dozy hat treffend gesagt, hier könne die größte Untreue leicht gerade dadurch herbeigeführt werden, daß man zu treu sein wolle. Wenn ich nun, von dieser Ueberzeugung ausgehend, bei meinen Nachbildungen in Nebensachen bisweilen mit beträchtlicher Freiheit geschaltet habe, so ist es mir vielleicht gerade hierdurch ermöglicht worden, Geist und Sinn des Ganzen desto treuer wiederzugeben.

Das lebhafte Interesse, welches mir die Bauwerke der Araber in Andalusien einflößten, hat mich veranlaßt, die Betrachtung der Kunst dieses Volkes mit der von dessen Poesie zu verbinden. Es lag mir dabei ganz fern, durch Eingehen auf das Technische der Architektur mit anderen Schriften über diesen Gegenstand concurriren zu wollen; während aber alle jene Schriften, deren Verdienste ich im Uebrigen nicht verkleinern will, ihre historischen Angaben aus Conde's Fälschung oder anderen ähnlichen, jeder Glaubwürdigkeit entbehrenden Büchern geschöpft haben, suchte ich durch Benutzung arabischer Quellen, welche hier allein maßgebend sein können, meiner Arbeit einen Werth zu sichern. Daß mein Versuch bei seiner Schwierigkeit und der Spärlichkeit der bisher zugänglichen Hülfsmittel nur unvollkommen ausfallen könne, wußte ich, als ich ihn unternahm, aber ebenso bin ich mir bewußt, den einzig richtigen Weg eingeschlagen zu haben, auf welchem dieser Theil der Kunstgeschichte ins Klare gebracht werden kann.

Auch auf Poesie und Kunst der Araber Sicilien's

einen Blick zu werfen, fühlte ich mich versucht. Da
indessen die arabische Cultur auf dieser Insel weder
so lange noch in solchem Umfang geblüht hat, wie
in Andalusien, so durfte der ihr gewidmete Abschnitt
nur einen verhältnißmäßig geringen Raum einneh=
men; es kam hinzu, daß mir hier viel weniger Ma=
terialien zu Gebote standen, als für Spanien.

Die zwanglose Form meines ganzen Versuches
erlaubte mir, in den Abschnitten über Kunst auch
Einiges über die Gegenden einfließen zu lassen, in
welchen dieselbe geblüht hat. Wenn man mir den
Vorwurf machen will, bisweilen von meinem Gegen=
stande abgeschweift und in den Ton eines reisenden
Enthusiasten verfallen zu sein, so bemerke ich, daß
die arabische Architektur in den engsten Beziehungen
zu der sie umgebenden Natur steht, daß also Der=
jenige, welcher die Schöpfungen dieser Kunst zu cha=
rakterisiren versucht, auch die Umgebung, für welche
sie berechnet waren, nicht außer Acht lassen darf.
Nun war es mir unmöglich, über Gegenden, die an
zauberischem Reiz von keinen anderen der Erde über=
troffen werden, in dem trockenen Tone des Topogra=
phen zu reden, und ich darf wohl daran erinnern,
daß selbst der ernste Geschichtschreiber Falcandus,
die gelehrten Staatsmänner Petrus Martyr und
Andrea Navagero bei der Erwähnung von Pa=

lermo und Granada sich nicht enthalten können, ihr Entzücken in begeisterten Schilderungen und Lobreden kund zu geben. Möge das Beispiel dieser großen Männer mir als Rechtfertigung dienen.

Inhalt des ersten Bandes.

                                                                Seite.
I. Einleitung 1
II. Hohe Cultur der spanischen Araber. Blüthe der
    Poesie unter ihnen 42
III. Bemerkungen über diese Poesie im Allgemeinen .. 88
IV. Liebeslieder 105
V. Kriegslieder 136
VI. Trinklieder. Naturschilderungen 172
VII. Loblieder. Satiren 191
VIII. Elegien. Religiöse Gedichte 205
IX. ⎫   ⎧ 221
X. ⎬ Miscellen aus der spanisch-arabischen Poesie.. ⎨ 245
XI. ⎭   ⎩ 298

.

Poesie und Kunst
der Araber
in Spanien und Sicilien.

Erster Band.

I.

Nie hat ein unwirthbarerer Boden der Poesie irgend eines Volkes zur Geburtstätte gedient, als der arabische. Kahle, sich in unabsehbare Fernen verlierende Sandhügel; Felsgebirge, aus deren Spalten dürres Gestrüppe, spärlich vom nächtlichen Thau genährt, hervorsprießt; nur hier und da an rinnenden Quellen eine Grasflur, duftendes Balsamgesträuch und Dattelpalmen, vereinzelt hingestreut; darüber der Sturmwind, der den glühenden Sand in Wirbeln emportreibt und die flammende Sonne, die ihre sengenden Strahlen herabgießt. Einzig wenn ein Gewitter, langersehnten Regen kündend, in aller Pracht der Tropen heraufzieht, oder Nachts am klaren tiefblauen Himmelsgewölbe die scheitelrechten Plejaden und der Wunderstern Kanopus funkeln, kommt ein Wechsel in die traurige Einförmigkeit.

Auf diesen unermeßlichen Einöden, die sich von den Klippenufern des rothen Meeres bis an den Euphrat und Persischen Golf, von den Weihrauchgestaden Yemens und Hadramaut's bis gegen Syrien hin er=

strecken, streifen seit den frühsten Zeiten der Geschichte wandernde Hirten oder Beduinen umher. In einzelnen, von einander unabhängigen Stämmen ziehen sie von Ort zu Ort, bald hier bald dort ihre Zelte schlagend, je nachdem sie Weide für ihre Kameel- und Schafheerden finden. Die Freiheit gilt ihnen als höchstes Gut; selbst der Häuptling, den jeder Stamm sich wählt, hat eine sehr beschränkte Gewalt und bedarf zu jeder seiner Handlungen, sei es auch nur, daß er das Lager abbrechen will, die Zustimmung der Familien-Aeltesten. Mit Verachtung blicken sie auf die Städtebewohner, die, in dumpfe Häuser eingeschlossen, ein trübseliges Leben führen und durch Handel, Handwerk oder Ackerbau ihren Unterhalt erwerben. Kampf, Jagd, Liebe, Gastfreundschaft, gegeben oder empfangen, halten sie für die einzige Lust. Jeder Stamm ist eine Welt für sich; seine Mitglieder, sich als Brüder betrachtend, schützen einander mit Blut und Leben, sehen dagegen alle fremden Stämme, wofern sie nicht in besonderen Bundes- oder Freundschaftsverhältnissen zu ihnen stehen, als Feinde an, so daß ihnen Streifzüge wider sie, nächtliche Ueberfälle zum Zwecke des Beutemachens nicht allein als erlaubt, sondern sogar als ruhmvolle Thaten erscheinen. Ueber Allem freilich steht das Gebot der Gastfreundschaft. Dem Beduinen gilt der Fremde, sobald er die Schwelle seines Zeltes überschritten hat, für heilig; wäre es auch sein Todfeind, er vertheidigt ihn gegen Jedermann und opfert sein Letztes, um ihn stattlich zu bewirthen; hat er ihn aber ziehen lassen, so säumt er nicht, der anderen heiligen Pflicht zu gehorchen, welche gebietet, ihn zu erschlagen. Denn unverbrüchlich ist das Gesetz der Blutrache, wonach zur Sühnung für den Tod des Stammesgenossen das Haupt des Mörders fallen muß. Von Geschlecht zu Geschlecht herrscht diese furchtbare Satzung über den Menschen, Blut für Blut heischend und für jedes Opfer, das ihr fällt, ein neues fordernd.

Durch die steten Fehden der zahllosen kleinen Stämme bildete sich unter den kriegerischen Hirten der Wüste ein kühnes, trotziges Heldenthum aus. Immer vom Tode bedroht, immer bedacht, das theure ihm anvertraute Amt des Bluträchers zu vollstrecken, lernte der nomadische Araber den Ruhm der Tapferkeit über Alles schätzen. Die Weiber nahmen Theil an dem kriegerischen Geiste, begleiteten Gatten und Söhne auf ihren Zügen und feuerten sie zum Kampfe an.

Als einst, so wird erzählt, in dem großen Kriege der Bekriten und Taglabiten, die Schaar des mehr als hundertjährigen Find in's Wanken gerieth, stürzten sich dessen beide Töchter Allen voran in die Schlachtreihe der Feinde, indem sie in improvisirten Versen den Ihrigen ihre Zaghaftigkeit vorwarfen und sie zum Angriff ermuthigten. Denn diese wilden, ein abenteuerndes Räuberleben führenden Wüstenkinder, nicht etwa die Städtebewohner, waren es, bei denen die Dichtkunst vorzugsweise ihre Heimat hatte; und wunderbarer Weise eben bei ihnen erhielt sie eine Ausbildung, die an raffinirter Eleganz der Sprache und ängstlich-genauer Beobachtung der künstlichsten Metrik in keiner noch so verfeinerten Cultur-Epoche übertroffen worden ist.

Die frühesten poetischen Ergüsse der Araber waren einzelne, auf Anregung des Augenblicks improvisirte Verse. Alle Traditionen und Sammlungen von Gedichten aus vor-islamischer Zeit sind voll von solchen kleinen rhythmischen Aeußerungen ganz persönlichen Inhalts, wie sie durch diesen oder jenen bestimmten Anlaß hervorgerufen wurden. Empfindungen oder Betrachtungen, von irgend einer Situation eingegeben, wurden in einem leichten, einfachen Maaße oder gar nur in parallell gegliederten gereimten Sätzen ausgesprochen. Als Beispiel können die Verse gelten, welche der uralte Amr auf dem Sterbebette gesprochen haben soll:

Des Lebens müde bin ich nun, das allzu lange war;
Ich zähle jetzt nach hunderten die Jahre schon fürwahr;
Die ersten hundert schwanden hin, zwei hundert folgten dann,
Und aus den Mouden drauf erwuchs für mich noch manches Jahr.[1]

---
[1] Fresnel im Journal asiatique 1837, I. pag. 363.

Bisweilen sprach auch Einer, gleichsam als Herausforderung, einige Zeilen aus dem Stegreif, und der Andere improvisirte die Antwort. Ein Fall, den Abulfeda anführt, vermag, wenn er auch nicht der vormuhammedanischen Zeit angehört, doch die hier gemeinte Art anschaulich zu machen. „Ali, mit rothem Gewande bekleidet, stürzte kampflustig zum Angriff; ihm trat Marhab, der Befehlshaber der Festung, behelmten Hauptes entgegen und sprach:

  Wer ich bin, ganz Chaibar weiß es,
  Bin der Held Marhab,
  Bin mit Waffen wohlgerüstet,
  Tapfer bis zum Grab.
Ali erwiderte ihm:
  Einen Löwen hieß die Mutter
  Mich, das wisse Du!
  Mit dem Schwert des Kampfes mess' ich
  Euer Maaß euch zu.

Da drangen sie auf einander ein; Ali's Schwert spaltete den Helm und das Haupt Marhab's, das auf den Boden niederrollte."[1]

Es ist wichtig, diese Urform der arabischen Dichtung zu kennen, denn sie liegt nicht allein allen deren späteren kunstmäßigen Gestaltungen zu Grunde, sondern hat sich auch neben denselben fortwährend unverändert erhalten. In der That macht das Sub-

---

[1] Aboulfeda vie de Mohammed, publié par Noël Des Vergers, p. 80.

jektive und Persönliche, das Entstehen auf bestimmte
Veranlassungen im höheren oder geringeren Grade
den Charakter aller arabischen Poesie aus. Die Werke
der Dichter hängen meistens mit deren Lebensgeschichte
so genau zusammen, daß sie erst durch die Kenntniß
derselben vollkommen verständlich werden, weshalb
sich auch durch die Gedichtsammlungen ein biogra=
phischer Faden zu ziehen pflegt, der die einzelnen
Poesien durch die Umstände, welche sie hervorgerufen,
erläutert.

Bis gegen das sechste Jahrhundert unserer Zeit=
rechnung scheint das poetische Talent der Araber nichts
weiter hervorgebracht zu haben, als solche kurze im=
provisirte Aussprüche. Aus diesen geringen Anfängen
aber tritt bei ihnen die Dichtkunst um die genannte Zeit
plötzlich auf überraschende Weise in ihrer vollen Ausbil=
dung hervor. Als hätte sie kein Werden und keine
Entwickelung gehabt, erscheint sie auf einmal in gan=
zer Vollendung und aller der Eigenthümlichkeit, welche
sie im Wesentlichen für immer beibehalten hat. Nach
dem Ausspruch eines alten Arabers haben die ver=
schiedenen Dichter, um deren Priorität die verschie=
denen Stämme sich stritten, sämmtlich ungefähr in
der nämlichen Epoche gelebt, und der älteste dersel=
ben ist der Flucht Muhammeds um nicht viel mehr
als hundert Jahre vorausgegangen.[1]) Von demsel=

---

1) Fresnel, première lettre sur l'histoire des Arabes, pag. 76.

den Zeitpunkt, etwa von dem Jahre 500 n. Chr. an, finden sich auch die ersten Spuren des Bekanntwerdens der Schreibkunst in Arabien, und dem Jahrhundert von da bis ungefähr in die Mitte der Lebenszeit des Propheten verdanken alle gepriesenen Meisterstücke der vorislamischen Poesie ihre Entstehung. Jährlich wurde in Okaz, einem von Palmen beschatteten, drei kleine Tagereisen von Mekka gelegenen Städtchen, ein großer Markt gehalten, zu dem das Volk aus allen Theilen der Halbinsel zusammenströmte. Er fand im Beginn der drei heiligen Monate Statt, während welcher Kampf und Blutvergießen untersagt waren; die Besucher sahen sich also durch ein Religionsgesetz verpflichtet, ihrem Hasse Schweigen aufzuerlegen; erblickte der Sohn auch den lange vergebens gesuchten Mörder seines Vaters unter den Gästen, er durfte die Blutrache an ihm nicht vollstrecken. Wenn Grund zu der Befürchtung vorlag, daß trotz dieses Verbotes Feindseligkeiten ausbrechen könnten, so mußte Jeder, bevor er den Versammlungsplatz betrat, die Waffen ablegen.[1]) In festlichem Wettstreite trugen hier die Dichter, welche fast immer zugleich Krieger waren, ihre Verse vor, in denen sie ihre eigenen Thaten, den Ruhm der Vorfahren oder die Vorzüge ihres Stammes rühmten. Gelang es Einem, den Beifall der Zuhörer in vor-

---

1) Caussin de Perceval im Journ. asiat. 1836, II. 524.

züglichem Grade zu erringen, so wurde, nach einer alten Ueberlieferung, deren Glaubwürdigkeit freilich neuerdings in Zweifel gezogen worden ist,¹) sein Gedicht mit goldenen Buchstaben auf Seide geschrieben und an die Mauern der Kaaba, des uralten Heiligthums der Söhne Ismaels, aufgehängt. Sieben solcher Preislieder, die berühmten Muallakat, haben sich erhalten. Das sehr wesentliche Merkmal, welches sie von den früheren Versuchen unterscheidet, ist, daß sie nicht blos aus einzelnen kurzen Versen bestehen, sondern größere Compositionen in künstlicheren Rhythmen sind und nach Abrundung zu einem Ganzen trachten. An eine völlige Einheit, wo alle Einzelheiten sich der leitenden Idee unterordnen, darf man freilich nicht denken, vielmehr reihen sich Empfindungen und Schilderungen nur ziemlich lose aneinander; aber bei aller Lockerheit in der Composition läßt sich doch ein Hinstreben zu einem bestimmten Ziele wahrnehmen, wie denn auch alle Theile durch den gleichen Reim und dasselbe Metrum zusammengehalten werden.

Mehr und mehr verbreitete sich um diese Zeit Liebe zur Poesie durch das ganze Volk. Auch außer der erwähnten Messe von Okaz wurden Mufacharas oder Ruhmwettstreite gehalten, bei welchen jeder Stamm seinen Anspruch auf Vorzug vor den ande-

---

1) Th. Nöldeke, Beiträge zur Kenntniß der Poesie der alten Araber. S. XVIII.

ren durch einen Dichter gelten machte, und derjenige den Sieg davontrug, dessen Vertreter die glänzendsten Ausdrücke zu seiner Verherrlichung fand. Wenn in einer Familie sich Jemand besonders durch poetisches Talent hervorthat, so wurde sie von allen Seiten beglückwünscht, man veranstaltete Feste, die Frauen zogen beim Schalle des Tamburins den Männern entgegen und priesen den ganzen Stamm glücklich, daß unter ihm ein Dichter aufgestanden sei, der seine Thaten der Nachwelt verkünden werde. So weit Araber, über die unermeßlichen Sandflächen hinstreifend, die freie Luft des unendlichen Himmels einathmeten, erklangen die Lieder und galten neben der Tapferkeit als die höchste Zierde des Mannes; unter den Zelten der Stammesfürsten, an den Höfen der Könige von Gassan und Hira eben so wie auf dem ärmlichen Lager des Sklaven und in den Schlupfwinkeln des Räubers wurden Heldenmuth, Treue und Liebe im Gesange gefeiert. Verse, die sich durch glücklichen Gedanken oder Ausdruck besonders auszeichneten, verbreiteten sich schnell und gingen von Mund zu Munde. Unter diesen Umständen waren die Macht und der Einfluß, die das poetische Talent ausübte, unberechenbar. Bei Streitigkeiten, die sich zwischen den Familien erhoben, ward oft der Dichter zum Schiedsrichter gewählt und man fügte sich willig seiner Entscheidung. Da er durch sein Lob oder seinen Tadel Ehre oder Ruhm über einen Stamm verbreiten konnte, wurde sein Beifall eben so sehr gesucht, wie man sich scheute, seinen Zorn zu reizen. Ein armer Einwohner von Mekka, der viele noch unverheirathete Töchter hatte, nahm den Dichter Ascha, der sich gerade auf dem Wege nach Okaz befand, gastfreundlich bei sich auf und sprach ihm gelegentlich von seiner dürftigen Lage, wie auch von seinen Töchtern. Der Dichter glaubte die ihm erwiesene Gastfreundschaft am besten dadurch vergelten zu können, daß er auf dem Markte in Okaz die edlen Eigenschaften seines Wirthes besang und dabei dessen Töchter erwähnte. Seine Absicht schlug nicht fehl: kaum war das Lied bekannt geworden, so kamen die edelsten Häupter der verschiedenen Stämme und bewarben sich um die Hand der Mädchen.

Die vorislamische Dichtkunst der Araber ist vornehmlich in der Sammlung der Muallakat, der Hamasa, dem Divan der Hudseiliten und dem großen Buche der Gesänge aufbewahrt. Einer vollständigen Kenntniß des ungeheuern Vorraths werden sich Wenige rühmen können; wer aber denselben auch nur theilweise hat kennen lernen, wird gewiß durch den Contrast zwischen Inhalt und Form in vielen dieser Lieder überrascht worden sein. Auf der einen Seite die wilden Leidenschaften einer barbarischen Zeit, Mordbegier und Rachedurst; auf der anderen eine Subtilität der Sprache, eine gesuchte Feinheit des Ausdrucks, als ob das Gedicht geschrieben wäre, um irgend ein Kapitel der Grammatik zu illustriren. Wie war es möglich, daß rastlos umherirrende Krieger, die täglich dem dürren Boden und dem Schwerte der Feinde ihr Leben mühsam abringen mußten, die technische Seite der Poesie mit einer Sorgfalt pflegen konnten, die sonst nur höchst vorgeschrittenen Bildungsperioden eigen ist? Eine solche Erscheinung steht als Ausnahme in der ganzen Literatur da. Aber die Kenntniß der Gesetze und Reichthümer ihrer Sprache war von Alters her diejenige gewesen, um welche sich die Araber vorzüglich bemüht, und neben welcher sie nur noch die ihrer Genealogien und die der Sterne, welche ihnen auf ihren nächtlichen Wanderzügen als Führer dienten, mit gleichem Eifer gesucht hatten.[1]) Schon aus den frühesten Zeiten werden Beispiele erzählt, welche zeigen, wie großes Gewicht man auf die Wahl der Worte, die Richtigkeit des Reims, die Vollkommenheit des Stils legte. Der Dichter Tarafa kritisirte schon als Knabe, während er mit andern Kindern spielte, einen übelgewählten Ausdruck in einem Gedichte und wurde deshalb wegen der Feinheit seines Geschmackes bewundert. Ein Anderer, Nabiga, recitirte seinen Freunden, die er in Jathrib besuchte, eines seiner Lieder. Die Freunde, große Kenner der Verskunst, bemerkten darin einen falschen Reim, aber fürchtend, ihn, wenn

---

1) Caussin de Perceval, essai sur l'histoire des Arabes avant l'islamisme I, 352.

sie ihn selbst darauf aufmerksam machten, zu verletzen, ließen sie ihm das Lied von einer Sängerin vorsingen, die eine sehr reine Aussprache hatte. Alsbald erkannte denn auch Nabiga den begangenen Fehler, beeilte sich, den Reim zu verbessern und pflegte seitdem zu sagen: „Als ich nach Yathrib kam, waren meine Verse nicht tadellos; als ich es verließ, war ich der größte der Dichter." Empfindlicher gegen die Kritik zeigte sich Amr ul Kais. Er unterhielt sich einst mit dem Poeten Alkama über Poesie, sie trugen sich gegenseitig ihre Verse vor und kamen endlich überein, daß die Gemahlin des Amr ul Kais den Schiedsspruch fällen solle, wem von Beiden der Vorrang gebühre. Der Wettstreit begann; Jeder that sein möglichstes, den Gegner zu übertreffen, zuletzt aber erkannte die Schiedsrichterin dem Alkama den Preis zu, weil er eine gelungnere Beschreibung des Pferdes geliefert habe. Amr ul Kais fühlte sich durch diesen Spruch seiner Gemahlin in seinem Dichterstolze so gekränkt, daß er sofort zur Scheidung von ihr schritt, wogegen Alkama sie heirathete.[1]

Nach dem Vorbilde der Muallaka des Amr ul Kais pflegen die längeren Gedichte oder Kassiden damit anzufangen, daß der Dichter einen oder mehrere Freunde, die ihn auf einer Reise begleiten, auffordert, mit ihm auf den Trümmern der Wohnstätte

---

1) Caussin de Perceval l. c. I, p. 314. 345, 509.

seiner Geliebten zu weinen. Sie ist mit den Ihren
in eine andere Gegend der Wüste fortgezogen. In
seiner Trauer hat er für die Trostworte der Freunde
kein Ohr; er vertieft sich in Erinnerungen an die
Vergangenheit und erzählt von den glücklichen Stun=
den, die er mit seiner Schönen verlebt hat. Ein
Gesetz dieser Dichtgattung ist es, daß mannichfaltige
Bestandtheile, wie Perlen an eine Schnur gereiht,
das Ganze ausmachen; die Wahl und Anordnung
dieser Bestandtheile (meist Beschreibungen, Lobsprüche
oder kurze Erzählungen) steht natürlich in dem Be=
lieben jedes Verfassers und fällt bei den verschiede=
nen sehr verschieden aus; einen allgemeinen Begriff
von dem weiteren Verlaufe nach der obigen Einlei=
tung kann aber etwa Folgendes geben. Sich allmä=
lig aus seiner düsteren Stimmung emporraffend, er=
wähnt der Dichter die Gegenden, welche er in der Hoff=
nung, die Theure zu finden, schon besucht hat, und
schildert die Abenteuer, die ihm auf diesen Zügen be=
gegnet sind: dann geht er zu einer Beschreibung sei=
nes Rosses oder Kameeles über, das allen Mühsalen
des weiten Zuges widerstanden; er preis't seine eigene
Tapferkeit, seinen Drang der Pflicht der Blutrache
zu genügen, oder erzählt, wie er, bei Nacht in der
Wüste verirrt, auf einem Hügel ein Feuer habe bren=
nen sehen, das ihn zu dem Zelte eines gastfreien
Arabers geführt. Die Freunde ermahnen ihn nun
zum Aufbruch; er wirft noch einen Abschiedsblick auf

die Stätte, die ihm so theuer geworden, und schließt dann mit einem Lobe der Freigebigkeit und der ruhmvollen Thaten seines Stammes; oder er sieht eine regenverkündende Wolke aufsteigen, deren Anblick ihn mit Freude erfüllt; neu wird nun der öde Boden aufgrünen und er darf hoffen, daß der Stamm seiner Geliebten bald zu dem früheren Weideplatz zurückkehren werde.

Nicht ganz läßt sich der, auf der altarabischen Poesie haftende Vorwurf zurückweisen, daß sie sich in einem engen Kreise bewege. Ohne eine eigentliche Mythologie, ohne epische Tradition[1]) und zugleich, wie es scheint, ohne die Erfindungskraft, welche diese hätte ersetzen können, sah sich der heidnische Araber allein auf die Schilderung der ihn umgebenden Wirklichkeit und den Ausdruck seiner Empfindungen angewiesen. Daher die stete Wiederkehr der nämlichen Gegenstände; fast überall begegnet uns ein gefahrvoller Zug durch die Wüste, ein Zusammenstoß mit feindlichen Stämmen, die Beschreibung eines Gewitters, eines Rosses, Kameels oder einer Gazelle mit genauer Ausmalung ihrer einzelnen Theile, das Lob verschiedener Waffen u. s. w. Trotz der Einförmigkeit der behandelten Gegenstände und trotz der Mangelhaftigkeit ihres fast nie zur Einheit durchdringenden Planes besitzen jedoch die alten Kassiden unbe-

---

1) Die Traditionen, welche im Antar und anderen Ritterromanen gesammelt werden sind, gehören nach aller Wahrscheinlichkeit einer späteren Zeit an.

streitbare Vorzüge. Der Beduine, dessen Auge durch den steten Umgang mit der Natur geschärft ist, erblickt Alles, was ihn umgibt, unter tausendfältig verschiedenen Gesichtspunkten, und weiß dem noch so oft Geschilderten doch immer neue Seiten abzugewinnen. Die Wüste im furchtbaren Grauen der Nacht wie in der sengenden Mittagsglut, wenn die Sonnenstrahlen auf den zitternden Dünsten wunderjame Gebilde hervorzaubern, bietet ihm einen zu jeder Stunde wechselnden Anblick; jede Bewegung seines treuen Kameels, das ihn nie ermüdend durch die unwirthbare Einöde dahinträgt, hat er beobachtet, jedes Wiehern seines muthigen Rosses wie die Worte eines Freundes belauscht; die drückende, von keinem Luftzug gekühlte Schwüle, der vorübersausende Windstoß, die sich ballenden, dann wieder zerflatternden Wolken, das Spiel von Licht und Schatten, das blendende Zucken des Blitzes aus finsterem Himmel, dies Alles wird von ihm nicht nur im Allgemeinen, sondern während jedes einzelnen Moments in seiner eigenthümlichen Physiognomie aufgefaßt und jeder veränderten Phase weiß er im schildernden Worte Dauer zu verleihen. Eben so fehlen ihm nie anschauliche Bilder, um die Reize seiner Geliebten, die Vorzüge seines Schwertes oder seiner blinkenden Lanze zu malen, und in den kurzen erzählenden Partien stellt er, dem lyrischen Charakter des Ganzen angemessen, das Ereigniß mit wenigen kecken Strichen lebendig vor die Phantasie hin.

Gleichsam ein Musterbild der altarabischen Poesie in ihrer vollen Kraft und Eigenthümlichkeit stellt die Kasside des Schanfara dar. Sie zeichnet mit tiefen, unauslöschlichen Zügen den wilden, dem Himmel trotzenden Wüstenhelden in seiner ganzen unheimlichen Größe. Mit Welt und Menschen hadernd, zieht er zur Nachtzeit in die Einöde hinaus, wo er den Panther und die zottige Hyäne als Freunde grüßt; auf den harten, vom Sonnenbrande gedörrten Boden hingestreckt, das muthige Herz, das funkelnde Schwert und den braunen Bogen als einzige Gefährten mit sich führend, freut er sich der Einsamkeit, die dem Edlen Zuflucht wider Neid und Scheelsucht bietet. In mancher Frostnacht ist er, von Hunger, Grimm und Schrecken begleitet, durch Regensturm und Finsterniß gezogen, und hat manches Weib zur Wittwe, manches Kind zur Waise gemacht; aber nur Undank ist ihm von den Stammesbrüdern zu Theil geworden, drum heißt er die Unholde der Wüste willkommen, die den Freund nicht verrathen und Geheimnisse nicht ausschwatzen; mit den hageren Wölfen, die windschnell durch die Schluchten dahinstürzen, will er fortan leben; sie sind trotzig und tapfer wie er. — In lieblichen Tönen feiert Antar die Erinnerung an seine Abla, deren Lippen ein Duft entquillt, wie der von Regenschauern getränkten Frühlingsflur; ihrer gedenkt er, wenn feindliche Lanzen ihren Durst an ihm löschen und scharfe Klingen sich

in seinem Blute baden, ihren Namen ruft er an,
wenn er auf seinem leichtfüßigen, mit Wunden bedeckten Rosse vorwärts dringt in das Schlachtgetüm-
mel und manchen geharnischten Streiter zu Boden
streckt, daß ringsum das Rauschen des hervorströmen-
den Blutes die hungernden, im Dunkel der Nacht
Raub suchenden Hyänen herbeiruft. — Zu fröhlichem
Lebensgenuß fordert Tarafa auf; denn kann irgend
Einer dem Menschen Unsterblichkeit zusichern? Drei
Dinge sind's, die dem Leben Reiz geben: frühmor-
gens vor des mürrischen Tadlers Erwachen sich am
dunkelrothen Saft der Traube zu erlaben; dem vom
Feinde bedrängten Krieger auf schnaubendem Rosse
zu Hülfe zu eilen und den trüben Regentag unter
dem ausgespannten Zelte in süßen Tändeleien mit
einem schönen Mädchen zu kürzen. Das Leben ist
ein Schatz, von dem jede Nacht einen Theil hinwegnimmt. Gleich sind die Grabeshügel des Geizigen,
der seufzend auf seine gehäuften Schätze hinblickt,
und des Sorglosen, der in frohem Genusse das vä-
terliche Gut verschleudert; beide deckt ein Haufe kal-
ter Steine. Darum soll man den Dichter nie vergebens im heiteren Kreis der Zechenden suchen, so
lang ihm die Sonne noch scheint, die bald in ewige
Nacht hinabsinken wird. — Kühn, in jugendlichem
Uebermuth aufbrausend, tönt das Lied des Amr
Ben Kultum zum Lobe seines Stammes, der seine
weißen Fahnen, wie Heerden zur Tränke, in die

Schlacht führt, und hochroth gefärbt zurückbringt. „Kaum — singt er — ist einer unserer Knaben der Mutterbrust entwöhnt, so beugen die stolzesten Führer fremder Stämme huldigend vor ihm die Kniee. Im Felde lassen wir die Köpfe der Feinde hinrollen, wie Kinder die Kugeln beim Kugelspiel." — Ziemlich trocken, voll von Anspielungen auf allerlei specielle Vorgänge ist die Muallaka des Harit, welche die Bekriten gegen Vorwürfe vertheidigt, die Amr auf sie geschleudert. — Von Weisheitssprüchen quillt der Mund des greisen Zuhair über. Der Lebensmühsal ist er satt geworden, denn er hat achtzig Jahre gelebt; er sah das blinde Schicksal umhertasten, um seine Beute zu fangen; ihn hat es verfehlt, darum altert er so lange; er weiß was heute ist und was gestern war, was aber morgen sein wird, ahnt er nicht; so will er, eh der Tod ihn von hinnen nimmt, die Stämme zum treuen Halten der Verträge mahnen, damit nicht der Kriegsbrand von Neuem auflodere und das Weh, schwer wie ein Mühlstein, sie zermalme. — Bunte Bilder mannichfaltiger Art entrollt die Muallaka des Amr ul Kais, sei es, daß der Dichter seine Liebesabenteuer schildert, wie er badende Mädchen überrascht und, während die Plejaden am Himmel funkeln, zum Trotz den Wächtern und argwöhnischen Verwandten in die Zelte dringt; sei es, daß er seinen Jagdritt auf hurtigem Rosse beschreibt, das gleich dem vom Bergstrom herabgewälzten Fels-

block von dannen stürzt, oder den Gewittersturm, der
die Berggazellen ins Thal herniedertreibt, die Pal-
menstämme knickt und, begrüßt von den jubelnden
Stimmen der Vögel, die Fluten des Gießbachs
schwellt. — Ein schönes Gemälde altarabischen Lebens zeigt die Muallaka des Lebid; immer, rühmt
er sich, halte er zur Vertheidigung seines Stammes
die Wacht auf hohem Hügel, wo er jede Bewegung
der Feinde erspähen könne und der Staub, der sich
unter den Hufen seines Rosses erhebe, bis zu ihren
Fahnen wirbele; immer werde dem Wanderer bei ihm
Zuflucht gegen die Kälte des Morgens zu Theil, wenn
der eisige Nord die Zügel der Winde in Händen
halte; jedes arme Weib, von Hunger abgezehrt, finde
eine Heimath zwischen den Seilen seines Zeltes.
Ernst endlich mahnt der Dichter an die Vergänglichkeit alles Irdischen: wir vergehen, während die Sterne,
die am Himmel emporsteigen, unvergänglich bestehen
und die Berge und Paläste uns überdauern. Jeden
Sterblichen schlägt einst das Geschick; es ist mit den
Menschen, wie mit den Lagern und denen, die sie
bewohnen; wandern diese fort, so bleiben jene verödet zurück. Nur ein Blitz, ein Schein ist der Mann
und wird zu Asche, nachdem er aufgeflammt.

Von mannichfaltigerem Inhalte, als die Kassiden,
sind die zahlreichen kleinen Gedichte, welche die Hamasa, der Divan der Hudseiliten und andere Sammlungen aufbewahren. Hier finden sich Helden- und

Kriegs- neben Liebesliedern (Ghaselen), Todtenklagen neben Satiren, Scherzen und Trinkliedern. Lyrischer Schwung, kühne Gleichnisse, überraschende Wendungen bei kecker, abgerissener Darstellung zeichnen viele derselben aus. Indessen die auffallende Abwesenheit einer höheren und umfassenderen Weltanschauung schränkt auch dieses Gebiet in ziemlich enge Gränzen ein. Es sind fast immer momentane, durch bestimmte äußere Anlässe hervorgerufene Regungen, die hier zu Worte kommen; Ausbrüche des Zorns über die gekränkte Ehre des Stammes, Wehrufe um einen erschlagenen Freund und Verwandten, Schmähungen eines Feindes, Aufforderungen zur Tapferkeit, ruhmredige Selbsterhebungen wegen des im Kampfe Vollbrachten oder des in Gefahren bewiesenen Muthes, höchstens vermischt mit einzelnen Sprüchen und Lebensmaximen. Wie das Vaterland des alten Arabers sein Zelt ist, wie er auf alle Menschen, die nicht zu seinem Stamme gehören, mit Verachtung hinabblickt, so geht er gleichfalls mit seinen Gedanken und Seelenstimmungen über bestimmte festgezogene Schranken nicht hinaus. Jedoch was seine Poesie hierdurch an Weite des Horizonts, an Reichthum der Farben und Klänge einbüßt, das gewinnt sie auf der andern Seite wieder an Vertiefung und intensiver Kraft auf dem ausschließlich von ihr erkornen Felde. Gewisse Töne sind vielleicht nie mit größerer, zum Herzen dringender Gewalt angeschlagen worden, als von ihr. Der, wie ein Vulkan im Innern lodernde, nur in Strömen Blutes zu löschende Zorn über eine erlittene Kränkung; das stolze, vom Bewußtsein eines freien Daseins gehobene Hochgefühl des Mannes, der jeden Augenblick bereit ist, das Leben für die bedrängten Stammesbrüder zu opfern; der kühne, kein Hemmniß achtende Unternehmungsgeist; die zehrende Trauer über den geliebten Erschlagenen, dessen Blut die Erde nicht eher trinkt, bis den Mörder die Rache ereilt hat: dann die fort und fort sich aufdrängende Erinnerung an die Tugenden des Ermordeten, an dessen Großmut, die, reichlich wie die Wolken des Himmels ihre Gaben herniederschauerte; das Alles spricht sich schwunghaft, auf die sinnlichste und lebendigste Art in diesen Liedern aus. Es ist ein stetes blitzartiges Zucken der Affekte, ein Wirbeln und Schäumen der Leidenschaften und der kurze, heftige, wie athemlose Ausdruck scheint dem Wogensturz der Empfindung von Klippe zu Klippe kaum folgen zu können. Dazwischen, halb verhallend, einzelne Laute weicheren Gefühls, Seufzer um die ferne Geliebte, deren Bild den Verlassenen nur im Traume besucht; und dann wieder Schlachtrufe inmitten von Schwertgeklirr und Lanzensausen, Ausbrüche unbändiger, fast dämonischer Wildheit, der die verwegensten Abenteuer, Mord und Raub zur Würze des Lebens gehören.

Lebid, der Dichter der letzten Muallaka, wurde in seinem Greisenalter als Abgesandter seines Stammes an Muhammed geschickt, der unlängst als Prophet aufgetreten war, aber von Vielen noch verlacht wurde. Er traf diesen, wie er eben einer versammelten Volksmenge den Zorn des alleinigen Gottes über die Ungläubigen verkündigte. „Diejenigen — sprach Muhammed, — welche den wahren Weg verlassen, um den Irrthum einzutauschen, haben keinen Gewinn von ihrem Handeln. Sie sind Dem gleich, der sich ein Feuer angezündet hat, dem aber, als es hell um ihn geworden, Gott dieses Feuer auslöscht und ihn in Finsterniß läßt, auf daß er nicht sehe. Taub, blind und stumm sind sie und finden keine Rückkehr mehr auf den rechten Pfad. Oder sie sind wie Wanderer bei'm Gewitter; wenn düstere Wolken mit Donner und Blitz vom Himmel stürzen, so stekken sie beim Brüllen des Donners die Finger in die Ohren; aber Gott hat die Ungläubigen in seiner Gewalt; des Blitzes Strahl blendet ihr Auge; so oft er leuchtet, gehen sie bei seinem Schein, und verschwindet er wieder in Finsterniß, so stehen sie wie festgebannt. Wenn Gott es wollte, um ihr Gesicht und Gehör wäre es geschehen, denn Allah vermag Alles." Kaum hatte Lebid diese Stelle der zweiten Sure gehört, so erklärte er seine Muallaka für übertroffen, entsagte der Poesie und bekannte sich zum Islam.

Man begreift, welche Begeisterung, welches Erstaunen der Koran bei seinem Erscheinen hervorrufen mußte. Freilich, der Gedankengehalt dieses Religionsbuches, oder vielmehr dieser Sammlung lyrischer Ergüsse, welche die Grundlage des Glaubens für einen so großen Theil des menschlichen Geschlechts wurde, ist dürftig; welch ein Abstand von der Fülle eben so tiefer, wie mit kindlicher Einfachheit ausgesprochener Ideen in den heiligen Büchern unserer Religion. Aber neue blendende Vorstellungen waren hier erschlossen, die in Verbindung mit der glänzenden Rhetorik und dem leidenschaftlichen Schwunge des Vortrags Geist und Ohr des Arabers berauschten. Hatte die Poesie bisher an der Erde gehaftet, war sie an das Treiben und die Affekte des Augenblicks gebannt gewesen, so riß Muhammed die Schranke von Raum und Zeit ein und zeigte droben die sieben Himmel mit den Wonnen der Seeligen, drunten die lodernde Hölle, bereit, die Ungläubigen in ihren Flammenpfuhl hinabzuschlingen. Wie ein Unwetter grollt Allah's Wort, durch seinen Propheten verkündet, über der zitternden Erde, Lebendige und Todte mit den Schrecken des jüngsten Gerichts bedrohend. Er schwört bei der funkelnden Sonne und bei der finsteren Nacht, bei den schäumenden Wassern und den Sternen, wie sie auf- und niedersteigen: der furchtbare Tag rückt heran; da wird die Erde erschüttert und die zertrümmerten Berge zerfliegen in Staub;

die Meere gehen in Flammen auf, die Himmel werden zusammengerollt und die Schicksalsbücher entfaltet. Vor Entsetzen erbleichen die Haare der Kinder; die Felsen spalten sich vor Angst; in athemloser Hast eilen die Menschen, sich zu bekehren, so lange es noch Zeit; denn, bricht der furchtbare Tag an, so tönt bei Posaunenschall, vor dem selbst die Engel beben, der Schreckenruf: nehmet und bindet die Gottlosen mit siebzig Ellen langen Ketten und werft sie hinab in den Höllenrauch, der in drei himmelhohen Säulen aufsteigt und sie doch nicht beschatten kann, noch ihnen helfen wider das sengende Feuer. Wie Heuschreckenschwärme steigen die Seelen aus ihren Gräbern und werden in die gähnende Tiefe geschleudert; und Allah ruft der Hölle zu: nun? bist du gefüllt? und die Hölle antwortet: nein! hast du noch mehr Ruchlose, die ich verschlingen kann? — Aber nicht Alles ist Schrecken an jenem Tage. Den Gläubigen wird die Verheißung erfüllt; zu überschwänglichen Wonnen gehen sie in das Paradies, wo golddurchwirkte Polster sich ihnen auf grünenden Matten zum Sitze bieten. An rieselnden Quellen lagern sie dort unter dichten Bananenbäumen und dornenlosen Lotos und fühlen weder Frost noch Hitze. Ueber ihnen wallen kühle Schatten und Früchte senken sich von den Zweigen zu ihnen nieder. Im goldgestickten Kleid aus grüner Seide sind sie mit silbernen Armbändern geschmückt; unsterbliche Jünglinge bieten

ihnen in krystallenen Bechern perlenden Wein, der
den Geist nicht trübt, und liebliche Jungfrauen mit
großen schwarzen Augen sind ihr Lohn. —
Bald von allen arabischen Stämmen als göttliche
Offenbarung anerkannt und auf der Spitze ihrer
Lanzen in alle Weltgegenden getragen, bildete der
Koran fortan das Fundament ihrer Bildung; mit
seinen Sprüchen war jeder Moslem von Jugend auf
vertraut und wußte sie zum großen Theil auswen=
dig. Und nicht nur als Gottes Wort genoß dieses
Buch religiöse Verehrung, es wurde auch als uner=
reichbares Muster der Beredsamkeit bewundert. Ein
großer Einfluß desselben auf die Literatur konnte da=
her nicht ausbleiben; indessen überschätzt man diesen,
wenn man meint, die arabische Poesie sei durch ihn
eine von Grund aus andere geworden. Muhammed
gab sich nie für einen Dichter aus; seine Suren sind
nicht in Versen, sondern in einer mit Reimen unter=
mischten Prosa abgefaßt; sie wurden daher auch von
der Dichtkunst nicht als Vorbild angesehen; diese be=
reicherte sich aus ihnen mit neuen Ideen und Bil=
dern, hielt jedoch im wesentlichen an dem Style der
alten Lieder fest, welcher oft sogar bis in Einzelhei=
ten nachgeahmt wurde. Durch alle Zeiten der ara=
bischen Literatur sind die Verfasser der Muallakat als
Meister angesehen worden, mit denen man höchstens
wetteifern, die man aber nicht übertreffen könne; ja
bei Vielen schlug die Ansicht Wurzel, alle nach=mu=

hammedanische Poesie sei nur eine schwache Nach=
blüthe des großen poetischen Flors der früheren
Epoche, und vergebens sei das Bemühen der Spä=
teren, es jenen Koryphäen gleichzuthun. So wurde
es für das höchste Lob gehalten, wenn man von Je=
mandem sagte: hätte er nur einen einzigen Tag zur
Zeit des Heidenthums gelebt, er würde der erste der
Dichter sein. Als einst der berühmte Feresdak einen
Vorübergehenden den achten Vers von Lebids Mual=
laka hersagen hörte, warf er sich, wie bei'm Gebete,
mit dem Haupte zur Erde, und gab dann, über den
Grund dieses Benehmens befragt, die Erklärung: Ihr
Anderen nennt gewisse Koranstellen, bei denen man
niederfallen soll; ich kenne Verse, denen dieselbe Ehre
gebührt. — Besonders war dieses Urtheil wohl in
sprachlicher Hinsicht gemeint; denn das arabische
Idiom scheint bald nach Verkündigung des Islam
namentlich in den Städten und am Hofe, wohin
jetzt der Hauptsitz der Literatur verlegt wurde, von
seiner Reinheit verloren zu haben. Nur die Wüsten=
bewohner bewahrten noch einigermaßen die frühere
Lauterkeit der Sprache, daher es Brauch wurde, daß
die Dichter sich auf einige Zeit unter die Beduinen
begaben, um von ihnen die richtige Bedeutung der
Wörter zu lernen, alle Wendungen und Eigenthüm=
lichkeiten der klassischen Sprachweise zu erlauschen,
zugleich aber auch, um sich durch eigne Anschauung
eine genaue Kenntniß des Wüstenlebens zu erwer=

ben, dessen Schilderung nach wie vor einen Hauptbestandtheil der Kasside ausmachte.

Der erste der Chalifen, welcher Dichter besoldete, war Jezid, der Sohn des Gründers der Omajjaden-Dynastie. Als Hauptaufgabe der Hofpoeten galt natürlich, ihren Gebieter in allen möglichen Wendungen zu verherrlichen. Anknüpfend an den Ideengang, der schon in den Muallakat vorherrschte, beginnen nun die Kassiden, welche vornehmlich diesem Zwecke dienen mußten, gewöhnlich damit, daß der Dichter den Abschied von seiner Geliebten oder von deren früherem Wohnplatz und dann die Reise schildert, welche ihn in die Nähe des Gönners führen soll. Das pomphafte Lob des Gefeierten bildet dann den Schluß. Die Bedeutung, welche solchen Lobgedichten beigelegt wurde, war so groß, daß ein Herrscher den Anderen um einen glücklichen Ausdruck, einen besonders gelungenen Vers, in dem er gepriesen worden war, beneidete. Vorzüglichen Ansehens genossen zwei Zeilen aus einer Kasside des Achtal zum Ruhme der Omajjaden:

Der schlimmste Feind ergiebt sich endlich ihrer Macht,
Doch überschwänglich nach dem Sieg ist ihre Huld.

Als nach dem Sturze dieses Herrschergeschlechtes Abul Abbas der Stifter des Abbassiden-Hauses aufgefordert wurde, einen Dichter zu hören, der eine Kasside zu Ehren seiner Familie verfaßt hatte, sprach er wehmüthig: ach! was vermöchte er zu sagen, das

jenem Verse Achtal's zum Lobe der Omajjaden gleich=
käme!

Der genannte Achtal, sodann Dscherir und Fe=
resdak galten für die vorzüglichsten Dichter der bei=
den ersten Jahrhunderte des Islam. Jeder von den
Dreien glaubte sich hoch über seine Vorgänger wie
Nebenbuhler erhaben, wie denn überhaupt die Tu=
gend der Bescheidenheit nicht leicht von einem ara=
bischen Poeten geübt worden ist. Einst verlangte
der Chalife Dscherirs Urtheil über die Verfasser der
Muallakat, wie auch über Achtal und Feresdak zu
hören. Alsbald erhob Dscherir die Verdienste eines
Jeden der Genannten in hochtönenden Worten. Nun,
sagte der Chalife, du hast ihnen so viel Lob gespendet,
daß für dich selbst keines mehr übrig bleibt. Doch,
o Beherrscher der Gläubigen, erwiderte Dscherir;
ich bin der Hort der Poesie, von mir geht sie aus
und in mich kehrt sie zurück; ich entzücke im Liebes=
gedicht, vernichte in der Satire und verleihe dem,
den ich lobe, die Unsterblichkeit; kurz ich bin in allen
Gattungen unübertrefflich, während jeder der An=
deren nur in einem bestimmten Fache glänzt. —
Eben so wenig, wie im Selbstlobe, scheint sich die=
ser Dichter in seinen Ansprüchen an die Freigebigkeit
des Herrschers beschränkt zu haben. Sehr zufrieden
mit einer seiner Kassiden, verhieß ihm der Chalife
als Belohnung dafür hundert der schönsten Kameel=
stuten. Aber, Beherrscher der Gläubigen, sagte Dsche-

rir, ich fürchte, daß sie mir davonlaufen, wenn sie keine Hüter haben. Wohl, erwiderte der Chalife, ich gebe dir acht Sklaven, um sie zu hüten. Nun fehlt mir nichts mehr als ein Gefäß, in das sie gemolken werden können, fügte Dscherir hinzu, indem er das Auge auf einer großen goldenen Schaale ruhen ließ, die in dem Saale stand. So erreichte er denn, daß ihm auch diese noch geschenkt wurde.[1])

Die Zahl der Dichter, welche während des ersten Jahrhunderts des Islam blühten, war außerordentlich groß, und gleich groß das Ansehen, in dem die Vorzüglichsten von ihnen beim Volke standen, der Einfluß, den sie auf dasselbe übten. Um ihre Gunst bewarb man sich, wie um die eines Königs, ihr Zorn ward wie der des gefährlichsten Feindes gefürchtet, denn ein schneidender Vers schlug schlimmere Wunden als das schärfste Schwert. — Ein junger Mann hatte gewagt, Spottverse gegen den Dichter Feresdak zu richten. Die möglichen Folgen dieser Unbesonnenheit fürchtend, bemächtigten seine Verwandten sich seiner und führten ihn vor Feresdak, indem sie sprachen: wir überliefern dir diesen jungen Menschen; strafe ihn wie du willst, gieb ihm Stockschläge, schneide ihm den Bart ab! wir erkennen an, daß sein Vorwitz schwere Züchtigung verdient hat. Feresdak erwiderte, er sei zufriedengestellt; die Genugthuung,

---

1) Caussin de Perceval, Journal asiatique, 1834, II, 22 u. 18.

zu sehen, wie sehr sie seine Rache fürchteten, reiche für ihn hin. — Durch alle Klassen des Volkes hatte sich eine wahre Leidenschaft für die Poesie verbreitet. Weder das Getöse der Waffen, noch der religiöse Fanatismus, der eben damals in hellen Flammen loderte und die neue Glaubenslehre über den Weltkreis zu verbreiten strebte, vermochten sie zu ersticken. Während des lautesten Kriegslärm's ward über den Vorzug eines Dichters vor dem anderen mit einer Lebhaftigkeit gestritten, als handelte es sich um die wichtigste Staatsangelegenheit. Als der Feldherr Mohalleb in Chorasan Krieg wider eine ketzerische Sekte führte, hörte er einst großen Tumult in seinem Lager. Er erkundigte sich nach der Ursache und erfuhr, unter seinen Soldaten habe sich ein Streit über die Frage erhoben, ob Dscherir oder Feresdak der größere Dichter sei. Einige von den Soldaten drangen in das Zelt ihres Feldherrn ein und baten ihn, die Streitfrage zu entscheiden; aber Mohalleb gab ihnen zur Antwort: „wollt ihr mich denn der Rache eines dieser bissigen Hunde aussetzen? ich werde mich wohl hüten, zwischen ihnen zu entscheiden; wendet euch doch lieber an die Ketzer, mit denen wir Krieg führen; sie fürchten weder Dscherir noch Feresdak und sollen vorzügliche Kenner der Poesie sein." Als am folgenden Tage die beiden feindlichen Heere sich gegenüberstanden, trat ein Ketzer, Namens Obeida, vor und forderte, daß einer aus dem Heere des Mo=

halleb sich zum Zweikampf mit ihm stelle. Sogleich nahm ein Soldat die Herausforderung an, schritt auf Obeida zu und bat ihn, bevor sie sich schlügen, ihm die Frage zu beantworten, ob Dscherir oder Feresdak der größere Dichter sei. Jener recitirte darauf einen Vers, fragte von wem derselbe sei und erklärte, nachdem er vernommen, Dscherir sei der Verfasser, diesem gebühre der Vorzug.[1])

Die Werke der Dichter noch mehr unter das Volk zu bringen, als es durch diese selbst geschehen konnte, war das Geschäft einer eigenen Klasse von Menschen, welche Rawia, d. h. Ueberlieferer oder Hersager, genannt wurden. Solche Rhapsoden zogen von Ort zu Ort und wurden überall mit Begierde gehört. Von dem Gedächtniß, das einige derselben besaßen, werden Dinge erzählt, die an das Unglaubliche gränzen. Einer der berühmtesten, Namens Hammad, erwiderte einst dem Chalifen Al Walid, der ihn gefragt hatte, wie viele Gedichte er auswendig wisse: ich kann dir für jeden Buchstaben des Alphabets hundert große Kassiden hersagen, welche auf den Buchstaben reimen, ungerechnet die kleinen Lieder; und zwar bloß Kassiden der Heidenzeit, wozu dann noch die in den Tagen des Islam verfaßten kommen. Der Chalife beschloß sodann, ihn auf die Probe zu stellen und befahl ihm, die Lieder herzusagen. Hammad begann

---

1) Journal asiatique, 1834, II, 23.

und recitirte so lange, bis der Chalife müde wurde, ihm länger zuzuhören, und einen Anderen beauftragte, seine Stelle zu vertreten, damit er ihm die Wahrheit über jenen berichten könne. So sagte denn Hammad zweitausend und neunhundert Kassiden aus der Heidenzeit her und empfing von Al Walid, als ihm die Thatsache berichtet worden war, ein Geschenk von hundert tausend Dirhems.¹)

Gesang und Saitenspiel, welche schon von Alters her in Arabien beliebt gewesen waren²), wurden von manchen strengen Moslimen unter Berufung auf Koransprüche und sonstige mißbilligende Aeußerungen des Propheten verdammt; allein die angeborene Liebe der Araber zu beiden, besiegte bald alle Bedenken und die frohe Kunst gedieh zu höherer Blüthe als je zuvor. Bald wiederhallten die Paläste der Chalifen von Liedern, Lautenspiel und Zitherschlag. Von zahlreichen Sängern und Sängerinnen aus der Zeit von Muhammed bis zum Sturze der Omajjaden sind uns Lebensnachrichten erhalten. Viele derselben waren von persischer Herkunft oder hatten Perser zu Lehrern gehabt, wodurch neue Modulationen aus dem, von jeher durch seine Liederkunst berühmten, Nachbarlande eingeführt wurden. Genüge es, statt Aller die beiden berühmtesten zu nennen, den Sän-

---

1) Kosegarten, arab. Chrestomathie pag. 124.
2) Ibn Badrun, herausg. von Dozy pag. 64. Ali von Ispahan, herausg. von Kosegarten, Einleitung pag. 5.

ger Mabed und die Sängerin Affa ul Meila. Von dieser hieß es, sie sei die Fürstin Aller, welche singen und auf Cithern oder Lauten spielen.¹) Mabed, wegen seiner Liederkunst am Hofe Al Walids in hoher Gunst stehend, sagte einst, als man in seiner Gegenwart einen Feldherrn rühmte, der sieben Festungen erobert habe: nun, bei'm Himmel, ich habe sieben Lieder componirt, deren jedes mir größere Ehre macht, als die Einnahme einer Festung. Diese sieben Tonstücke wurden seitdem die Festungen Mabeds genannt. — Eine andere Anekdote aus dem Leben desselben zeugt von der Macht, welche die Musik auch über die unteren Volksklassen ausübte. Auf der Reise nach Mekka, wohin er von einem Fürsten aus Hedschas eingeladen war, kam der Sänger von Hitze und Durst ermattet zu einem Zelte. Da er in dem Zelt einen Neger erblickte, der mehrere Krüge mit frischem Wasser bei sich stehen hatte, trat er zu demselben hin und sprach ihn um einen Trunk an, jener aber verweigerte die Bitte. Dann bat er, ihm wenigstens zu erlauben, eine Zeitlang im Schatten des Zeltes auszuruhen, allein auch dies schlug ihm der Neger ab. Nach so unfreundlicher Zurückweisung streckte sich denn Mabed im Schatten seines Kameel's auf den Boden nieder, um auszuruhen, und hub an, ein Lied zu singen; kaum jedoch hörte der Neger den

---

1) Rosegarten, arab. Chrestomathie pag. 135.

Gesang, so eilte er heran, führte den Sänger in sein
Zelt und sprach: o du, den ich höher ehre als Vater
und Mutter, soll ich dir nicht einen frischen kühlen
Gerstentrank bereiten? Mabed, dies ablehnend, ließ sich
bloß Wasser reichen und rüstete sich dann zum Auf=
bruch; da sagte der Neger: o Hochverehrter, die Hitze
ist außerordentlich, erlaube daher, daß ich dich be=
gleite und einen Wasserschlauch hinter dir hertrage,
damit ich dir, so oft dich dürstet, einen frischen Trunk
reichen kann; du, zum Lohne, singe mir nur jedes=
mal ein Lied! Mit diesem Anerbieten war der Sän=
ger zufrieden und Jener trug ihm den Schlauch bis
ans Ziel der Reise nach, indem Mabed jeden dar=
gebotenen Trank mit einem Gesange belohnte.[1]

Während in dem Herrscherpalaste von Damaskus
Pracht und Luxus, welche später am Abassidenhofe
sich noch glänzender entfalten sollten, schon überhand
zu nehmen und die Dichtkunst sich dienstbar zu ma=
chen begannen, sehnte sich Meisuna, die Gemahlin
des Chalifen Moawia aus allem sie umgebenden
Glanze nach ihrer Heimath in der Wüste. Einst be=
lauschte ihr Gemahl sie, wie sie sang:

Das här'ne Kleid, in dem ich glücklich war,
Ist lieber mir, als hier ein Pracht=Talar.
Im Wüstenzelt, durch das die Winde sausen,
Möcht' ich, statt hier im hohen Schlosse, hausen.

---

[1] Alii Ispahanensis liber cantilenarum, ed, Kosegarten, pag. 36.

Ein wild Kameel von ungestümen Schritt
Ist lieber mir, als sanften Maulthiers Tritt,
Der Hund, der dort dem Gast entgegenbellt,
Mir lieber, als die Pauke, die hier gellt.
Ein Hirt von meinem Stamme gilt mir mehr,
Als all die ürp'gen Fremden um mich her [1]).

Moawia, der diese Worte von ihr hörte, ward unwillig und sprach: ich sehe schon, o Tochter Bachdal's, du gibst dich nicht eher zufrieden, als bis du mich zu einem rohen Beduinen gemacht hast! Es steht dir frei, zu den Deinen zu gehen, da du so großes Verlangen nach ihnen trägst. So kehrte denn Meisuna in die Wüste zu ihrem Stamme zurück, von dem sie, wie der arabische Geschichtschreiber sagt, Beredsamkeit und die Kunst der Lieder gelernt. Fort und fort hatte dort die Poesie unter den umschweifenden Beduinen in alter Weise ihre Heimat, noch dieselbe ungezähmte Wildheit athmend, wie in vormuhammedanischer Zeit. Der Dichter Tahman wurde von Nadschda dem Hanifiten gezwungen, ihm und seinen Anhängern, welche den Omajjaden offen Trotz boten, als Führer durch eine Wüste zu dienen. In der Nacht, als Alle schliefen, erhob er sich, sattelte ein Kameel und machte sich in aller Eile mit ihm davon, aber am folgenden Morgen eingeholt und vor Nadschda geführt, ward er wegen Diebstahls zum

---

1) Abulfeda, I, 398.

Verluste der rechten Hand verurtheilt und die Strafe
sofort an ihm vollzogen. Von Racheburst glühend,
begab sich nun Tahman an den Hof zu Abd ul Me=
lik und recitirte vor ihm ein Gedicht, um Rache von
ihm zu heischen. In diesen noch erhaltenen Versen
beschwört er den Chalifen, seine abgehauene Hand
vor Schande zu bewahren. Wie ein ächter Noma=
den=Freibeuter hält er es für keine Schmach, das
Kameel eines Feindes gestohlen zu haben, aber er
fürchtet dauernde Schande, wenn das an ihm be=
gangene Unrecht nicht in Blut abgewaschen würde,
wenn seine Hand ungerächt in der Wüste vermoderte.
Er hält gleichsam den verstümmelten Arm dem Cha=
lifen vor's Gesicht. Siehe, was für ein Arm das
sein würde, wäre er nicht so unbarmherzig verstüm=
melt worden! Ich flehe um Rache, o König, so wie
du einst vor dem furchtbaren Gerichte Gottes deinen
Richterspruch in Betreff meiner Hand verantworten
mußt! Räche mich und dich selbst, o König, denn
Jene, welche mich verstümmelt, schäumen auch wider
dich von Wuth; sobald ihre Knaben heranwachsen,
verfluchen sie das Geschlecht der Omajjaden, aber
der verfluchteste unter ihnen ist der verfluchte Füh=
rer der Rotte. — Der Chalife wurde von diesen
Versen so bewegt, daß er dem Tahman das Recht
zusprach, zur Wiedervergeltung hundert Hanifiten die
rechten Hände abzuhauen.[1])

---

[1]) Wright, opuscula arabica, pag. X ff.

Neben solchen Liedern des Hasses, der Blutrache und ungebändigten Kampfgier erschloß sich in der Wüste die Blüthe des zartesten Liebesgesanges. Von Alters her stand der Stamm der Usra in dem Rufe, die schönsten Mädchen und verliebtesten Jünglinge hervorzubringen; in einem ihrer Dörfer lagen einst dreißig junge Männer im Sterben, ohne anders krank zu sein als an hoffnungsloser Liebe; auch erzählt man, ein Beduine habe, als er nach seiner Herkunft gefragt worden, zur Antwort gegeben: „ich bin vom Stamme Derer, welche sterben, wenn sie lieben", und ein daneben stehendes Mädchen sei in den Ruf ausgebrochen: bei Allah! er ist einer der Benu Usra! Diesem Stamme gehörte Dschemil an. Von Kindheit auf in Botheina verliebt, begehrte er sie, als er herangewachsen, zur Ehe, wurde aber von ihren Verwandten, die ihm feindlich waren, zurückgewiesen. Von nun an konnte er die Geliebte nur insgeheim sehen und strömte seinen Schmerz wie seine Sehnsucht in glühenden Liedern aus. Oft, einen Wächter aufstellend, brachte er in einem einsamen Thale unter Palmbäumen ganze Nächte in zärtlichen Liebesgesprächen mit ihr zu, aber, wie er auf seinem Todbette betheuerte, ohne je Botheina anders zu berühren, als daß er ihre Hand ans Herz drückte, damit es ein wenig durch sie ruhen möchte. Auf einem seiner Wanderzüge hatte er das Glück, in Aegypten durch ein Lobgedicht die Gunst des dortigen Statthalters zu gewinnen. Dieser versprach ihm, er solle durch seine Vermittlung die Hand der Geliebten erhalten. Aber gleich darauf erkrankte Dschemil lebensgefährlich; in der Todesstunde gab er einem Freunde den Auftrag, nach seinem Hinscheiden sein Gewand zu nehmen und es Botheinen zu bringen. Der Todesbote brach, diesem seinem letzten Wunsche gemäß, auf; als er zum Stamme Botheina's kam, sprach er mit lauter Stimme einige Verse, welche die Trauerkunde enthielten; da stürzte die Unglückliche mit entblößtem Antlitze, ähnlich dem bleichen Monde, hervor, schrie, als sie das Gewand erblickte, laut auf und schlug ihr Angesicht. Um sie her versammelten sich die Frauen des Stammes, weinten mit ihr und stimmten die Todtenklage um Dschemil an. Botheina sank ohnmächtig nieder; dann erwachte sie und sprach:

> Könnt' ich, o Dschemil, um dich mich trösten?
> Glaube nicht, daß jemals das geschehe!
> Gleich ist mir, seitdem du bist gestorben,
> O Dschemil, des Lebens Glück und Wehe.

Und sie hat weiter kein Lied gedichtet, als dieses.[1]

Wir haben in diesen flüchtigen Umrissen die arabische Poesie bis zu dem Momente verfolgt, wo die Gränzen des Bodens, auf dem sie blühte, sich bis

---

[1] Kriegarten, Arab. Chrestomathie 46 und S. 141, auch Ibn Challikan ed Slane, 169.

zum Indus und Orus, dann durch ganz Vorder=
asien, die Nordküste Afrika's entlang, über die großen
Inseln des Mittelmeer's und die Pyrenäische Halb=
insel bis an das Cap von Finisterra ausdehnten.
Der Gegenstand unserer Schrift fordert uns daher
auf, den orientalischen Stamm dieser Poesie zu ver=
lassen, um unsere Aufmerksamkeit dem Ast zuzuwen=
den, der sich von ihm nach dem Abendlande hin ver=
zweigt hat. Unter den Abbassiden hebt in Osten
eine neue Periode der Dichtkunst an und mit der
Gründung einer, von dem Chalifat unabhängigen
Herrschaft in Spanien läßt auch die andalusische
Poesie, deren Stimme bis dahin nur matt durch das
Waffengetöse der Eroberungszüge und Bürgerkriege
hallt, vollere Brusttöne vernehmen. Der Sturz des
Omajjadenthrons in Damaskus bildet also etwa den
Zeitpunkt, von welchem an sich die letztere gesondert
betrachten läßt. Seit lange hatte die Nemesis dem
Omajjadenhause Rache für alten Frevel geschworen
und diese sollte sich in dessen entsetzlichem Untergange
erfüllen. Hieran mahnt ein kleines Gedicht, das
noch aus der Zeit jener furchtbaren Kämpfe um die
Oberherrschaft, aus welchen sich zuletzt die Omajja=
den siegreich auf den Chalifenthron schwangen, zu
uns herüberschallt und mit dessen Mittheilung wir
vom Orient scheiden. Als Ali und Moawia sich
auf Tod und Leben um die Oberherrschaft stritten,
gab der Letztere seinem Feldherrn Bescher den ent=

setzlichen Befehl, alle Anhänger seines Gegners umzubringen und weder Weib noch Kind zu schonen, Bescher vollführte den Auftrag nur zu gewissenhaft. In Yemen ließ er unter andern die beiden noch unmündigen Söhne des dortigen Befehlshabers ihrer Mutter Umm Hakim entreißen und erwürgte sie mit eigener Hand. Ali, als er diese grause Mordthat erfuhr, richtete ein brünstiges Gebet an Gott, daß er den Frevler mit Wahnsinn strafen möge, und sein Flehen soll erhört worden sein. Unterdessen gab sich Umm Hakim ganz dem zehrenden Gram über den Tod ihrer Kinder hin; verzweifelnd irrte sie von Dorf zu Dorf, von Stadt zu Stadt, mischte sich unter das Volksgedränge und forderte von Jedermann ihre Kinder zurück, indem sie folgende Verse sprach, die wir nur in Prosa wiedergeben können, indem jede metrische Einkleidung den Ausdruck des tiefen, alle Seelenkräfte verzehrenden Kummers und beginnenden Irrsinns abschwächen müßte:

O du, der du meine beiden Söhne gesehen hast,
Aehnlich zwei Perlen in einer Schale!
O du, der du meine beiden Söhne gesehen hast, die mein Herz sind,
Und man hat mir mein Herz geraubt!
O du, der du meine beiden Söhne gesehen hast, das Mark meiner Knochen,
Und mein Mark ist hingeschwunden!
Ich habe von Bescher reden hören, und habe nicht glauben können

Was man ihm nachsagt und ihm lügenhaft Schuld giebt!
Hätte sein Schwert wirklich meiner Söhne Haupt vom
　　　　　Rumpfe getrennt? So lügen sie.
Ich will nicht ruhen, bis ich Männer seines Stammes
　　　　　getroffen,
Wackere, hochangesehene Männer.
Gottes Fluch über Bescher, wie er es verdient!
Ich schwöre es bei dem Leben von Beschers Vater, diese
　　　　　That ist ein furchtbarer Frevel.
Wer von euch wird einer armen, sinnverwirrten, von
　　　　　Durst verschmachtenden Frau
Das Schicksal von zwei Kindern kund thun, die sich
　　　　　verirrt haben,
Während eben heute ihre Eltern anlangen?

So war sie nach Mekka gekommen und ließ auch dort ihre Schmerzensrufe ertönen. Ein Araber, von Mitleid ergriffen, faßte den Entschluß, die unglückliche Mutter zu rächen. Er begab sich zu Bescher, lockte dessen beide Söhne in eine Felsschlucht und brachte sie dort um.[1]

---

[1] Quatremere im Journal asiatique 1835, II, 289.

II.

Die Geschichte kennt kein zweites Beispiel von so ungeheuern, in so kurzer Zeit vollbrachten Eroberungen, wie die der ersten Bekenner des Islam. Berauscht von den Verheißungen des Propheten waren sie wie der Glutwind der Wüste aus ihren Einöden hervorgebrochen, um als Lohn für die Verbreitung seiner Lehre die versprochenen Weltparadiese in Besitz zu nehmen. Kaum vierzig Jahre nach dem Tode Muhammeds, als das Brausen dieses Sturmes schon den atlantischen Ocean erreicht hatte, ritt — so berichtet die Sage — der wilde Feldherr Okba am westlichen Rande von Afrika in die Meeresbrandung hinein und sprach, während die schäumenden Wellen über dem Sattel seines Kameels zusammenschlugen: Allah! ich rufe dich zum Zeugen, daß ich die Kunde deines heiligen Namens noch weiter tragen würde, wenn die brandenden Wogen, die mich zu verschlingen drohen, mich nicht hemmten! Nicht lange nachher wehte die Halbmondfahne von den Pyrenäen und den Säulen des Hercules bis an den Götterberg Alburs und das chinesische Himmelsgebirge, ja eine Zeitlang schwankte die Wage der Entscheidung,

ob sie nicht jenseits der Garonne die Kreuze auf den
Kirchen verdrängen würde, wie schon damals Abu
Dschafer al Mansur sie über das Fünfstromland hin=
aus auf die Pagoden der Inder pflanzte. So war
das Reich der Chalifen am Ende des ersten Jahr=
hunderts der Hidschret zu einer Ausdehnung gelangt,
wie noch nie ein anderes, weder das römische vor,
noch das mongolische nach ihm. Allein es konnte
dem Schicksal des Zerfallens, das solche ungeheure
Ländercomplexe nothwendig treffen muß, nicht ent=
gehen, und erfuhr dasselbe zuerst fast gleichzeitig an
seinen beiden äußersten Endpunkten. Während näm=
lich im fernsten Osten, in den Schluchten des Paro=
pamisus, die Tahiriden das uralte Banner von Iran
erhoben, riß sich auch die westlichste Provinz von der
Oberherrlichkeit der Chalifen los. Müde der Strei=
tigkeiten, welche unter den Statthaltern der letzteren
das Land verwüsteten, suchten die Scheikhs von An=
dalus, welcher Name damals ganz Spanien umfaßte,
nach einem Oberhaupt, das sie selbstständig regiere,
und fanden es in Abdurrahman, einem Sprößling
der Omajjaden.

Der Untergang dieses weltbeherrschenden Geschlech=
tes bildet eines der furchtbarsten Trauerspiele in den
Annalen des Orients. Nachdem der Chalife Mer=
wan im Kampfe mit seinem Feinde Abul=Abbas ge=
fallen war, gab der letztere seinen Statthaltern in
Syrien und Aegypten den Auftrag, alle Mitglieder

des gestürzten Herrscherhauses aufzuspüren und zu erwürgen. Abdallah, Befehlshaber von Damascus, zeigte besonderen Eifer, dem Willen seines Gebieters nachzukommen; er lockte etwa neunzig Omajjaden in seinen Palast, indem er vorgab, ihnen den Eid der Treue abnehmen und die Aussöhnung der alten mit der neuen Dynastie durch ein Gastmahl feiern zu wollen. Als die Arglosen erschienen waren und bereits an der Tafel saßen, trat der Dichter Schobl, vermuthlich hierzu angestiftet, in den Saal und recitirte die folgenden Verse:

Dem Reichsbau haben nun die Abbassiden,
Ihn sicher stützend, Festigkeit beschieden;
Sei denn ihr lang gehegtes Rachedürsten
Gelöscht im Blute der verhaßten Fürsten!
Vertilgt mir dies Geschlecht mit Einem Streich,
Den Stamm der Palme, wie den zarten Zweig!
Weil eure Schwerter sie bedrohen, lügen
Sie Freundschaft euch, doch laßt euch nicht betrügen!
Auf weichen Polstern sie so nah dem Thron
Zu schauen, wurmte mich seit lange schon;
Verstoßt sie drum wohin sie Gott verstieß,
Der dem Ruin, dem Nichts sie überwies!
Des todten Said und Hosein gedenkt,
Mit deren Blut die Erde sie getränkt,
Und Jenes, der in Harrans ödem Sand
Verlassen ruht, gefällt von ihrer Hand!

Auf das Signal dieser Verse befahl Abdallah,

die ganze Versammlung niederzumetzeln. Bewaffnete stürzten herein und erschlugen die Gäste mit langen Zeltstangen; über die Sterbenden und Todten wurden Teppiche gezogen und, während zwischen dem Geröchel der Schlachtopfer das Geklirr der Schüsseln und Becher ertönte, setzten der Befehlshaber und die Seinen unter jubelndem Siegesgesange in dem von Blut überschwemmten Saal das Gelage fort. — Nicht zufrieden, die lebenden Omajjaden gemordet zu haben, wüthete Abdallah auch gegen die längst Verstorbenen, ließ die Chalifengräber in Damascus aufbrechen, Moawia's Asche in die Lüfte streuen und die Leiche Hischam's an's Kreuz nageln, dann auf einem Scheiterhaufen verbrennen. Wie in Damascus so ward auch in den anderen Hauptstädten des ungeheuern Reiches gegen die Mitglieder des unglücklichen Geschlechtes gewüthet und nur Wenige von ihnen entkamen durch schleunige Flucht.[1]

Unter den letzteren war der junge Abdurrahman, Sohn Moawia's. Nachdem er unter tausendfacher Lebensgefahr bis tief in die afrikanischen Wüsten geflohen war, traf ihn hier in dem Zelte gastfreundlicher Beduinen die Gesandtschaft der andalusischen Sheikhs und trug ihm ihr Anliegen vor. Abdurrahman, der Einladung folgend, landete an der spanischen Küste, sah sich bald von zahlreichen Anhängern

---

1) Abulfeda ed. Reiske, I, 490 ff.

umgeben und schlug, nach Ueberwindung seiner Gegner, als unabhängiger Gebieter über ganz Spanien, den Sitz seiner Herrschaft in Cordova auf. Noch einmal bedrohte aus Norden das Heer Karls des Großen den Islam, aber nachdem der verblutende Roland in der Todes-Schlucht von Ronceval sein Schwert Durenda zerbrochen und vergebens Hülfe rufend in sein Horn gestoßen hatte, blieb dem Koran kein anderer Gegner mehr auf der Halbinsel, als nur ein Häuflein tapferer Gothen in den asturischen Bergen, jener unscheinbaren Wiege der castilianischen Monarchie.

Bedacht, seine Residenz, zu deren nachmaligem Glanz er den Grund legte, in aller Weise nach dem Vorbilde der morgenländischen Städte zu schmücken, begann Abburrahman in Cordova den Bau der großen Moschee,[1] welche noch heute, ein Wunder der Welt, über den Trümmern so vieler Prachtwerke arabischer Kunst aufragt. Zugleich legte er in nordwestlicher Richtung von der Stadt eine Villa an, die er in Erinnerung an ein gleichnamiges, bei Damascus gelegenes, Landhaus seines Großvaters Hischam Rußafa nannte, und mit ausgedehnten Gärten umgab, in denen er seltene Bäume aus Syrien und anderen Ländern des Orients pflanzen ließ.[2] Eine Dattelpalme, welche hier in der milden Luft

---

[1] Makkari, herausgegeben von Wright, Dozy u. s. w. I, 358.
[2] Derselbe I, 304 und 359.

Andalusiens gleich gut gedieh wie in ihrer östlichen Heimat, soll die Stammmutter aller übrigen in Europa geworden sein[1]) und noch besitzen wir einige Verse, welche Abdurrahman bei ihrem Anblick in wehmüthiger Erinnerung an sein fernes Vaterland gedichtet hat:

Du, o Palme, bist ein Fremdling
So wie ich in diesem Lande,
Bist ein Fremdling hier im Westen
Fern von deiner Heimath Strande;
  Weine drum! Allein die stumme,
Wie vermöchte sie zu weinen?
Nein, sie weiß von keinem Grame,
Keinem Kummer gleich dem meinen.
  Aber könnte sie empfinden,
O, sie würde sich mit Thränen
Nach des Ostens Palmenhainen
Und des Euphrat Wellen sehnen.
  Nicht gedenkt sie deß, und ich auch,
Fast vergaß ich meiner Lieben,
Seit mein Haß auf Abbas' Söhne,
Aus der Heimat mich getrieben.[2])

Ein anderes Gedicht verwandten Inhalts von ihm ist das folgende:

In den Gärten von Rußafa
Sah ich eine Palme stehn,

---

[1] Al Hollat, ed. Dozy S. 35.
[2] Al Hollat, S. 36.

Ferne von der Palmenheimath
Säuselnd in des Westes Wehn.

Und ich sprach: Wie deinen Brüdern
Du entrückt bist, schöner Baum,
Trennt auch mich von meinen Freunden,
Meinem Stamm ein weiter Raum.

Ich den Meinen ferne, Fremdling
Du auf fremdem Erdgefild,
Ist mein Schicksal wie das deine
Und bist du mein Ebenbild!

Tränke dich die schwerste Wolke,
Die sich durch den Himmel wälzt
Und in Regenschauerströme
Selbst die Sterne droben schmelzt![1]

Gleiche schwermütige Sehnsucht athmet ein drittes Lied Abdurrahman's:

O Reiter, der nach meinem Land du hinsprengst, nimm
— und sei beglückt! —
Die Grüße mit dir, die ein Theil von mir dem andern
Theile schickt!
In diesem Lande, wie du siehst, ist mir der Körper
festgebannt,
Allein mein Herz und wer's besitzt, verweilt in jenem
andern Land.
Durch weite Zwischenräume hat uns also das Geschick
getrennt,
Und ach! die Trennung macht, daß nicht den Schlum-
mer mehr mein Auge kennt.

---

[1] Al Bayan ed. Dozy, S. 62.

Allein wenn Gottes Rathschluß auch für jetzt uns so geschieden hat,
Vielleicht ist unser Wiedersehn beschlossen doch in seinem Rath.[1])

Unter der von Abburrahman gestifteten Omajjadendynastie, welche nach dem Sturz ihre Vorgängerin im Osten nun während mehr als zweier Jahrhunderte im Westen herrschte, blühte Spanien zu einer Macht und einem Glanze empor, der alle andere Staaten des damaligen Europa verdunkelte. Mit den wachsenden Quellen des Reichthums, dem durch ein sorgfältiges Bewässerungssystem gehobenen Ackerbau, der Fabrikthätigkeit und dem nach allen Weltgegenden hin geführten Handel wuchs zugleich die Bevölkerung des Landes in wunderwürdigem Maaße. Der Reisende Ibn Haukal nennt Cordova die größte Stadt des ganzen Occidents[2]) und Ibn Adhari sagt, zur Zeit ihrer Blüthe habe die Zahl der Häuser innerhalb ihrer Mauern, mit Ausnahme derer, welche den Veziren und obersten Beamten gehörten, hundert und dreizehntausend, die ihrer Moscheen aber dreitausend betragen; ihrer Vorstädte seien achtundzwanzig gewesen.[3]) Ringsum füllte sich das Thal des Guadalquivir mit Palästen, Villen und Landsitzen, wie mit öffentlichen Lustorten und Gartenanlagen, welche

---

1) Al Bayan und Abdul Wahid 12.
2) Makkari, I 300.
3) Al Bayan 247.

die Städter aus dem Staube und Gewühl der Straßen in ihren Schatten luden. Abdurrahman's Nachfolger Hischam vollendete die Brücke über den Guadalquivir und brachte die große Moschee der Vollendung nahe.¹) Bald breitete sich der Ruhm dieses größten und glanzvollsten Tempels des Islam²) bis in den Orient aus und lockte Gläubige aus den fernsten Gegenden der muhammedanischen Welt in seine unermeßlichen Hallen. Weitere großartige Bauten zur Verschönerung der Hauptstadt ließ Abdurrahman II. ausführen; ein Freund der Pracht und des Luxus, umgab er sich, gleich den Chalifen von Bagdad mit glänzender Hofhaltung. Nicht allein in Cordova, auch im übrigen Andalusien entstanden auf seinen Wink Schlösser, Wasserleitungen, Brücken, Heerstraßen und Moscheen³). Doch erst später unter dem großen Abdurrahman III., der zuerst den Chalifentitel annahm, erhob sich das andalusische Reich zum höchsten Grade des materiellen Wohlstandes, der die Grundlage zu einer gleich hohen geistigen Cultur bildete. Aus den Berichten abendländischer wie morgenländischer Schriftsteller strahlt uns dies Bild in gleicher Helle entgegen. Wenn Masudi das muhammedanische Spanien jener Zeit wegen seines Reichthums an Städten, seiner wohlangebauten, sich in

---

1) Makkari I, 219.
2) Ders. I, 358.
3) Al Bayan II, 93.

weiter Ausdehnung ununterbrochen aneinanderreihenden Aecker und wegen der Festigkeit seiner Gränzen preis't¹); wenn Ibn Haukal von der überall herrschenden Ordnung, von der Wohlhabenheit des Volkes, der strotzenden Fülle des Staatsschatzes und dem blühenden Zustande der Agricultur, die selbst die dürrsten Gegenden in grüne Gefilde umgeschaffen hatte, überrascht war²), so schildert der Abt Johann von Görz, der als Gesandter Otto's des Großen nach Cordova kam, mit nicht minder lebhaften Farben die Kriegsmacht Abdurrahman's wie die blendende Pracht an seinem Hofe.³) Bis tief in den Norden, in die Zellen des sächsischen Klosters Gandersheim drang die Kunde von der Wunderstadt am Guadalquivir; die Aebtissin Hroswitha in ihrem Gedichte vom Märtyrthum des heil. Pelagius preis't Cordova als die „helle Zierde der Welt, die junge herrliche Stadt, stolz auf ihre Wehrkraft, berühmt durch die Wonnen, die sie umschließt, strahlend im Vollbesitz aller Dinge."⁴)

Mit noch größerem Eifer, als irgend einer der früheren Chalifen, sorgte der nun folgende Hakem II. für die Pflege der Wissenschaften und die geistige Bildung des Volkes. An guten Schulen war schon früher kein Mangel gewesen; während im übrigen

---
1) Masubi, goldne Wiesen III, 78.
2) Dozy, Histoire des Musulmans d'Espagne, III, 91.
3) Vita Johannis Gorziensis cap. 135, 136 in Pertz, Scriptores T. IV.
4) Roswithae opera ed. Schurzfleisch pag. 120.

Europa faſt Niemand, außer den Geiſtlichen, leſen oder ſchreiben konnte, fand ſich die Kenntniß von beidem in Andaluſien allgemein verbreitet. Hakem glaubte jedoch, den Unterricht noch weiter ausdehnen zu müſſen und gründete in der Hauptſtadt ſieben und zwanzig Lehranſtalten, in denen die Kinder unbemittelter Eltern unentgeltlich ausgebildet wurden. Zahlreich ſtrömte die Jugend zu den Akademien von Cordova, Sevilla, Toledo, Valencia, Almeria, Malaga und Jaen, welche Zubehöre der Moſcheen bildeten.[1]) Lehrer und Lernende aus allen Theilen der muhammedaniſchen Welt begegneten ſich dort; denn der Ruf dieſer herrlich aufblühenden Hochſchulen lockte ſelbſt Bewohner des fernſten Aſien nach Spanien, ſo wie wiederum zahlreiche Andaluſier mühſelige Fahrten in die entlegenſten Gegenden unternahmen, um ihren Wiſſensdurſt zu ſtillen. In keinem Lande und keiner Cultur-Periode iſt der Trieb zu weitausgedehnten wiſſenſchaftlichen Reiſen ſo verbreitet geweſen, wie im moslimiſchen Spanien, namentlich ſeit dem zehnten Jahrhundert. Es war etwas ganz alltägliches, daß Bewohner der Halbinſel den ungeheuern Weg längs der afrikaniſchen Küſte nach Aegypten und von da nach Bochara oder Samarkand zurücklegten, um die Vorleſungen eines berühmten Gelehrten zu hören. Den Einen trieb die Begier, Tradi-

---

1) Makkari I, 136.

tionen vom Leben und den Aussprüchen des Prophe=
ten zu sammeln, den Zweiten Eifer für philologische
Forschungen, wieder Andere wollten bei den vorzüg=
lichsten Meistern des Fachs Jurisprudenz, Medicin,
Astronomie, Mathematik oder Philosophie studiren.
Unterwegs wurden die Hörsäle von Tunis, Kairvan,
Kairo, Damaskus, Bagdad, Mekka, Bassora, Kufa
und anderer berühmter Hochschulen besucht, und reich
an neuen Anschauungen kehrten die Reisenden in ihre
Heimat zurück. In einzelnen Fällen wurden solche
gelehrte Streifzüge sogar bis nach Indien, China und
ins Innere von Afrika ausgedehnt.[1]

Mit Leidenschaft sammelte Hakem Bücher jeder
Art und sandte in alle Weltgegenden Agenten mit
dem Auftrage, ihm solche zu kaufen. So brachte er
eine ungeheure Bibliothek zusammen, die viermalhun=
derttausend Bände betragen haben soll und in seinem
Palaste zu Cordova aufgestellt wurde. Alle diese
Bücher hatte Hakem, wie behauptet wird, selbst ge=
lesen und mit handschriftlichen Bemerkungen versehen.
Geschickte Abschreiber und Buchbinder waren beständ=
dig in seinem Palaste für ihn beschäftigt. Sein Hof
bildete einen Sammelplatz für die vorzüglichsten
Schriftsteller und seine Freigebigkeit gegen sie kannte
keine Gränzen. Bücher, welche in Persien oder Sy=
rien verfaßt waren, wurden in Spanien oft früher

---

1) Makkari im fünften Buche.

bekannt, als im Orient. Dem Ali von Jspahan sandte Hakem ein großartiges Geschenk, um das erste Exemplar von dessen berühmtem Buche der Gesänge zu erhalten. Unter dem Schutze eines, der Wissenschaft so zugethanen Fürsten erblühte daher ein reges geistiges Leben und das Mittelalter bietet nirgendwo eine so glänzende literarische Epoche dar, wie diejenige, die sich unter seiner Regierung in Spanien aufthat.[1]) Auch von dem allmächtigen Almansur, der für Hakem's ohnmächtigen Nachfolger den Staat lenkte, ward der Wissenschaft alle Aufmunterung, den Gelehrten Ehre und Lohn zu Theil.[2]) Nur der Philosophie, die sich zuvor mit aller Freiheit hatte aussprechen können, war er aus religiösem Fanatismus feind.

Eine furchtbare Erschütterung traf die so herrlich blühende spanische Cultur durch die Bürgerkriege, welche in den letzten Jahren der Omajjaden-Herrschaft das Land zerrütteten. Bei der Einnahme Cordova's durch die Berbern (1013) ward Hakem's große Bibliothek theils zerstört, theils verkauft; sechs volle Monate wurden erfordert, um die ungeheure Büchermasse fortzuschaffen.[3]) Aber alsbald nach dem Untergange des Chalifats begann eine neue, der Literatur überaus günstige Periode. Die zahlreichen un-

---

1) Quatremère im Journ. asiat. 1838, II, 71 ff. — Dozy, histoire III, 107 ff.
2) Abd ul Wahid 20.
3) Quatremère a. a. O. 73.

abhängigen Staaten, die sich auf den Trümmern des gestürzten Reiches erhoben, wurden zu eben so vielen Mittelpunkten gelehrter und künstlerischer Bildung. Unter den kleinen Dynastien von Sevilla, Almeria, Badajoz, Granada und Toledo entstand ein wahrer Wetteifer in Begünstigung der Wissenschaft und eine suchte es der anderen in Förderung geistiger Bestrebungen zuvorzuthun.[1]) Schaarenweise sammelten sich Schriftsteller und Schöngeister an diesen Höfen, theils feste Besoldungen empfangend, theils für die Widmung ihrer Werke mit reichlichen Geschenken belohnt. Doch bewahrten andere ihre Unabhängigkeit, um frei von jedem Zwange den Wissenschaften zu leben. Vergebens sandte Mudschahid, König von Denia, dem Philologen Abu Galib tausend Goldstücke sammt einem Roß und Ehrenkleide, um ihn zu bestimmen, eines seiner Werke ihm zu dediciren; der stolze Autor wies das Geschenk zurück, indem er sagte: „ich habe mein Buch geschrieben, um den Menschen zu nützen und mich unsterblich zu machen; und nun sollte ich es mit einem fremden Namen schmücken und ihm den Ruhm zuwenden? nimmermehr!" Als dem König diese Antwort Abu Galib's hinterbracht wurde, bewunderte er dessen Seelengröße und sandte ihm ein doppelt so großes Geschenk.[2]) Aller Glaubenszwang war an diesen kleinen Höfen hinweggenommen;

---

[1]) Makkari II, 129.
[2]) Derselbe, ebendaselbst.

es herrschte eine Toleranz, wie das christliche Europa sie auch in unserem Jahrhundert noch nicht überall auszuweisen hat, und die Philosophen konnten sich ungehindert den gewagtesten Speculationen hingeben. Mehrere Fürsten suchten sich selbst durch literarische Leistungen hervorzuthun; Al Mutsaffir, König von Badajoz, schrieb ein großes encyklopädisches Werk in nahe an hundert Bänden,[1]) Al Moktabir, König von Saragossa, war wegen seiner gelehrten Kenntnisse in Astronomie, Geometrie und Philosophie berühmt,[2]) und die Herrschergeschlechter der Abbadiden von Sevilla, der Benu Somadih von Almeria brachten Dichter ersten Ranges hervor.

Der Glanz hoher Bildung, der diese Fürstenhäuser umstrahlt, kann das Auge nicht blind machen gegen die, aus der Zerstückelung des Chalifats in so viele kleine Theile hervorgegangenen Uebelstände. Die Eifersucht der Fürsten gegen einander, welche zahlreiche Fehden herbeiführte, und der Mangel an einheitlicher Leitung der moslimischen Waffen, bot dem Feinde der letzteren zu lockende Aussicht auf Erfolge dar, als daß er sie nicht hätte benutzen sollen. Bald zitterten alle muhammedanischen Throne vor dem siegreichen Vordringen der christlichen Heere und die erschreckten Herrscher wandten sich hülfesuchend an den gewaltigen Murabiten-Fürsten Jussuf,

---

1) Maffari II, 131.
2) Derselbe II, 130.

dessen Reich sich in kurzer Zeit über einen großen Theil von Nord-Afrika ausgedehnt hatte. Aber verblendet beschworen sie so selbst das Unheil herauf, das sie verschlingen sollte. Nochmals schienen die ersten wilden Tage des Islam wiederzukehren, als der furchtbare Jussuf und seine Horden aus der Wüste Sahara in einer der ungeheuersten Schlachten, die je geschlagen worden, das Feld von Zalaka weithin mit Christenleichen überdeckten. An alle Städte seines Reiches bis in die Negerländer hinein sandte der Sieger jubelnde Boten, welche die Köpfe der Erschlagenen über den Thoren aufpflanzen mußten; die Leichen der gefallenen Christen wurden in Form einer Minaret aufgethürmt und von der Höhe dieser grausen Gebetswarte riefen die Muezzin nach den vier Weltgegenden hin aus, es sei kein Gott außer Allah![1] Neu war so der Islam in Andalusien befestigt; aber entthront oder in Kerker geworfen mußten die bisherigen Gebieter ihren thörichten Schritt büßen und Jussuf machte Spanien zu einem Theile seines großen Reichs. Da er selbst, so wie seine ganze Umgebung, vom Berberstamme und aller feineren arabischen Bildung fremd war, so läßt sich ermessen, daß von oben herab keine Förderung der letzteren Statt fand. Glücklicher Weise währte die Herrschaft der Murabiten nicht lange genug, um durch

---

[1] Scriptor. loci de Abbadidis ed. Dozy I, 399. — Al Kartas, ed. Tornberg 96.

ihre bigotten Priester und ihre rohe Soldatesca die tiefgewurzelte Cultur ausrotten zu können. Unter den Muwahiden (Almohaden) konnte wieder eine freiere Regung der Geister Statt finden. Obgleich auch diese Dynastie durch eine Bewegung des religiösen Fanatismus auf den Thron gehoben worden war, gaben sich doch mehrere Fürsten derselben mit Eifer literarischen Neigungen hin. An Abd ul Mumen's Hofe lebten hochgeehrt die, auch im übrigen Europa so berühmt gewordenen Philosophen Averroes (Ibn Roschd), Abenzoar (Ibn Zohr), Abu Bacer (Ibn Tofail). Lange vor dem Aufblühen der humanistischen Studien im Abendlande schöpften und verbreiteten diese Männer philosophische Kenntnisse aus den Schriften des Aristoteles; doch muß wohl bemerkt werden, daß sie nicht dessen Originaltext, sondern nur die syrischen Uebersetzungen lasen, durch welche den Arabern die Bekanntschaft mit griechischen Autoren schon seit dem achten Jahrhundert vermittelt wurde. Noch immer that sich Cordova durch seine Liebe zur Literatur hervor, während in Sevilla vorzüglich die Musik blühte. Averroës sagte einst, als darüber gestritten wurde, welche von beiden Städten sich durch höhere Bildung auszeichne: wenn in Sevilla ein Gelehrter stirbt und man seine Bücher verkaufen will, so schickt man sie nach Cordova, wo sich ein sicherer Absatz dafür findet; und stirbt in Cordova ein Musiker, so läßt man seine Instrumente in Sevilla verkaufen. Derselbe Schriftsteller, der diese Anekdote erzählt, fügt hinzu, von allen, dem Islam unterworfenen Städten sei Cordova diejenige, wo man die meisten Bücher finde. Abd ul Mumen's Nachfolger Jussuf war der gebildetste Fürst seiner Zeit und versammelte Gelehrte aus allen Weltgegenden an seinem Hofe.[1]) Wenn nun auch die folgenden Herrscher desselben Hauses gleichen Bestrebungen nicht zugethan waren, wenn namentlich ums Ende des zwölften Jahrhunderts eine Verfolgung gegen die Philosophie ausbrach, so kann doch an der Fortdauer intellektueller Bildung im muhammedanischen Spanien nicht gezweifelt werden. Noch im dreizehnten Jahrhundert waren in den verschiedenen andalusischen Städten siebzig Bibliotheken dem Publikum geöffnet.[2])

Als die christlichen Heere das Kreuz mehr und mehr nach Süden trugen, als Ferdinand der Heilige dasselbe im Jahr 1236 auf die Moschee von Cordova pflanzte und bald darauf auch Sevilla sich dem Könige von Castilien ergab, sah sich der Muhammedanismus auf viel engere Gränzen im südöstlichen Theile von Spanien zurückgedrängt: aber eben hier im Königreich Granada entfaltete sich noch eine schöne Nachblüthe jener Cultur, die unter den Omajjaden und im eilften Jahrhundert in so herrlichem Flor

---

1) Abd ul Wahid 174. Renan, Averroës 12.
2) Journal asiatique 1838, II. 73.

geprangt hatte. Dem rühmlichen Beispiel eines Hakem II. nacheifernd, stifteten Muhammed Ibn ul Ahmar, der Gründer dieses Reiches, und seine Nachkommen, die Naßriden, mannichfaltige Bildungsanstalten, Schulen und Bibliotheken und bereiteten den, ringsum vertriebenen, Gelehrten eine Freistätte in ihrem Lande. Noch drittehalb hundert Jahre lang nach dem Falle Cordova's wurde so die arabische Literatur in Granada cultivirt, und erst, als auch dieses letzte Bollwerk des Islam fiel, mußte sie nach Afrika auswandern, um mehr und mehr mit der ganzen Bildung des Volkes, das ihr Pfleger gewesen war, zu Grunde zu gehen.

Während der vollen Dauer der moslimischen Herrschaft waltete demnach in Spanien ein reges Cultur-Leben, das, bald mehr bald minder von außen begünstigt, zwar wechselnde Phasen hatte, jedoch nie erlosch, sondern, wenn die Umstände es zu ersticken drohten, immer von neuem aufflammte. Schon in einer Zeit, als im übrigen Europa kaum die ersten Strahlen gelehrter Bildung aus der Nacht der Unwissenheit hervordrangen, ward hier überall eifrig geforscht, gelehrt und gelernt; aber auch als jenes in in den Wettkampf um Pflege der Wissenschaften eintrat, ließen sich die Araber nicht überflügeln. Und wunderbar! während letztere den christlichen Nationen so die Fackel höherer Cultur vorauftrugen, waren sie es auch, bei denen sich der Geist chevaleresker Ehre

und Galanterie, der die späteren Jahrhunderte des
Mittelalters adelt, am frühesten zeigt. Ich bin weit
entfernt den Ursprung des Ritterthums, wie man es
lange gethan, im Orient zu suchen; allein es ist That=
sache, daß viele von den Ideen und Grundsätzen,
welche sein Wesen ausmachen, schon von Alters her
unter den Arabern herrschten. Die Verehrung und
Beschirmung der Frauen, der Ruhm kühn bestandener
Abenteuer, die Vertheidigung der Schwachen und
Unterdrückten bildeten, neben der Ausübung der Rache=
pflicht, den Kreis, in dem sich das Leben der alten Wü=
stenhelden bewegte, und wer den merkwürdigen Roman
„Antar" liest, sieht mit Ueberraschung die morgenländi=
schen Recken meist von den nämlichen Impulsen bewegt,
wie die Paladine unserer Rittergedichte. Diese Denk=
und Empfindungsweise der Araber verfeinerte sich
dann unter dem Einflusse der höheren Civilisation,
zu der sie im Abendlande gelangten, und schon im
neunten Jahrhundert begegnen uns Verse andalusi=
scher Dichter, welche ganz das zarte Gefühl, die fast
andächtige Verehrung zeigen, welche der christliche
Ritter der Dame seines Herzens widmete.[1] Der
Einfluß des nämlichen Himmels, unter dem Muham=
medaner und Christen so lange auf der Halbinsel leb=
ten, die vielfachen Berührungen, die trotz des gegen=

---

[1] Dozy, Histoire II, 229.

seitigen Glaubenshasses nicht ausbleiben konnten, entwickelten später mehr und mehr eine Uebereinstimmung beider Nationen in jenem Rittergeist, der aus dem innersten Wesen eines jeden von ihnen hervorgegangen. Wie derselbe unter den Arabern verbreitet war, bezeugen christliche wie muhammedanische Geschichtschreiber gleichmäßig. Als König Alfonso VII. die Festung Oreja belagerte, brachten die Araber ein großes Heer zusammen, um die Uebergabe zu verhindern, aber wandten sich nicht direkt gegen das Lager Alfonso's, sondern gegen Toledo, dessen Umgegend sie verwüsteten, damit der Feind veranlaßt würde, die Belagerung aufzuheben und zur Vertheidigung seiner Hauptstadt herbeizueilen. „Da nun — erzählt der Chronist — die Königin von Castilien, welche in Toledo weilte, sich ringsum von den Muhammedanern eingeschlossen sah, sandte sie Boten an dieselben, welche in ihrem Namen so zu ihnen sprechen mußten: „Seht ihr denn nicht, daß es euch nicht zur Ehre gereichen kann, wider mich, die ich eine Frau bin, zu kämpfen? Wenn ihr kämpfen wollt, so geht nach Orega und greift den König an, der euch mit Waffen und aufgestellten Schlachtreihen erwartet!" Als die Fürsten, Feldherren und das ganze Heer der Araber diese Botschaft vernahmen, schlugen sie die Augen empor und erblickten auf einem hohen Thurme des Alcazar die Königin, wie sie in vollem Kronschmuck auf einem hohen Thurme saß und von einer großen Schaar edler Frauen umgeben war, welche zum Schalle von Pauken, Cithern, Zymbeln und Lauten sangen. Sobald die Fürsten, Feldherren und das Heer sie erblickten, staunten sie, wurden beschämt, beugten ihre Häupter vor der Königin und zogen ab."¹) — Arabische Autoren berichten aus dem Leben des, durch seine wunderbare Stärke berühmten Kriegers Hariz mehrere Vorgänge, die in einem Ritterromane Platz finden könnten. König Alfonso von Castilien, erzählen sie, war begierig, den Vielgepriesenen kennen zu lernen und ließ ihn einladen, ihn in seinem Lager zu besuchen. Hariz nahm, nachdem ihm eine Anzahl vornehmer Christen als Geißeln für seine Sicherheit gestellt waren, die Einladung an und überschritt die Gränze des Christenlandes. Wie er gepanzert und in voller Kriegsrüstung durch die Straßen von Calatrava hinritt, sammelte sich das Volk längs des Weges und betrachtete staunend seinen riesenhaften Körperbau, seine stattliche Erscheinung und die Zier seiner Waffen, indem es sich Geschichten von seinen tapferen Thaten erzählte. So gelangte er zum Lager des Königs, wo ihm Alfonso und die Vornehmsten des christlichen Heeres mit Willkommgrüßen entgegentraten. Während Hariz sich anschickte, vom Roß zu steigen, stieß er seine Lanze mit solcher Gewalt in den Boden, daß

---

1) Chronica Alfonsi VII, 142. (Espana sagrada.)

der König sofort von der Wahrheit dessen überzeugt wurde, was er von seiner gewaltigen Stärke gehört hatte; die christlichen Ritter aber wurden ungeduldig, ihre Kraft mit der seinigen zu messen, und der stärkste von ihnen forderte ihn zum Kampfe. Auch Alfonso drückte den Wunsch aus, zu sehen, wie der berühmte arabische Held die Probe bestehe; Hariz jedoch erwiderte: „der Tapfere kämpft nur mit solchen, deren Kraft der seinigen gleich ist; möge man mich denn widerlegen, wenn ich behaupte, daß Keiner von Allen hier meine Lanze aus der Erde, wo ich sie eingepflanzt, zu reißen vermag; wer es vollbringt, mit dem zu kämpfen bin ich bereit, sei es nun Einer, oder seien es Zehn!" Alsbald sprengte der stärkste der Christenritter heran, aber konnte die eingepflanzte Lanze nicht von der Stelle bewegen; nachdem derselbe Versuch mehrmals vergebens wiederholt worden war, forderte dann der König den Hariz auf, zu zeigen, ob er selbst das Kraftstück ausführen könne, und dieser, sein Roß antreibend, riß, indem er nur eben die Hand ausstreckte, die Lanze aus dem Boden. Alle Ritter bewunderten den tapferen Araber ungemein und der König trat zu ihm hinan, indem er ihm hohe Ehren bezeigte.[1] — Andere hierher gehörige Fälle sind folgende. Alfons XI. hielt Gibraltar umzingelt und die Stadt war nahe daran

---

[1] Maffari II, 378.

sich zu ergeben, als er plötzlich an der Pest starb. In Folge davon ward die Belagerung aufgehoben, und die Christen, fürchtend, auf dem Rückzuge von den Feinden angegriffen zu werden, trafen Anstalten, um sie zurückzutreiben. „Aber — heißt es in der spanischen Chronik — kaum erfuhren die Mohren, der König Don Alfonso sei gestorben, so gaben sie in ihrem Heere den Befehl, es solle Keiner sich unterfangen, eine Bewegung gegen die Christen zu machen oder Kampf mit ihnen anzufangen. Alle hielten sich ruhig und sagten untereinander, an jenem Tage sei ein edler König und Fürst gestorben, der nicht bloß den Christen zur Zierde gereicht habe, sondern durch den auch den Maurischen Rittern viele Ehre widerfahren. An dem Tage, als die Christen dann aus ihrem Lager vor Gibraltar mit der Leiche des Königs Don Alfonso heimzogen, kamen alle Mohren von Gibraltar aus der Stadt, standen ganz ruhig, sahen dem Abzuge der Christen zu und erlaubten nicht, daß Einer sie angriffe."[1] — Bei der Belagerung der Festung Baza durch das katholische Königpaar, ließ der Marques von Cadiz den Befehlshaber der Araber, Cid Hiaya (Jahja), um kurze Einstellung der Feindseligkeiten ersuchen, weil die Königin Isabella bei ihrer Truppenbesichtigung einen Ritt bis an die Wälle der Stadt zu machen beabsichtige.

---

[1] Cronica del Rey Alfonso XI. Cap. 342.

Das Verlangen wurde gewährt und Cid Hiaya wies nicht nur den Vorschlag einiger Häuptlinge, welche zu einem Angriff auf das königliche Gefolge riethen, entrüstet zurück, sondern beschloß auch, der Königin ein Schauspiel muhammedanischer Ritterlichkeit zu geben. Als nun Isabelle und ihre Damen die Mauern von Baza betrachteten und seine Thürme, Zinnen und Dächer mit neugierigen Mauren und Maurinnen bedeckt sahen, gewahrten sie plötzlich, wie dichte Reihen maurischer Reiterei mit glänzenden Waffen und fliegenden Fahnen unter Anführung Cid Hiava's aus dem Thor hervorgezogen. Einige Christen wollten zu den Schwertern greifen, um die vermeinte Gefahr von der Königin abzuwenden, aber der Marques von Cadiz, der die Mauren besser kannte, beruhigte sie. Hierauf rückte die Heerschaar der Araber vor und die Reiter führten, ihre prächtigen Rosse tummelnd und die Lanze schwenkend, ein Ritterspiel zur Erlustigung der Königin aus, worauf sie unter höflichem Grüßen und von der Bewunderung Isabellens und ihrer Damen geleitet, in die Festung zurückzogen.[1] Solche Züge wahrhaft ritterlicher Sinnesart prägten sich den Spaniern tief ein, und trotz alles Religionshasses, der sie beseelte, machten sie ihnen in den Romanzen das Zugeständniß, sie seien, „wenn auch Mohren, doch ächte Ritter."

---

[1] Alonso de Palencia. de bello Granat. lib. 9.

Selbst der fanatische Beichtvater Ferdinands und Isabellens gibt dies zu, indem er in seiner Chronik des granadinischen Krieges einen ähnlichen Fall erzählt. Als die Christen Malaga belagerten, traf Einer der Vertheidiger dieser Stadt, Ibrahim Zeneta, bei einem Ausfall, den er machte, sieben oder acht spanische Knaben, und streichelte sie, statt ihnen etwas zu Leide zu thun, mit seiner Lanze, indem er sagte: geht, Kinder, geht zu euren Müttern! Während die Knaben eilends davonliefen, machten ihm andere Mohren Vorwürfe, daß er sie nicht getödtet hätte; er aber antwortete: sie hatten ja keine Bärte. So zeigte er — setzt der Chronist hinzu — daß er, obgleich ein Mohr, Tugend zu üben wußte wie ein ächter Hidalgo.[1]

Unter diesen allgemeinen Bemerkungen über die Civilisation der spanischen Araber haben noch wenige von den zahlreichen einzelnen Zügen Platz finden können, welche die muhammedanischen Geschichtschreiber anführen, um einen Begriff von der seltenen Be-

---

1) Chronica de Andres Bernaldez, Cura de los Palicios. Granada 1852 pag. 161. Wenngleich aus einem solchen einzelnen Zug noch kein Schluß im Allgemeinen zu ziehen ist, erscheinen doch auch noch in anderen Berichten die Muhammedaner sehr zu ihrem Vortheil gegen die Christen, welche im Kriege gewöhnlich weder Weiber noch Kinder verschonten; s. die Reisen des Ritters Georg von Ehingen, S. 26, und Dozy, Histoire III, 31. Leo von Roßmital, der Spanien zwischen 1465 und 1467 besuchte, sagt, indem er von seinem Aufenthalt in einer, nur von Muhammedanern bewohnten Gegend spricht: „Die Heiden thaten uns große Ehre und Zucht und waren wir bei ihnen viel sicherer als in dem Land bei den Christen. — Darnach kamen wir wieder aus den Heiden in des alten Königs Land zu bösen Christen." (Reise des Leo von Roßmital, herausg. von Schmeller. S. 189.)

gabung der Andalusier zu geben. Zum Beweise ihres außerordentlichen Gedächtnisses erzählen sie z. B., Einer von ihnen habe einst während einer ganzen Nacht nur solche Verse hergesagt, welche sämmtlich mit dem Buchstaben Kaf endigten. Als Beleg ihres seltenen Scharfsinns führen sie an, ein Arzt Ibn Firnas habe ein Instrument erfunden, um die Zeit zu messen und eine Flugmaschine construirt, mit der er sich eine beträchtliche Strecke in die Luft erhoben.[1]) Viele Anekdoten, die sie mittheilen, sollen die Aufgewecktheit des Geistes bezeugen, welche schon die Kinder zeigten. So die folgende. Der König Al Motasim kam einst in das Haus eines seiner Unterthanen und fragte dessen kleinen Sohn Al Fath: „welches Haus ist schöner, das des Beherrschers der Gläubigen, oder das deines Vaters?" Der Knabe antwortete: „Wenn der Beherrscher der Gläubigen sich darin befindet, so ist das Haus meines Vaters das schönere." — Ueberrascht von der Geistesgegenwart des Kleinen, stellte der König dieselbe noch weiter auf die Probe und fragte ihn, indem er ihm den Ring an seinem Finger zeigte: „Sprich, Fath, gibt es etwas schöneres, als diesen Ring?" — „Ja, antwortete Fath, die Hand, die ihn trägt." — Auch von dem angeborenen Talent der Andalusier für die Dichtkunst werden manche Züge erzählt. Ein Bewohner

---

1) Makkari II. 254.

der Stadt Silves vom Stamme der Benul Melah
ging einst mit seinem Söhnchen spazieren und sie
kamen an einen Fluß, in dem die Frösche laut quak=
ten; da sagte der Alte zu dem Kleinen: „mache den
zweiten Vers! Hörst du sie quaken im Fluß?" Der
Sohn gab Antwort: „Fürwahr ein seltner Genuß!"
Der Vater: „Welch ein Krächzen und Stammeln!"
Der Sohn: „Wie wenn sich die Benul Melah versammeln." Auf einmal verstummten die Frösche,
weil sie die Tritte der Spaziergänger hörten; der
Vater aber sagte weiter: „Geht ihnen der Odem aus?"
Der Sohn: „Ich glaube, sie sind beim Abendschmaus",
und so hatte der Kleine immer seinen Reim aus dem
Stegreif bereit. „Gewiß — setzt der Araber, der die
Anekdote erzählt, hinzu — wäre es ein Erwachsener
gewesen, der so improvisirte, man hätte ihn bewun=
dern müssen; nun es aber ein kleiner Knabe war,
wie viel mehr muß man ihn anstaunen!"[1]

Die Poesie machte den Mittelpunkt des ganzen
geistigen Lebens in Andalusien aus. Mindestens sechs
Jahrhunderte lang ist dieselbe mit einem Eifer und
von einer so großen Menge von Individuen cultivirt
worden, daß ein Verzeichniß aller spanisch=arabischen
Dichter allein ganze Folianten füllen würde. Schon
um die Mitte des neunten Jahrhunderts hatte sich
der Geschmack an Dichtkunst so allgemein verbreitet

---

[1] Makkari II, 350.

und selbst auf die unter muhammedanischer Herrschaft lebenden Christen ausgedehnt, daß Alvaro von Cordova klagt, seine Glaubensbrüder vernachlässigten das Lateinische gänzlich, läsen dagegen mit Begierde arabische Gedichte und Erzählungen, ja machten selbst in dieser Sprache elegantere und regelrechtere Verse, als die Araber.[1]) Etwa hundert Jahre später verfaßte Ibn Ferradsch seine Anthologie „die Gärten", welche in zweihundert Kapiteln, deren jedes hundert Doppelverse zählte, ausschließlich nur Gedichte andalusischer Autoren enthielt.[2]) Zahlreiche andere Blüthenlesen, darunter die von Ibn Chakan und von Ibn Bessam am berühmtesten wurden, vervollständigten diese und setzten sie für die folgenden Jahrhunderte fort. Mit allen geselligen Verhältnissen, dem ganzen Sein und Treiben der Nation war die Poesie auf das innigste verwachsen. Die Höchsten wie die Niedrigsten cultivirten sie; wenn beispielsweise angeführt wird, in der Umgegend von Silves habe fast jeder Bauer die Gabe der Improvisation besessen und selbst der Ackersmann hinter dem Pfluge über jedes beliebige Thema Verse gemacht[3]), so werden uns von allen hervorragenden Chalifen und Fürsten gleichfalls einige Gedichte als Belege ihres Talents mitgetheilt, ja noch ist ein Werk vorhanden,

---

1) Alvaro, Indic. lumin. in der Espana sagrada XI. 273 u. 274.
2) Makkari II, 118 und Ibn Challikan im Artikel Juffuf ar Remmidi.
3) Al Cazwini's Kosmographie II, 364.

das sich nur mit den Königen und Großen Andalusiens beschäftigt, die sich durch ihre poetische Begabung hervorgethan.[1]) Die Frauen in den Haremen
stritten mit den Männern um den Preis des Liedes[2]); Gedichte, sich in vielfachen Verschlingungen
um Wände und Säulen windend, bildeten einen
Hauptschmuck der Paläste und selbst in den Staats-
kanzleien spielte die Dichtkunst eine Rolle. Kein noch
so trockener Chronist oder Geschichtschreiber konnte sich
enthalten, die Seiten seiner Bücher mit einzelnen
metrischen Fragmenten zu schmücken. Männer aus
den niedrigsten Ständen stiegen nur durch ihr poetisches Talent zu den höchsten Ehrenstellen, zu fürstlichem Ansehen empor; Verse gaben das Signal zu
blutigen Kämpfen und entwaffneten eben so auch
wieder den Zorn des Siegers; die Poesie mußte ihr
Gewicht in die Wagschale legen, um diplomatischen
Verhandlungen mehr Nachdruck zu verleihen; und
eine glückliche Improvisation sprengte oft den Kerker
des Gefangenen oder rettete das Leben des zum Tode
Verurtheilten. Standen sich zwei feindliche Heere
gegenüber, so pflegten einzelne Krieger aus den
Schlachtreihen hervorzutreten und ein Paar Verse zu
improvisiren, in welchen sie die Gegner zum Kampfe
herausforderten, worauf denn diese in demselben
Metrum und mit dem nämlichen Reim antworteten.[3])

---
1) Ibn ul Abbar's Al Hollat, ed. Dozy.
2) Makkari II, 563 und 626.
3) Dozy, recherches 419.

Aehnliche Aufforderungen, aber nur als Uebungen des Witzes, indem Einer den Anderen zur Stegreifdichtung veranlaßte, waren auch im alltäglichen Leben gewöhnlich und Briefwechsel zwischen Freunden oder Liebenden wurden nicht selten in Versen geführt. Vielfach bediente man sich auch des sogenannten höheren Styls in gereimter Prosa, wie wir ihn aus den Makamen des Hariri kennen; es galt für ein Erforderniß der feineren Bildung, sich in demselben ausdrücken zu können, er drang in wissenschaftliche Werke und in Staatsschriften ein, ja Reisepässe wurden in ihm abgefaßt.[1])

Die arabische Sprache verlor im Munde der Andalusier, so fern von ihrer ursprünglichen Heimath, bald ihre Reinheit und artete mehr und mehr in einen Vulgär=Dialect aus, welcher sich nicht mehr an die strengen Regeln der so fein ausgebildeten Grammatik band. Ein Beduine würde an der Rede selbst des gebildetsten Spaniers viel zu tadeln gefunden haben.[2]) Für die Schrift jedoch erhielt sich das alte Arabisch im Gebrauch; jeder, der auf höhere Bildung Anspruch machte, suchte durch das Studium der Hamasa, der Muallakat u. s. w. sich dasselbe anzueignen und ein junger Mann galt nicht für wohlerzogen, wenn er nicht eine beträchtliche Menge

---

1) Einen solchen Paß in gereimter Prosa ertheilte der König von Granada dem Ibn Chaldun. Journ. asiat. 1844 I. pag. 60.
2) Mattari I. 136 und 137.

von Stücken in Poesie und Prosa auswendig gelernt hatte. Ueberdies war schon durch den Koran, mit dem jeder Muhammedaner von Jugend an bekannt und vertraut gemacht wurde, dafür gesorgt, daß die Kenntniß des unverfälschten Idioms nicht aussterben konnte. Auch wurden bereits die Kinder in der Grammatik und Poesie unterrichtet und zum Lesen der Dichter angeleitet.[1]

Seit der frühsten Zeit, daß sich in Spanien ein königlicher Hof befand, war dort die Dichtkunst heimisch. Im Palaste Abdurrahmans, des ersten Omajjaden, zu Cordova hatten Versammlungen Statt, an welchen der Kronprinz Hischam Theil nahm und bei denen die Gäste sich mit der Recitation von Gedichten, der Erzählung historischer Ereignisse und dem Vortrage von Lobreden auf ausgezeichnete Männer und Thaten unterhielten.[2] Dem Beispiele folgend, welches ihr Ahnherr Jezid I. im Osten gegeben hatte, stellten die Omajjaden besoldete Hofdichter an, und an einzelnen Großen, z. B. dem Ibrahim, der sich unter der Regierung Abdallah's († 912) in Sevilla zu fast königlicher Gewalt aufgeschwungen hatte, fanden die Poeten ebenfalls freigebige Gönner.[3] Unter den früheren Chalifen stand der Dichter Jahja, wegen seiner Schönheit Al Gazal, die Gazelle, zu-

---

[1] Ibn Chaldun's Prolegomena, herausgegeben v. Quatremère III, 260 ff. und 319.
[2] Al Hollal 37.
[3] Dozy, Histoire II, 315.

benannt, in großem Ansehen. Er wurde als Gesandter an verschiedene Höfe geschickt und fand wegen seines feinen Benehmens und seiner geistreichen Unterhaltung überall großen Beifall. Der Kaiser von Constantinopel drückte ihm den Wunsch aus, ihn ganz bei sich zu behalten, aber er entschuldigte sich damit, daß er ihm wegen des Weinverbots doch nicht Gesellschaft leisten könne. Einst, während Beide bei einander saßen, trat die Kaiserin, die von großer Schönheit war, zu ihnen; der Araber vermochte das Auge nicht von ihr zu wenden und zeigte sich in der Unterhaltung mit dem Kaiser so zerstreut, daß dieser ihn, ungehalten, durch den Dolmetscher nach der Ursache davon fragen ließ. Jahja erwiderte, die Schönheit der Kaiserin habe einen so überwältigenden Eindruck auf ihn gemacht, daß er für die Unterredung keinen Sinn mehr gehabt; er ergoß sich dann weiter in eine bewundernde Schilderung ihrer Reize, und als der Dolmetscher dem Kaiser seine Worte übersetzt hatte, stieg er bei letzterem noch in der Gunst, wie denn auch die Kaiserin seine Schmeichelei sehr gut aufnahm. Auf einer anderen diplomatischen Sendung an den König der Normannen machte der Dichter Glück bei dessen Gemahlin Theuda, indem er deren Schönheit in improvisirten Versen pries. Später, wegen satirischer Gedichte vom Hofe Abdurrahman's II. verbannt, begab er sich nach Bagdad und langte dort kurz nach dem Tode des großen Abu

Nuwas an, der im Orient so bewundert wurde, daß man glaubte, kein Dichter könne ihm auch nur von ferne gleich gestellt werden. Als nun Jahja sich einst in einer literarischen Gesellschaft befand, hörte er die meisten Anwesenden verächtlich von den spanischen Dichtern sprechen. Die Unterhaltung ging dann auf den eben verstorbenen Abu Nuwas über. Jahja hatte bisher auf die Kritiken über die spanischen Dichter nichts erwidert, nun aber begann er ein Gedicht zu recitiren, das er für ein Werk des Abu Nuwas ausgab und das mit außerordentlichem Beifall aufgenommen ward. Als die Begeisterung der Zuhörer den höchsten Grad erreicht hatte, sagte er: „mäßigt euer Entzücken! diese Verse sind von mir." Man wollte anfänglich seiner Versicherung keinen Glauben schenken, da recitirte er seine Kasside, die mit den Worten anfängt:

Ich schöpfte meine Sünden aus dem Trunk,
Und Scham und Tugend ließ ich drin versinken.

Als er das Gedicht hergesagt hatte, fühlte sich die Gesellschaft beschämt und ging auseinander.[1]

Am Hofe Abdurrahman's III. lebten die berühmten Dichter Ibn Abd Rebbihi und Mondhir Ibn Said, welcher letztere dem Chalifen bei dem Empfange einer byzantinischen Gesandtschaft einen wesentlichen Dienst leistete. Als alle Würdenträger des

---

[1] Makkari I, 620.

Reichs in dem prachtvoll geschmückten Thronsaal versammelt waren und die Gesandten ihre Schreiben in feierlicher Audienz übergeben hatten, beauftragte Abdurrahman die ausgezeichnetsten Gelehrten seiner Umgebung, in einer Rede an die Versammlung den Islam und die Macht des Chalifats zu preisen; aber sie alle verloren die Fassung und blieben stecken; da erhob sich der Dichter und hielt eine lange Rede in Versen, welche sämmtliche Zuhörer zur höchsten Bewunderung hinriß und für die er vom Chalifen mit einem hohen Amt belohnt wurde.[1] — Auch der mächtige Almansur umgab sich mit Dichtern, versammelte sie in seinem Palaste zu literarischen Unterhaltungen[2] und ließ sich auf seinen Feldzügen von ihnen begleiten. Als die beiden vorzüglichsten derselben galten Ibn Derradsch, auch der Castilier genannt, und Jussuf ar Ramadi; noch größeres Glück am Hofe aber machte ein anderer, Namens Said, und zwar aus folgendem Anlaß. Schon seit lange hatte Almansur keinen sehnlicheren Wunsch gehabt, als den Grafen Garcia Fernandez von Castilien in seine Gewalt zu bekommen und es gab kein besseres Mittel, sich bei ihm einzuschmeicheln, als daß man ihm sagte, Garcia werde bald unterliegen. Da überbrachte ihm einst Said einen, mit Stricken gebundenen, Hirsch als Geschenk und

---

1) Makkari I, 234.
2) Abd al Wahid p. 24.

recitirte dabei ein Gedicht, in welchem folgende Verse
vorkamen:

O Talisman der Fürchtenden, o Zuflucht der Verlornen,
O Hort für die vom Mißgeschick zur Beute Auser=
    kornen!
Dein Sklav, der Rettung nur durch dich und Glück
    durch dich gefunden,
Bringt diesen Hirsch dir als Geschenk, mit Stricken fest-
    gebunden!
Garcia hat er ihn genannt; o möchtest du in Stricken
Den wirklichen Garcia bald, wie diesen hier, erblicken!¹)

Durch einen wunderbaren Zufall war nun Garcia
Fernandez in der That an demselben Tage, an wel=
chem der Dichter diesen Einfall ausführte, gefangen
worden, und Almansur bezeigte seit dem Augenblicke,
wo ihm die Nachricht davon kam, dem Said, dessen
Vorhersagung so glücklich in Erfüllung gegangen war,
großen Respect. Sich diese Gunst zu erhalten und
der Eitelkeit Almansurs zu schmeicheln, wandte der
Dichter alle möglichen Künste an. Einst ließ er aus
allen den Beuteln, in welchen sein Gebieter ihm
Geld geschickt hatte, einen Rock für seinen riesengro=
ßen Sklaven Safur machen. Almansur, der des
seltsam Gekleideten ansichtig wurde, fragte erstaunt,
weshalb denn der Diener des Hofpoeten eine solche
Lumpenkleidung trage. „Herr, erwiderte Said, du

---

1) Abd ul Wahid 24 ff. Es sind dies nur einzelne aus dem längeren Ge=
dicht hervorgehobene Verse.

haſt mir ſchon ſo viele Geldgeſchenke gemacht, daß
ich aus den Beuteln, die ſie enthielten, einen Rock
für einen ſo großen Menſchen wie Safur haben ma=
chen laſſen können." Almanſur lächelte zufrieden
über das Compliment, das der Dichter ſeiner Frei=
gebigkeit gemacht, und ließ ihm ſogleich neue Ge=
ſchenke, darunter auch ein ſchönes Gewand für Sa=
fur, überreichen.[1] — Die bevorzugte Stellung, de=
ren ſich Said erfreute, erweckte den Neid vieler Schön=
geiſter und es beſtand im Palaſte eine förmliche Ver=
ſchwörung zu deſſen Sturze. Nicht immer ſetzte Al=
manſur den Machinationen dieſer Partei die gehörige
Feſtigkeit entgegen und einſt ließ er ſich ſogar be=
ſtimmen, ein Werk des Dichters, über das er viel
Nachtheiliges hatte hören müſſen, in den Fluß zu
werfen. Said machte hierauf das Epigramm:

    Nun iſt mein Buch an ſeinem wahren Platz,
    Denn in der Tiefe ruht der Perlenſchatz.

Ein anderes Mal war dem Almanſur eine früh=
zeitige Roſe, deren Kelch ſich noch nicht ganz geöff=
net hatte, überreicht worden. Said, der ſich gerade
bei ihm befand, improviſirte darauf die Verſe:

    Schau dieſe Roſe, deren Kelch
    Die Luft mit Moſchusduft erfüllt!
    Sie gleicht der Jungfrau, die ihr Haupt,
    Wenn man ſie anblickt, ſcheu verhüllt.

---

[1] Dozy, Histoire III, 250.

Almansur fand großes Gefallen an diesem Epigramm. Ein Nebenbuhler Saids aber, der eben zugegen war, sagte: „die Verse sind nicht von ihm, sondern von einem Dichter aus Bagdad, den ich sie in Aegypten habe recitiren hören; ich besitze sie von seiner Hand auf die Rückseite eines Buches geschrieben." „So zeige sie mir!" befahl Almansur. Jener begab sich in aller Eile zu einem durch sein Talent für die Improvisation bekannten Dichter, erzählte ihm den Fall, ließ ihn die Verse Saids in ein anderes Gedicht verflechten, schrieb dieses mit blasser Tinte und unter Nachahmung der ägyptischen Handschrift auf die Rückseite eines Buches und kehrte damit in den Palast zurück. Als Almansur das Gedicht gelesen hatte und sich für überzeugt hielt, Said habe die Verse aus ihm gestohlen, gerieth er in großen Zorn und sagte: morgen will ich ihn auf die Probe stellen, und wenn er schlecht besteht, schicke ich ihn in die Verbannung. Am folgenden Morgen wurde denn Said in den Palast beschieden; er fand dort alle Höflinge um Almansur versammelt und erblickte in einem reichgeschmückten Saal ein großes Becken, über welches Blumengewinde in Form von Bänken gespannt waren; auf diesen Bänken saßen Figuren, aus Jasmin geformt, welche Mädchen darstellten, und unter ihnen in dem Becken befand sich ein kleiner See, dessen Grund statt mit Kieseln mit Perlen bedeckt war, und in welchem eine Schlange schwamm, während ein, aus Blumen geformtes, Mädchen ein Boot mit goldenen Rudern auf seinen Wellen ruderte. Almansur forderte Said auf, dies Becken und seinen Inhalt sofort in Versen zu beschreiben und so die Behauptung zu widerlegen, daß alle seine Gedichte gestohlen seien; wenn er es nicht vermöge, stehe ihm Schlimmes bevor. Said entsprach denn auch sofort der Aufforderung und improvisirte so treffliche Verse über das seltsame Becken, daß Almansur, statt ihn zu verbannen, ihm hundert Goldstücke und hundert Kleider schenkte, zugleich ihm auch noch monatlich dreißig Goldstücke zusicherte.[1]

Gleicher Gunst am Hofe wie beim Volke erfreuten sich die Musiker. Abdurrahman II. lud den Sänger Zirjab aus Bagdad nach Cordova ein, ließ ihm bei seiner Ankunft, unter den höchsten Ehrenbezeigungen, eine prachtvolle Wohnung anweisen und empfing ihn dann huldvoll im Palaste, indem er ihm die Bedingungen mittheilte, unter denen er ihn an seinem Hofe zu behalten wünschte. Diese waren höchst glänzend; Zirjab sollte monatlich zweihundert Goldstücke und, außer reichlichen Naturallieferungen, jährlich noch weitere zweitausend Goldstücke an Geschenken erhalten; endlich sollte er noch den Nießbrauch einer Anzahl von Häusern, Aeckern und Gärten im Capitalwerth von vierzehntausend Goldstücken

---

1) Maffari II, 54.

haben. Erst nachdem er ihm dies großartige Anerbieten gemacht hatte, forderte Abdurrahman den Sänger auf, ihn seine Kunst hören zu lassen und, als dieser ihn befriedigt hatte, war er so entzückt von seinem Talent, daß er keinen andern mehr hören mochte. Bald wählte er Zirjab zu seinem vertrautesten Umgang und unterhielt sich mit ihm über Poesie, Geschichte, Wissenschaft und Kunst. Der Sänger besaß nämlich sehr ausgedehnte Kenntnisse; abgesehen davon, daß er die Worte und Melodien von zehntausend Liedern auswendig wußte, hatte er Astronomie und Geschichte studirt, und nichts war unterrichtender, als ihn über die verschiedenen Länder und die Sitten ihrer Bewohner reden zu hören. Doch mehr noch, als sein großes Wissen, wurde sein Geist und sein Geschmack bewundert. Sein Gesang war so bezaubernd, daß sich die Sage verbreitete, er empfange in jeder Nacht Besuche von Genien, welche ihn Melodien lehrten. Er lebte mit fürstlichem Aufwande und ließ sich, wenn er auf der Straße erschien, von hundert Sclaven begleiten.[1] — Von dem Eifer, mit welchem man Liederkunst und Instrumentenspiel betrieb, zeugt es auch, daß nicht nur theoretische Werke über Musik verfaßt wurden, sondern auch ein großes Buch der andalusischen Gesänge als Gegenstück zu jenem der orientalischen des Ali von Ispahan.[2]

---

[1] Makkari II, 83. — Dozy, histoire II, 91 ff.
[2] Makkari II, 125.

Der Cancionero des Alfonso de Baena, in welchem von einer maurischen Juglaresa die Rede ist, und das Gedicht des Erzpriesters von Hita, welches der Tanzlieder und Gassenhauer maurischer Sängerinnen erwähnt, begünstigen die Vermuthung, das Sängerwesen unter den Arabern sei dem der Castilianer und Provençalen ähnlich gewesen. Eben so bot im eilften Jahrhundert, nach dem Sturze der Omajjaden, auch das Leben der arabischen Dichter viel Analogien mit dem der Troubadours dar. Alle die kleinen Höfe, von denen Spanien damals wimmelte, wären ihren Gebietern öde erschienen, wenn die Poesie sie nicht verschönert hätte. Gleich ihren Brüdern in der Provence von Ort zu Ort ziehend, und gegen reichliche Lobspenden reichlichen Lohn eintauschend, umschwärmten daher die Dichter die Schlösser der Fürsten und Sitze der Großen. War einer der kleinen Souveraine durch eine vorzügliche Kasside gefeiert worden, so entstand unter den anderen eine wahre Eifersucht; sie hatten, wie ein Araber sagt, keinen größeren Ehrgeiz, als daß es heißen möchte: der und der Gelehrte befindet sich bei dem und dem König, oder der und der Dichter ist der Vertraute des und des Königs.[1] Von ihrer Freigebigkeit, sobald es galt, sich für gute Verse zu ihrer Verherrlichung dankbar zu zeigen, nur ein Beispiel. Ibn

---

[1] Makkari II, 128.

Scharaf, welcher ein Dorf als Lehen besaß, gerieth
einst mit einem Steuereintreiber in Streit, weil die=
ser zu große Abgaben von ihm forderte. Er begab
sich deshalb zu Motaßim, König von Almeria, um
bei ihm Recht zu suchen und trug ihm ein Gedicht
vor, welches folgende Stelle enthielt:

Seit Dieser herrscht, wagt Keiner mehr, daß er den Dolch
 zum Morden zücke,
Nur schöne Mädchen schleudern noch die scharfen Dolche
 ihrer Blicke.

Den König entzückten diese Verse dermaßen, daß er
den Dichter fragte, wie viel Häuser (arabisch: Beit)
sein Dorf enthalte, und, als dieser die Zahl dersel=
ben auf fünfzig angegeben hatte, fortfuhr: „Wohlan,
zum Lohn für dies Eine Verspaar (arabisch gleichfalls
Beit) will ich Dir sie alle zum freien Eigenthum
verleihen und kein Steuereintreiber soll künftig Ab=
gaben von Dir erheben.[1] — Waren nun unzwei=
felhaft Ruhm= und Gewinnsucht die Triebfedern,
welche manchen Dichter zu den Fürstensitzen führten
und wird sogar von Einem berichtet, daß er ein Lob=
lied nie für weniger als hundert Goldstücke verfaßt
habe,[2] so darf man doch nicht annehmen, Habgier
sei durchgehends das einzige Motiv gewesen. Es
war ein frohes, genußvolles Leben an jenen Höfen,
zum heiteren Gedankenaustausch und zum Wettstreit

---
1) Dozy, Recherches.
2) Makkari II, 128.

in der schönen Kunst begegneten sich dort gleichgestimmte Geister. In den schönen andalusischen Sommernächten lag man bei'm Mondschein in einem der reizenden Gartenhöfe des Palastes auf weiche Polster hingestreckt, erzählte Märchen, übte sich in schlagfertigen Gegenreden und improvisirte Verse, während der Springbrunnen plätscherte und der laue Nachtwind Blüthenduft heranwehte. Vertraulich gesellte sich der Fürst zu seinen Gästen, ließ den Becher im Kreise gehen und wagte wohl, selbst mit den Meistern des Liedes in die Schranken zu treten. Auch fanden bei festlichen Gelegenheiten poetische Wettkämpfe Statt, wie denn der König von Granada solche am Geburtsfeste des Propheten veranstaltete.[1])

Wie hohe Anerkennung auch den andalusischen Dichtern zu Theil werden mochte, so trugen doch

---

[1]) Selbstbiographie des Ibn Chaldun im Journ. asiat. 1844. Es ist hier zwar nur davon die Rede, die Dichter hätten an Muhammeds Geburtstage ihre Gedichte bei einem Hoffeste vorgetragen, die Hinzufügung aber, es sei dies in der bei den nordafrikanischen Fürsten üblichen Art geschehen, läßt auf poetische Wettstreite schließen Leo Africanus erzählt nämlich: „Die Dichter in Fez verfassen jährlich Gedichte zum Lobe Muhammed's, vorzüglich an dessen Geburtstage; dann nämlich strömen sie schon früh Morgens an dem Orte zusammen wo der oberste der Beamten seine Wohnung hat. und recitiren nach der Reihe, indem sie dessen erhöhten Sitz besteigen, vor einer großen Volksmenge ihre Loblieder; denjenigen, dessen Gedicht als das eleganteste und schlagendste anerkannt wird. ruft man dann für das Jahr zum Dichterfürsten aus. So lange noch die Meriniden herrschten, berief der jedesmalige König die Gelehrten und Schöngeister, so viele deren in der Stadt waren, in sein Schloß, bereitete ihnen einen prächtigen Empfang und ließ jeden in seiner Gegenwart von einem erhöhten Platz sein Gedicht auf Muhammed vortragen; wer dann, nach Aller Urtheil, Sieger war, ward vom Könige mit einem prächtigen Rosse, einer Sklavin, hundert Goldstücken und dem Gewande, das der König selbst getragen, belohnt." Leonis Africani Africa. Lugd. Batav. 1632, pag. 332.

manche spanische Gelehrte eine gewisse Geringschätzung
gegen sie zur Schau und behaupteten, der Orient
allein sei die wahre Heimat der Poesie. Ein Schrift=
steller des 12ten Jahrhunderts kennzeichnet diese Un=
gerechtigkeit mit scharfen Worten, indem er sagt, die
spanischen Literarhistoriker richteten ihr Augenmerk
einzig auf die Autoren des Ostens; wenn dort ein
Rabe krächzte oder in dem entlegensten Theile von
Syrien und Irak eine Mücke summte, so knieten sie
davor, wie vor einem Idol, nieder, während sie
Schriften und Gedichte, welche das Licht in Anda=
lusien erblickten, für weniger als nichts hielten; und
dennoch habe Spanien, wenn auch von den übrigen
Ländern des Islam so weit entlegen, von jeher Män=
ner hervorgebracht, die sich in der Poesie wie in der
schönen Prosa ausgezeichnet; dennoch könne Andalu=
sien, obgleich dasselbe die letzte der moslimischen
Eroberungen, obgleich es rings vom Meere, von
Franken und Gothen umgeben sei, sich zahlreicher
Dichter rühmen, deren Werke an Glanz mit Mond
und Sonne wetteiferten.[1] — Allein wenn, von Sucht
nach dem Fremdländischen verblendet, mancher Be=
wohner Spaniens die einheimischen Talente verkannt
haben mag, so genossen dagegen im Orient verschie=
dene andalusische Dichter eines großen Ruhmes und
wurden den besten der morgenländischen an die Seite

---

[1] Loci de Abbadidis, ed. Dozy III, 59 ff.

gestellt. So erhielt Ibn Zeidun den Beinamen „der Bothori des Occident's",¹) so zeichnete man jeden der drei Dichter Ibn Hani, Juffuf ar-Remmadi und Ibn Derradsch durch das Epithet „der Motenebbi des Westens" aus,²) und Motenebbi selbst soll, als er die Gedichte eines Spanier's recitiren hörte, begeistert ausgerufen haben: „Dieses Volk ist im hohen Grade poetisch begabt!"³) Abu Nuwas, der große Sänger des Weines und des heiteren Lebensgenusses aus der Zeit des Harun Ar Raschid forderte einen Spanier, der nach Bagdad kam, auf, ihm Verse von Andalusiern zu recitiren⁴) und ein Bewohner des fernen Chorasan drückte in dem literarischen Cirkel des berühmten Sevillaners Ibn Zohr seine Bewunderung für dieselben aus, indem er die Worte des Motenebbi:

„Ich sagte: Groß ist Allah! als im Westen diese Sonnen sich erhoben",
auf die Dichter Spaniens bezog.⁵)

Diese Anekdoten sind zugleich interessant, weil sie uns an die unermeßliche Ausdehnung des Gebietes erinnern, auf welchem damals die arabische Literatur blühte. Vom Ganges bis an die Tajomündung und vom Jarartes bis an den Niger ward arabisch ge-

---

1) Catalogus Bibl. Lugd. ed. Dozy I, 243.
2) Ibn Challikan in den drei Artikeln.
3) Dozy in Abbad. I, pag. VIII.
4) Matkari II, 151.
5) Ders. II, 150.

dichtet, und der rege Reiseverkehr auf diesem unge=
heuern Länderstrich machte jede bedeutende neue Er=
scheinung bald zu einem Gemeingut aller der Völker,
welche mit dem Islam die Sprache des Koran an=
genommen hatten. Durch die Karawanen, die all=
jährlich von den äußersten Gränzen der muhamme=
danischen Welt nach der Geburtsstätte des Propheten
zogen, ward Mekka zu einem großen Markt, auf dem
die entferntesten Länder ihre literarischen Erzeugnisse
mit einander austauschten, und so konnte ein Werk,
das am Fuße der Sierra Morena entstanden war,
leicht binnen kurzer Zeit seinen Weg bis in die Thä=
ler des indischen Kaukasus finden.

III.

Lieder, die in den zauberischen Hallen der anda=
lusischen Schlösser, in den Arabesken=geschmückten
Säulengängen und hängenden Gärten von Az=Zahra
erschollen, deren Klang sich mit dem Brunnenrieseln
und dem Geflöte der Nachtigallen des Generalife ge=
mischt, wer sollte nicht begierig sein, sie kennen zu
lernen? Wie überall, wo die Araber ihren Fuß auf
spanischen Boden setzten, Leben und Wasserfülle em=
porsprudelte, Sykomore und Granate, Banane und
Zuckerrohr sich zum grünenden Labyrinth verschlan=
gen und selbst der Stein in bunten Farben aufblühte,
so — wird man glauben — müsse auch ihre Dich=
tung an sinnbestrickendem Duft und Schmelz mit den
Schattenhainen der Huerta von Valencia, an reichem
Glanze mit den Arkaden und Zackenbogen der Alham=
bra wetteifern. Steigern noch wird sich das Ver=
langen, sie kennen zu lernen, durch die Vermuthung,
sie sei von dem ritterlichen Geiste durchdrungen, wel=
cher dem muhammedanischen Leben in Spanien ein
charakteristisches Gepräge verleiht, der Himmel des
Abendlandes habe zu der Mitgift ihrer Heimat, der
Pracht und Fülle des Orients, größere Klarheit und

Besonnenheit gefügt und sie unserer Empfindungs=
weise näher gerückt.

Diese Erwartung wird nicht völlig getäuscht wer=
den. Wir begegnen unter den Erzeugnissen der spa=
nisch=arabischen Poesie manchen, welche ein, dem uns=
rigen auffallend verwandtes Gefühl verrathen und
Anschauungen enthalten, wie sie nicht in Altarabien,
sondern erst unter dem erweiterten Horizont des Oc=
cidents entstehen konnten. Indessen darf man die
derartige Erwartung nicht zu hoch spannen. Den
Arabern blieb zu allen Zeiten und in den fernsten
Weltgegenden, wohin ihre Eroberungszüge sie getra=
gen, die Erinnerung an ihr ursprüngliches Vaterland
lebendig. Nachdem die Halbinsel des Sinai in Bar=
barei zurückgesunken war, blickten sie von den leuch=
tenden Pflanzstätten der Cultur, die sie im äußersten
Osten wie am Saum des atlantischen Meers gestif=
tet, doch immer auf jene, als auf die Mutter ihrer
Bildung, zurück. Die Geschichte ihrer Vorfahren war
ihnen von Jugend auf vertraut und die Pilgerfahrt
nach den heiligen Plätzen ihrer Religion, die fast
jeder unternahm, ließ das Gefühl des Zusammen=
hanges mit der alten Heimat nie in ihnen erkalten;
daher flossen auch in ihre Gedichte häufige Anspie=
lungen auf die Traditionen, die Helden und Locali=
täten des alten Arabien, Bilder des Nomadenlebens
und Schilderungen der Wüste. Ueberdies galten ih=
nen die Muallakat und Hamasa als unübertreffliche

Vorbilder und Viele glaubten, am Sichersten zur Classicität zu gelangen, wenn sie möglichst in deren Style dichteten. Die überschwängliche Bewunderung, welche diesen Gedichten in Andalusien gezollt wurde, die Flut von Nachahmungen, welche sie hervorriefen, veranlaßten den Anthologen Ibn Bessam zu der unmuthig spottenden Aeußerung, die ewige Wiederholung des schon so oft Gesagten sei langweilig; es errege Ueberdruß, beständig von den „Trümmern der Wohnung Chaula's" singen zu hören, das „Macht Halt, ihr Freunde, damit wir weinen!" müsse doch endlich für abgedroschen angesehen werden; was jenes „Ist dies die Spur Umm Aufa's?" anbetreffe, so könne man es allerdings für ausgemacht annehmen, daß die Spur einer so lange Dahingegangenen verschwunden sei; aber eben so gewiß seien jenen alten Dichtern viele schöne Gedanken fremd geblieben, sie hätten den späteren noch manche, von ihnen nicht behandelte Stoffe übrig gelassen; nicht deshalb könne Einer so unbedingt für vortrefflich gelten, weil er begraben sei.[1]) Erhält nun ein Theil der spanisch-arabischen Poesie schon durch die, aus den vorislamischen Gedichten entlehnten Formen, Ideen und Bilder viel für uns Fremdes, so vermehrt diese Fremdartigkeit sich noch durch das große Gewicht, das in ihr auf die Technik und den sprachlichen Theil gelegt

---

1) Loci de Abbadidis ed. Dozy III, 53.

wurde. Wie die Bewohner der pyrenäischen Halb=
insel stolz auf ihre philologischen Kenntnisse waren und
ein specielles Studium daraus machten, in alle Sub=
tilitäten der arabischen Schriftsprache einzudringen[1]),
so mußten auch ihre Dichter vor Allem feingebildete
Grammatiker sein, und das Verdienst derselben wurde
eben so sehr nach der Vollendung des Styls und der
Virtuosität, mit welcher sie den unendlichen Reich=
thum des arabischen Wörterschatzes beherrschten, ge=
schätzt, wie nach dem Inhalt ihrer Werke. So prei=
sen arabische Anthologen und Kritiker oft einzelne
Verse, die uns von sehr geringem Gehalt zu sein
scheinen, als unvergleichlich, und erzählen, sie lebten
in Aller Munde, während wir einen solchen Ruhm
kaum begreifen können. Die Erklärung kann hier
nur in glücklichen Wendungen des Ausdrucks, in der
Vollkommenheit der Form gesucht werden; nicht so=
wohl der dichterischen Kraft, als der philologischen
und metrischen Kunst des Verfassers gilt die Bewun=
derung. Solche technischen Schönheiten der Poesie,
die mehr für das Ohr als für den Geist Geltung
haben, vermag aber vollkommen nur das Volk, bei
dem sie einheimisch ist, zu würdigen und zu genie=
ßen; ein Theil dessen, was die Araber in manchen
gefeierten Meisterstücken ihrer Literatur entzückt, ist
mithin für uns eine todte Masse. Aber mehr; die

---

[1] Ibn Chaldun's Prolegomena III, 319.

Leidenschaft für Sprachkünste und grammatische Subtilitäten hat den arabischen Dichtern des Occidents wie des Orients oft Verse dictirt, deren einziges Verdienst in der überwundenen Schwierigkeit besteht, die von seltenen, ohne einen Commentar nicht verständlichen Worten und Wendungen wimmeln und nur als eine sinnreiche Sylbenzusammenstellung angesehen werden können, in der man einen poetischen Gehalt nicht suchen darf. Dazu kommt die, ihnen Allen in höherem oder geringerem Grade eigene Sucht zu weithergeholten Gleichnissen und Metaphern, seltsamen Antithesen und hyperbolischen Ausdrücken aller Art. Dieser Hang scheint den Arabern angeboren zu sein. Es ist ein Irrthum, wenn man die vorislamischen Dichter wegen ihres einfachen, von gesuchten Bildern freien Styles lobt, dagegen den späteren verwirft, Affectation und Ungeschmack erst eingeführt zu haben; schon Amrulkais hascht in seiner Muallaka, die wenigstens fünfzig Jahre vor Muhammeds Geburt geschrieben ist, nach Entlegenem, wenn er z. B. die Brust seiner Geliebten mit einem polirten Spiegel oder einem Straußenei, ihre Hand mit den Zweigen eines Palmbaums vergleicht und von seinem Rosse sagt, es bewege sich wie der Kreisel in der Hand des Knaben. Doch ging die spätere Zeit in derselben Richtung noch über die frühere hinaus; die nämlichen Stoffe waren schon so oft behandelt worden, daß sie an sich nicht mehr interessiren konnten,

man suchte daher durch ungewöhnliche Darstellungs=
weise ihnen neues Interesse zu verleihen. Freilich
darf nicht Alles hierher gerechnet und der Geschmack=
losigkeit geziehen werden, was uns auf den ersten
Blick seltsam erscheint, weil es bei keinem unserer
und vielleicht bei keinem europäischen Dichter vor=
kommt. Wenn z. B. von den Arabern die Wolke
mit ihrem strömenden Regen als Bild der Großmut
und Freigebigkeit gebraucht wird, so ist dieses Gleich=
niß richtig gewählt, weil das erquickende Naß, das
sie ausschüttet, von den im Sonnenbrand lechzenden
Orientalen und Andalusiern als größte Wohlthat er=
sehnt wird. Eben so wenig, wie wunderlich es uns
auch scheinen mag, kann man es fehlerhaft nennen,
wenn sie die Zähne wegen ihrer Weiße und Feuch=
tigkeit mit Hagelschlossen, den weißen Teint der Ge=
liebten mit Kampher vergleichen und den Vorsprung
eines Berges dessen Nase nennen. Jede Sprache
hat hierin ihre eigenen Conventionen und an sich
läßt sich nicht absehen, weshalb diese Bilder unstatt=
hafter sein sollen, als manche uns geläufige; indessen
tragen sie doch bei, der Poesie, in welcher sie vor=
kommen, einen für uns fremdartigen Charakter zu
geben. Bedenklicher schon ist der Vergleich von schwar=
zem Haar mit dem Laube der Myrthe, von Locken
mit Skorpionen, weil hier der Vergleichungspunkt
nicht recht in's Auge springt; und eben so der Se=
genswunsch: „reichlich möge dich, theures Haus, der

Wolken Regen begießen", da reichliche Regengüsse wohl den durstenden Menschen und Feldern willkommen sein mögen, aber unter allen Himmelsstrichen den Häusern nachtheilig sind. Wird aber endlich die Narzisse metaphorisch für das Auge gebraucht, weil ihr dünner Stengel, der sich matt unter der Blüthe beugt, an das Schmachten der Augen erinnern soll, werden geschlängelte Locken mit Buchstaben des Alphabets, und Schönheitsmale auf der Wange mit Ameisen verglichen, die nach dem Honig des Mundes hinkriechen, so sind diese Bilder theils falsch, weil der Vergleichungspunkt ungenügend ist, theils geschmackwidrig.

In Bezug auf die künstlerische Composition legten die spanischen Araber sich keine strengeren Gesetze auf, als ihre Vorgänger im Osten. Volle Einheit kann mehrentheils nur ihren kleinen Liedern nachgerühmt werden, wo der starke Impuls des Gefühls sie dieselbe unbewußt erreichen ließ; in Gedichten größeren Umfangs dagegen führten sie die Grundidee in ihrer Herrschaft über alle Theile selten mit der Energie durch, welche allein ein harmonisches Ganze zu schaffen vermag. Da hier oft nur ein Aneinanderreihen von Gedanken und Bildern nach einem mehr äußerlichen Zusammenhange Statt gefunden hat, pflegen auch die Anthologen einzelne Stellen nicht als Bruchstücke, sondern als für sich bestehend hervorzuheben; wird ferner das nämliche Gedicht von ver-

schiedenen Schriftstellern angeführt, so findet sich fast
immer, daß die Zahl und Reihenfolge der Verse va=
riirt; und doch erscheint durch den Ausfall oder die
Versetzung ganzer Zeilen der Zusammenhang nicht
als wesentlich gestört. Diese Lockerheit der Compo=
sition hängt mit einer den Arabern, wie es scheint,
tief eingepflanzten Eigenheit des Geistes zusammen,
wonach sie sich vor Allem zur Betrachtung von Einzel=
heiten hingezogen fühlen, während des Verweilens bei
denselben aber nur zu leicht das Ganze aus dem Auge
verlieren. War es ihnen mithin durch ihre Natur=
anlage schwer gemacht, sich zu einem weiten Ueber=
blick über einen Stoff zu erheben, und besaßen sie
kein einheimisches Vorbild kunstvollerer Composition,
so lernten sie auch aus fremden Literaturen die Schön=
heiten der kraftvollen Durchführung eines großen
Plans nie kennen. Zu allen Zeiten und überall ist
ihnen die Poesie anderer Völker vollkommen unbe=
kannt geblieben, keiner ihrer Autoren verräth eine
derartige Kenntniß und es läßt sich mit Zuversicht
behaupten, daß selbst ihr geistvollster und gelehrtester
Schriftsteller, Ibn Chaldun, nur von Hörensagen
spricht, wenn er sein Kapitel über die Poesie der
Araber mit der Bemerkung einleitet, auch bei ande=
ren Nationen, namentlich den Persern und Griechen,
habe die Dichtkunst geblüht, wie denn Aristoteles den
Homer nenne und preise.[1]) Die vielbesprochene Pflege

---

1) Ibn Chaldun's Prolegomena III, 359.

der griechischen Literatur durch die spanischen Araber beschränkt sich auf philosophische und streng=wissen= schaftliche Werke, die sie aus syrischen Uebersetzun= gen in ihre Sprache übertrugen und dann commen= tirten. In Bezug auf Alles, was nicht diese Fach= wissenschaften betrifft, auf Geschichte und Mythologie der alten Völker, blieben sie in der größten Unwissen= heit. Ihre Geschichtschreiber erzählen z. B. in Sta= lica bei Sevilla sei die wunderbar schöne Marmor= gruppe eines jungen Weibes und eines, von einer Schlange verfolgten, Knaben ausgegraben worden, ihre Dichter besingen diese Gruppe, aber von einer Venus und einem Amor, welche sie offenbar dar= stellte, haben weder die Einen noch die Anderen je gehört.[1]) Ihr, in Allem, was die muhammedani= schen Länder betrifft, so gut unterrichteter Geograph Al Bekri hält eine lateinische oder punische Grab= schrift, die unter den Ruinen von Carthago gefunden worden, für eine himjaritische und nennt Hannibal einen König von Afrika.[2]) Der große Philosoph Ibn Roschd oder Averroes endlich führt in seiner Para= phrase der Aristotelischen Poetik statt griechischer Dich= ter den Antara, Amr ul Kais, Motenebbi u. s. w. an und hat so wenig irgend einen Begriff von griechi= scher Literatur, daß er die Tragödie als die „Kunst zu loben", die Komödie als die „Kunst zu tadeln"

---

1) Makkari I, 99 u. 350.
2) Al Bekri. herausg. von Slane, 45 u. 42.

definirt und auf diese Theorie hin Tragödien und
Komödien in den panegyrischen und satyrischen Ge=
dichten der Araber findet.[1])

Hat nach dem Gesagten die Poesie der Araber in
Spanien viele Züge mit der ihrer Stammesbrüder
im Orient gemein, so konnte doch das neue Lokal auf
andalusischem Boden nicht ohne Einfluß auf sie blei=
ben. Die Dichter vermochten bei aller ihrer Bewun=
derung der Hamasa und Muallakat und bei aller Nei=
gung zur Nachahmung der alten Muster die neuen
Stoffe des Liedes, die sich ihnen darboten, nicht ab=
zuweisen. Nicht mehr bloß Streitigkeiten zwischen
Stamm und Stamm, oder Fehden um Weideplätze
hatten sie jetzt zu besingen, sondern den großen Kampf
des Islam gegen die vereinigten Heere des Abend=
landes; statt die Zeitgenossen zur Blutrache wegen
eines ermordeten Verwandten aufzurufen, mußten sie
jetzt ein ganzes Volk zur Vertheidigung des schönen
Andalusien entflammen, aus dem die Glaubensfeinde
sie zu verjagen drohten. Neben Wüstenfahrten und
verödeten Wohnungen der Geliebten, die aus Con=
vention noch immer ihren Platz in der Kasside ein=
nahmen, galt es nun, lachende Gärten voll Orangen=
duft, rinnende Bäche mit lorbeerbekränzten Ufern,
mittägliches Rasten unter den Schattendächern des
Granathains und nächtliche Lustfahrten auf dem Gua=

---

1. Renan, Averroes et l'Averroisme p.

balquivir zu schildern. Unvermeidlich wurden den
Dichtern durch diese neuen Stoffe auch fremde, ihren
Vätern unbekannte Bilder zugeführt, und eben so
mußte der völlig veränderte Zustand der Civilisation
einen Abdruck in ihren Versen finden. Andalusier
auf dem Höhepunkte geselliger und wissenschaftlicher
Cultur, feingebildete Höflinge, die in die Schulen
Aristotelischer Weltweisheit gegangen waren, konnten
nicht mehr denken und fühlen wie rohe Wanderhirten.
Wenn manche ihrer Kassiden nicht nur der Form und
dem Ausdrucke nach denen der Alt=Araber ähneln,
sondern auch sich in deren Ideen= und Empfindungs=
kreise bewegen, so ist daher anzunehmen, daß die
Verfasser besser mit den blindverehrten Meisterstücken
eines Antara und Lebid wetteifern zu können glaub=
ten, indem sie die Einflüsse ihrer Zeit und Umgebung
möglichst fern von sich hielten. Glücklicher Weise sind
diese verfehlten Versuche, unter Verläugnung der Gegen=
wart Styl und Geist vergangener Jahrhunderte zu copi=
ren, nicht das einzige, was die Literatur der spanischen
Araber besitzt. Schon da, wo ihre Dichter die voris=
lamische Poesie vor Augen hatten und sich die Ent=
lehnungen aus ihr zum Verdienst anrechneten, er=
gossen sich ihnen nicht selten unvermerkt neue An=
schauungen in die alte Form; in anderen Composi=
tionen aber folgten sie rückhaltlos den Eingebungen
ihres eigenen Geistes und Herzens, schilderten, statt
aus Büchern zu schöpfen, Selbst=Erlebtes und Ge=

fühltes. Diese letzteren Gedichte nun werden besonders unsere Aufmerksamkeit verdienen und in ihnen vor allen diejenigen Züge, welche die Poesie des Abendlandes von der des Ostens unterscheiden, uns die Araber als Europäer zeigen. Wenn wir hier in semitischen Lauten und unter vielen Anklängen an den Orient den Preis der grünen Fluren und rinnenden Bäche Andalusiens, den Ausdruck von Liebesgefühlen vernehmen, wie sie zarter kein Minnesänger ausgesprochen hat, so wird es uns bisweilen sein, als hörten wir zugleich mit dem Rauschen der morgenländischen Palme das Säuseln des Abendwindes, der durch die Hesperidenhaine des Westens weht.

Gleich ihrer Sprache, welche die reichen malenden Zusammenstellungen der indogermanischen nicht kennt, sondern, wesentlich innerlich, die Worte durch Hinzufügung einzelner Buchstaben zu den Wurzellauten, durch Veränderungen in den Accenten und Vokalen bildet, trägt die ganze schaffende Thätigkeit der Araber einen subjectiven Charakter. Ueberall sprechen sie vorzugsweise ihr Seelenleben aus, ziehen die Dinge der Außenwelt in dasselbe hinein und zeigen wenig Neigung, der Wirklichkeit fest ins Auge zu sehen, um die Natur in scharfen und bestimmten Umrissen darzustellen, oder sich in die Individualität Anderer zu vertiefen und Menschen oder Lebensverhältnisse gegenständlich zu schildern. Hiernach mußten diejenigen Formen der Poesie, welche ein Heraustreten aus sich selbst und gestaltende Kraft verlangen, ihnen am fernsten liegen. Daß dramatische Versuche auch nur jener untergeordneten Art, wie sie bei anderen muhammedanischen Völkern vorkommen, auf spanischem Boden von ihnen gemacht worden wären, läßt sich aus den bis jetzt zugänglichen Quellenschriftstellern nicht beweisen.[1] Die erzählende Dichtung

[1] Die, von dem völlig unzuverlässigen Casiri angeführte, Comoedia de equo vendito auf dem Escurial ist nach der Aussage des trefflichen Orientalisten Joseph Müller, der das Manuscript untersuchte, ägyptischen Ursprungs, und zwar „ein Versuch, aus den in Aegypten gebräuchlichen Puppenspielen oder eigentlich ombres chinoises ein Product literarischen Charakters herauszuarbeiten. Eigentlich sind es drei Darstellungen, die uns das Manuscript bietet; zuerst handelt es sich bloß um die erste, die Geschichte eines lüderlichen Mamluken-Offiziers, der von einer Reise aus Asien an die Ufer des Nils zurückkehrend, zu seinem Leidwesen eine große Veränderung der Dinge wahrnimmt, strengere Polizei und besonders nachdrückliche Aufrechthaltung des Verbots des Weintrinkens. Nach vielen Klagen in Prosa und Versen, nebst Recapitulation seines früheren Lebenswandels in einem Gespräch mit einer Art Polichinell und anderen Personen, entschließt er sich, in den Stand der Ehe zu treten und seinem Sündenleben zu entsagen. Eine gute Bekannte aus früherer Zeit soll ihm die Gemahlin aussuchen. Die Kupplerin thut ihm den Gefallen, und nachdem alle Formalitäten erfüllt sind und die junge Frau entschleiert wird, zeigt sich diese dem entsetzten Offizier als ein Muster von Häßlichkeit. Aus seiner Ohnmacht erwacht, entschließt er sich, eine fromme Wallfahrt nach Mekka zu machen, von welcher er wahrscheinlich als derselbe Sündenmensch, wenn nicht noch lasterhafter, zurückkehren wird. Der Irrthum Casiri's, als handle die ganze Comödie de equo vendito, rührt daher, weil wirklich unter den Lumpenstreichen des Mamluken auch der erwähnt wird, daß er ein von dem Vezir ihm aus Mitleiden geschenktes Pferd auf schnöde Weise verlotterte. — Im Casiri'schen Catalog — fährt J. Müller fort — ist noch ein anderes dialogisirtes Werk von vierzig Interlocutoren angeführt. Obwohl ich bestimmte Gründe habe, auch dieses Stück nicht für spanisch zu halten, so hätte ich es doch gern näher angesehen. Aber es ist nicht mehr vorhanden, wie so viele andere Manuscripte, aus denen ich einige Ausbeute mit Recht erwartet hatte. Nicht weniger als zwanzig Nummern habe ich vergeblich verlangt; es findet sich keine Spur mehr davon. Seit Philipp II. haben wohl 1400 Mönche das Escurial bewohnt, aber kein einziger hat jemals die Gelegenheit benutzt, aus dem früher so reichen Schatz orientalischer Handschriften etwas zu bearbeiten, wohl aber haben sie diese Schätze auf gewissenlose Weise verschleudert."

blieb ihnen zwar, wie wir später näher sehen werden, nicht völlig fremd, doch haben sie kein eigentliches Epos hervorgebracht. In der Lyrik vereinigten sich daher alle ihre poetischen Kräfte, in sie strömten sie aus was in Leid und Lust ihr Herz bewegte; und in diesem Bette hat der Strom der Poesie auf andalusischem Boden in überschwänglicher Fülle geflutet. Prachtvolle Diction, Glanz und Kühnheit der Bilder zeichnet im Allgemeinen die lyrischen Ergüsse der spanisch=arabischen Dichter aus. Doch ist dies auch die Klippe, an der sie leicht scheitern. Statt dem Gedanken Ausdruck zu leihen und das Herz reden zu lassen, überschütten sie uns nur zu oft mit einem Schwall glänzender Worte und schimmernder Bilder. Als wäre es nicht genug, zu rühren, gehen sie darauf aus, auch zu blenden und ihre Verse gleichen dann in dem bunten, blitzenden Farbenspiel ihrer Metaphern einem Feuerwerk, das, im Dunkeln aufsteigend und wieder verschwindend, die Sinne zwar momentan durch seine Pracht entzückt, aber keine dauerhaften Eindrücke zurückläßt. Die Sucht zu gefallen oder berühmte Nebenbuhler in der Kunst zu übertreffen hat auf diese Art viele ihrer Compositionen verdorben; ihr Erfolg ist daher gewöhnlich da am größten, wo sie ihn am wenigsten suchen und ihr Ehrgeiz nicht mit ins Spiel kommt, sondern die drängende Gewalt des Augenblicks sie ein wahres Gefühl in ungekünstelten Worten aussprechen läßt.

Die von ihnen behandelten Gegenstände sind der mannichfaltigsten Art. Sie besingen die Freuden der beglückten und die Schmerzen der unglücklichen Liebe, malen mit den weichsten Farben die Wonnen einer zärtlichen Zusammenkunft und beklagen in leidenschaftlichen Klängen das Weh der Trennung. Die herrliche Natur Andalusiens begeistert sie zum Preise seiner Wälder, Ströme und üppigen Gefilde oder läßt sie sich in sinnende Betrachtung seiner glühenden Sonnenuntergänge und sternhellen Nächte verlieren; dann aber steigen wieder Erinnerungen an die alte Heimat ihres Stammes in ihnen auf, wo sie unstät über brennende Sandflächen hinirrten. Schwärmerischer Glaubenseifer bricht wie der Glutwind der Wüste aus ihrem Munde, doch athmen andere ihrer religiösen Gedichte auch milde Andacht und Sehnsucht nach dem Unendlichen. Mit feurigen Worten rufen sie Fürsten und Volk zum heiligen Kriege auf, jubeln den Siegern zu, stimmen über den Gefallenen das Todtenlied an und wehklagen über die von den Feinden eroberten Städte, die in Kirchen umgewandelten Moscheen und das Jammerschicksal der Gefangenen, die sich aus dem rauhen Christenlande umsonst nach den blühenden Ufern des Jenil zurücksehnen. Sie preisen die Großmut und Macht der Fürsten, die Pracht ihrer Paläste, die Herrlichkeit ihrer Gärten, ziehen mit ihnen ins Feld hinaus und schildern die blitzenden Schwerter, die

mit Blut getränkten Lanzen, die windschnellen Rosse.
Weingefüllte Becher, die beim Mahle kreisen, wie
nächtliche Wasserfahrten bei Fackellicht werden in ih=
ren Liedern gefeiert; sie beschreiben den Wechsel der
Jahreszeiten, die murmelnden Bäche, die im Winde
schwankenden Zweige, die Tropfen Thaues an den
Blumen, den Mondstrahl, der sich auf den Wellen
wiegt, und machen Verse auf das Meer, den Him=
mel und die Plejaden, wie auf Rosen und Narzissen,
Orangen und Granaten. Eben so halten sie Epi=
gramme für jeden der Gegenstände bereit, mit denen
ein raffinirter Luxus die Wohnungen der Vornehmen
ausschmückte, für Statuetten von Bronce oder Am=
bra, prächtige Vasen, Brunnenbecken, Marmorbäder
und wasserspeiende Löwen. Ihre moralischen und
philosophischen Gedichte verbreiten sich über die Flüch=
tigkeit des irdischen Daseins und die Wandelbarkeit
des Glücks, über das Verhängniß, dem kein Mensch
entfliehen kann, die Nichtigkeit der weltlichen Güter
und den Werth der Tugend und Wissenschaft. Mit
Vorliebe verleihen sie kleinen anmuthigen Situatio=
nen Dauer, indem sie ein nächtliches Stelldichein,
eine im Kreise von Sängerinnen verlebte frohe
Stunde, eine Schöne, wie sie Früchte vom Baume
pflückt, einen jungen Schenken, der den Wein kre=
denzt und Aehnliches darstellen. Die verschiedenen
Städte und Landstriche Spaniens mit ihren Mo=
scheen, Brücken, Wasserleitungen, Villen und sonsti=

gen Prachtgebäuden werden von ihnen verherrlicht. Zahllose ihrer Verse endlich sind durch besondere Vorgänge im Leben der Verfasser, durch bestimmte Anregungen des Moments hervorgerufen, Improvisationen, wie sie die älteste Form der semitischen Poesie ausmachen.

IV.

Die Stellung der Frauen in Spanien war eine freiere, als irgend sonst unter den Muhammedanern. An der ganzen geistigen Bildung ihrer Zeit nahmen sie Theil, und die Zahl derer, welche sich durch wissenschaftliche Werke Ruhm erwarben oder wetteifernd mit den Männern um den Preis des Liedes rangen, ist nicht gering. Solche höhere Cultur bewirkte, daß ihnen eine Achtung gezollt wurde, wie der moslimische Orient sie kaum gekannt hat; wenn dort, mit seltenen Ausnahmen, die Liebe bloß auf sinnlichen Reiz gegründet ist, so trat hier eine tiefere Seelenneigung hinzu, um das Verhältniß zwischen Mann und Weib zu adeln. Nicht selten übten Talent und Wissen einer Schönen gleich mächtige Anziehungskraft auf ihre Verehrer, wie ihre Körperreize, und eben so oft bildete gemeinsamer Hang zur Musik oder Poesie das Band, das die Herzen aneinander fesselte.[1])

Dem Gesagten entsprechend, zeigen die Liebesgedichte der spanischen Araber zum Theil eine überra-

---

1) Maktari II, 626 ff.

schende Innigkeit der Empfindung; einige derselben sprechen eine glühende Verehrung des Weibes aus, wie sie damals dem christlichen Europa noch fremd war, ja man begegnet in ihnen Seelenregungen und Stimmungen, welche durch die Mischung von ungestümer Leidenschaft und sanfter Schwärmerei, durch das melancholische Brüten in der Einsamkeit, das träumerische Versinken in die Natur an die moderne Poesie erinnern dürfen.

Freilich, ein brennender Farbenglanz wie noch manches andere mahnt in diesen Liedern zugleich an ihren orientalischen Ursprung. Versetzen wir uns, um dieselben in ihrer Eigenthümlichkeit besser auffassen zu können, einen Augenblick unter den schönen Himmel Andalusiens, unter dem sie entstanden. Es dunkelt; der Ruf des Muezzin zum Nachtgebete ist verhallt, die Gläubigen kehren aus den Moscheen heim, Stille lagert sich auf die zerrissene Stromschlucht, über der auf steilen Felsen die zackigen Thürme und Zinnen eines Schlosses hängen; im letzten Abendglanze schimmern die goldenen Minarete der Stadt herüber, lange und längere Schatten werfen die Cypressen, an den Hufeisenbögen der Schloßfenster beginnt es sich zu regen, weiße Schleier wallen hinter den Gittern und, durch die Granatenwipfel rauschend, steigen Lautenklänge aus dem Thal empor. Da singt eine Stimme:

Durch den Himmel schweift mein Auge
Und ich spähe, schmerzbedrängt,
Ob ich nicht den Stern gewahre,
Dran der Blick dir eben hängt.
Alle Wandrer, die ich treffe,
Halt' ich an auf ihrem Pfad,
Sie zu fragen, ob nicht Einer
Deinen Duft geathmet hat.
Mich nach jedem Winde wend' ich,
Der den leichten Flügel schwingt,
Weil ich hoffe, daß mir einer
Kunde, Theure, von dir bringt.
Hierhin bald, bald dorthin streifend,
Lausch' ich, tief von Gram verstört,
Ob mein Ohr vielleicht von Jemand
Deinen Namen nennen hört.
Und ein jedes fremde Antlitz
Blick' ich lange forschend an,
Ob ich einen deiner Züge
Nicht in ihm erspähen kann.[1]

Und eine andere:

O Bote! bring der Theuren meine Klagen!
Gestorben — also mußt du zu ihr sagen —
Ist er vor Liebe, oder, wenn nicht todt,
Doch schon dem Tode nah vor Liebesnoth:
Blick du ihn an, und er wird auferstehen!
Ja blick ihn an, und staunend wirst du sehen,

---

[1] Makkari I, 517. Von At Tertuichi.

Wie schön der Blick des Weibes, das er liebt,
Das Leben einem Todten wiedergiebt.¹)

Eine dritte Stimme klagt:

Nun ist wie eine lange Nacht mein Leben,
Seit du dich einem Andern hingegeben.
Treulose, sage! sag Gazellenschlanke,
Mahnt dich an jene Nacht denn kein Gedanke,
Die auf dem Rosenlager wir genossen?
Denkst du des Bundes nicht, den wir geschlossen,
Als wir, so wie zwei Zweige, uns umfingen,
Und an derselben Schnur, wie Perlen, hingen?
Ein Gurt umschlang uns beide da; wie Eine
Gestalt nur waren deine und die meine,
Und golden aus der blauen Himmelsferne
Auf uns hernieder leuchteten die Sterne.²)

Um zu erkennen, welcher Zartheit der Gefühle die am feinsten gestimmten Seelen unter den spanischen Arabern fähig waren, muß man die Schilderung der Jugendliebe eines der bedeutendsten Schriftsteller des eilften Jahrhunderts lesen, wie er selbst sie uns überliefert hat:

„In dem Palaste meines Vaters — erzählt Ibn Hazm³) — lebte ein junges Mädchen, das dort seine Erziehung erhielt. Sie war sechszehn Jahre alt und kein Weib kam ihr an Schönheit, Verstand, Sittsam-

---

1) Al Hollat 157. Von Ferhun Ben Abballah.
2) Ib. 113. Von Abballah Ben Abd ul Aziz.
3) Dozy, Histoire III, 344 ff.

keit, Bescheidenheit und Sanftmut gleich. Muthwil=
lige Reden und verliebtes Geschwätz waren ihr zu=
wider und sie sprach nur wenig. Keiner wagte seine
Wünsche zu ihr zu erheben und doch eroberte ihre
Schönheit alle Herzen, denn, obgleich stolz und zu=
rückhaltend mit ihren Gunstbezeugungen, war sie ver=
führerischer als solche, welche die Kunst, Männer zu
umstricken, von Grund aus verstehen. Sie hatte einen
ernsten Sinn und keinen Geschmack für eitle Vergnü=
gungen, aber spielte die Laute auf bewundernswerthe
Weise. — Ich war damals noch sehr jung und dachte
nur an sie. Bisweilen hörte ich sie sprechen, aber
immer in Gegenwart Anderer, und zwei Jahre lang
hatte ich vergebens die Gelegenheit gesucht, ohne Zeu=
gen mit ihr zu reden. Da fand einst in unserer
Wohnung eines jener Feste Statt, wie sie in den
Palästen der Großen üblich sind und zu welchem die
Frauen unseres Hauses, die aus der Wohnung mei=
nes Bruders, endlich die unserer Clienten und vor=
nehmsten Diener eingeladen waren. Nachdem sie
einen Theil des Tages im Palast zugebracht hatten,
begaben sich die Weiber in den Pavillon, wo man
eine prächtige Aussicht auf Cordova hatte, und nah=
men an einer Stelle Platz, wo die Bäume unseres
Gartens die Aussicht nicht hinderten. Ich war mit
ihnen gegangen und näherte mich der Fenstervertie=
fung, in der sich das junge Mädchen befand; aber
kaum erblickte sie mich an ihrer Seite, als sie mit

anmuthiger Schnelle nach einer anderen Seite des
Pavillons lief. Ich folgte ihr, sie entschlüpfte mir
von neuem. Wohl waren ihr meine Empfindungen
für sie bekannt, denn die Frauen haben einen feine=
ren Spürsinn, um die Liebe, die man für sie hegt,
zu errathen, als der Beduine besitzt, um auf seiner
nächtlichen Wüstenreise die Spur des Weges zu er=
kennen; glücklicher Weise aber schöpften die anderen
Weiber keinen Verdacht, denn ganz mit der Aussicht
beschäftigt, gaben sie nicht Acht auf mich."

„Als darauf Alle in den Garten hinabgegangen
waren, baten diejenigen, welche durch ihre Stellung
und ihr Alter den meisten Einfluß hatten, das Mäd=
chen meines Herzens, ein Lied zu singen und ich
fügte meine Bitten zu den ihrigen. So aufgefordert
begann sie mit einer Schüchternheit, die in meinen
Augen ihre Reize noch erhöhte, die Laute zu stim=
men und sang dann die folgenden Verse von Abbas,
dem Sohne des Ahnaf:

> Nur meiner Sonne denk' ich,
> Des schlanken Mädchens nur;
> Ach, hinter finstern Mauern
> Verlor ich ihre Spur.
>
> Ist vom Geschlecht der Menschen,
> Vom Stamm der Dschinnen sie?
> Die Macht der Dschinnen übt sie,
> Doch ihre Tücke nie.

Von Wuchse wie Narzissen,
Perlgleichen Angesichts,
Und lautrer Duft ihr Athem,
Ist sie ein Kind des Lichts.
Wenn wallenden Gewandes
Sie schwebt, behend von Schritt,
Zerknickt sie kaum die Halme,
Drauf leicht der Fuß ihr tritt.

„Während sie sang waren es nicht die Saiten ihrer Laute, die sie mit ihrem Plectrum schlug, es war mein Herz. Niemals ist dieser wonnevolle Tag aus meiner Erinnerung geschwunden, und noch auf meinem Todtenbette werde ich seiner gedenken. Aber seit dieser Zeit hörte ich ihre süße Stimme nicht mehr, ja ich sah sie nicht einmal wieder."

„Tadle sie nicht — sagte ich in meinen Versen — wenn sie dich vermeidet und flieht, denn sie verdient keine Vorwürfe. Sie ist schön wie die Gazelle oder der Mond, aber die Gazelle ist furchtsam und der Mond den Menschen unerreichbar."

„Du raubst mir das Glück, deine süße Stimme zu hören — sagte ich weiter — und du willst meinen Augen die Anschauung deiner Schönheit nicht gönnen. Ganz in deine frommen Betrachtungen versenkt, ganz Gott hingegeben, denkst du nicht mehr an die Sterblichen. Wie glücklich dieser Abbas, dessen Verse du gesungen hast! Und doch, hätte er dich gehört, der große Dichter, er würde traurig werden, würde dich als seine Siegerin beneiden; denn indem du seine Verse sangst, hast du eine Empfindung hineingelegt, von der er keine Ahnung hatte."

„Dann, drei Tage nachdem Mahdi den Chalifenstuhl bestiegen, verließen wir unseren neuen Palast, der im östlichen Viertel von Cordova oder der Vorstadt Zahira gelegen war, und begaben uns in unsere alte Wohnung im westlichen Viertel, dem Balat Mogith; aber aus Gründen, die hier darzulegen nicht nöthig ist, folgte das junge Mädchen uns nicht dorthin. Als dann Hischam II. wieder auf den Thron gestiegen war, fielen wir bei den zeitweiligen Machthabern in Ungnade, sie erpreßten ungeheure Summen von uns, wir wurden ins Gefängniß geworfen, und, als wir die Freiheit wieder erhielten, mußten wir uns verbergen. Dann kam der Bürgerkrieg, alle Welt hatte zu leiden, aber unsere Familie am meisten. Inzwischen starb mein Vater am 21. Juni 1012 und unser Schicksal verbesserte sich nicht. Aber einst, als ich der Todtenfeier eines meiner Verwandten beiwohnte, erkannte ich das junge Mädchen inmitten der Klageweiber. Ich hatte diesen Tag wohl Gründe zur Traurigkeit; alles Unglück schien mich auf einmal treffen zu wollen und doch, als ich sie wiedersah, war mir, als sei die Gegenwart mit allem ihrem Jammer wie durch Zauber verschwunden. Sie rief mir meine Vergangenheit, meine Jugendliebe, meine schönen Tage von ehemals zurück und für einen

Augenblick ward ich wieder jung und glücklich, wie ich einst gewesen war. Aber ach, dieser Augenblick war kurz! bald, zur traurigen und finsteren Wirklich=
keit zurückgerufen, wurde mein Schmerz, durch die Leiden einer hoffnungslosen Liebe noch vermehrt, nur brennender und heftiger."

„Sie weint um einen Todten, den alle Welt ach=
tete und ehrte — sagte ich in einigen Versen, die ich um diese Zeit dichtete — aber der noch Lebende hat mehr Anrecht auf ihre Thränen. Wie wunder=
bar! sie beklagt den, der eines natürlichen und ruhi=
gen Todes gestorben ist, und hat kein Mitleid für den, den sie vor Verzweiflung sterben läßt."

„Kurze Zeit nachher, als die Heere der Berbern sich der Hauptstadt bemächtigt hatten, wurden wir verbannt und ich verließ Cordova im Sommer 1013. Fünf Jahre verflossen, während deren ich das junge Mädchen nicht wiedersah. Endlich, als ich im Jahre 1018 nach Cordova zurückgekehrt war, wohnte ich bei einer meiner Verwandten und dort fand ich sie wie=
der. Aber sie war so verändert, daß ich sie kaum erkannte und daß man mir erst sagen mußte wer sie war. Diese Blume, die man früher mit Entzücken betrachtet hatte und die Jeder gern gepflückt hätte, wenn er nicht durch Achtung davon zurückgehalten worden wäre, war jetzt verwelkt; kaum blieben ihr noch einige Spuren, welche bezeugten, daß sie schön gewesen. Denn in dieser unglückseligen Zeit hatte

sie, die unter unserem Dache inmitten des Ueberflusses
erzogen worden war, sich plötzlich genöthigt gesehen,
sich durch anstrengende Arbeit ihren Lebensunterhalt
zu erwerben, und daher keinerlei Sorge für sich tra=
gen können. Ach, die Frauen sind zarte Blumen;
wenn man sie nicht pflegt, verwelken sie. Ihre Schön=
heit widersteht nicht, wie die der Männer, dem Son=
nenbrande, dem Samum, dem rauhen Wetter, dem
Mangel an Rücksicht. Dennoch, selbst wie sie war,
hätte sie mich noch zum glücklichsten der Sterblichen
gemacht, wenn sie nur ein zärtliches Wort hätte an
mich richten wollen; aber sie blieb gleichgültig und
kalt wie sie immer gegen mich gewesen war. All=
mälig fing diese Kälte an, mich von ihr abwendig
zu machen; der Verlust ihrer Schönheit that das
Uebrige."

„Ich habe ihr niemals irgend einen Vorwurf ge=
macht und heute noch werfe ich ihr nichts vor; ich
habe kein Recht dazu. Welches Unrechts vermöchte ich
sie zu zeihen? Ich könnte mich beklagen, wenn sie
mich in trügerische Hoffnung gewiegt hätte; aber nie
hat sie mir die mindeste Hoffnung gegeben, nie mir
irgend etwas versprochen."

So weit Ibn Hazm's Erzählung seiner Jugend=
neigung. Betrachten wir nun weiter einige Liebes=
lieder verschiedener Verfasser, so tritt uns eine große
Mannichfaltigkeit der Klänge entgegen. Die Ent=
zückung einer, von der Erfüllung aller ihrer Wünsche

berauschten, vor Wonne schwindelnden Seele drückt
das folgende aus:

 Nun half mir Allah zum Triumph
Und schloß mir auf des Sieges Thore!
In Nacht tagt mir das Morgenroth,
Da ihre Huld mir schenkt Aurore.[1]
 Bringt, Freunde, euren Glückwunsch mir,
Daß sich erfüllt hat mein Verlangen!
Denn, wenn sie länger grausam blieb,
Zu Grunde, glaubt, wär' ich gegangen.
 O Hügel! O du schwanker Zweig!
O Laub im ersten Frühlingsflore!
Gazelle du! die meiner Nacht
Den Morgen du gebracht, Aurore!
 Ein Jeglicher erwacht vom Rausch,
Wie tief er auch in ihn versunken,
Allein von dem, in den du mich
Versenkt hast, bin ich immer trunken.
 Zu einer Höhe wuchs er an,
Zu der kein Maaß, kein Denken reicht;
Und wenn ihr Rath mir gebt, ihr Tadler,
Wer bürgt, daß ihm mein Taumel weicht?[2]

Gleicher Jubel herrscht in dem folgenden Gedicht:
Versprechen mußte sie mir jüngst beim Sonnenunter-
   gange,
Mich zu besuchen, wenn der Mond glanzvoll am Himmel prange;

---

1) Subh, die Morgenröthe, arabischer Frauenname.
2) Mattari, I 662.

Sanft kam sie drum herangeschwebt wie Licht der Morgenröthe
Und leichten Schritts, als ob der Ost hin über Wellen wehte.
So wie der Rose Nähe sich verräth durch süße Düfte,
Erfüllte Wohlgeruch ringsum bei ihrem Nah'n die Lüfte;
Am Boden küßt' ich hinter ihr von ihrem Fuß die Spuren —
So folgt der Blick des Leser's fromm den Lettern in den Suren;
Bei ihr, die, strahlend wie der Mond, mein Stübchen leuchten machte,
Ruht' ich, indessen Alles schlief, nur unsre Liebe wachte.
Das schlanke Weib umarmend, ward ich müd' nicht, sie zu küssen,
Bis nun das Morgenroth uns mahnt, daß wir uns trennen müssen.
O Nacht Al-Kadir[1]), heilige, von Allah selbst geweihte,
Steig nieder, daß ich länger noch darf ruh'n an ihrer Seite![2])

Eben so glühend sind die Verse, in denen die Prinzessin Umm ul Kiram ihren geliebten Sammar feiert:
Wohl staunt man über dieses Liebesfeuer,
Das in mir flammt; doch er, mir einzig theuer,

---

1) Die Nacht, in welcher der unerschaffene Koran auf Gottes Befehl aus dem siebenten Himmel in den Himmel des Mondes gebracht wurde, von wo der Engel Gabriel ihn dem Propheten mittheilte. Die Muhammedaner glauben, daß diese geheimnißvolle Nacht sich in jedem Jahre erneuert.
2) Makkari II, 131.

Stieg er als Vollmond nicht herab zur Erde,
Damit die Nacht durch ihn erleuchtet werde?
Mein Hort ist er, und, wenn er von mir flieht,
Folgt ruhlos ihm mein Herz wohin er zieht.¹)

Wer glaubt in dem folgenden Gedichte von Said Ibn Dschudi nicht das Lied eines Minnesängers oder Troubadours zu hören? Und doch lebte der Dichter dieser Verse schon im neunten Jahrhundert, so lange vor beiden:

Seit ich ihre Stimme hörte,
Ist die Seele mir entfloh'n;
Trauer nur zurückgelassen
Hat in mir der süße Ton.
Immer, immer bin ich ihrer,
Bin Dschehanen's eingedenk;
Niemals sah ich sie, und gab ihr
Dieses Herz doch zum Geschenk.
Ihren vielgeliebten Namen,
Der mir über Alles gilt,
Ruf' ich an bethränten Auges
Wie ein Mönch sein Heil'genbild.²)

Ein, aus tiefstem Herzen aufgeathmeter, Seufzer über das Weh der Trennung ist das Liedchen:

Seit ich zum letzten Male dich gesehn,
Bin ich ein Vogel mit gebrochnen Schwingen —
Ach könnt' ich übers Meer hin zu dir fliegen;
Von dir die Trennung wird den Tod mir bringen.³)

---
1) Matkari II, 538.
2) Al Hollat 86. Dozy, histoire II, 228.
3) Ibn Challikan, Art. Abul Fadhl Spak.

Viele der kleineren Versstücke erinnern in überraschender Weise an die improvisirten Seguidillas, welche allnächtlich vor den Balkonfenstern Spaniens zur Guitarre ertönen. So die folgenden:

1.

Zum Mond am Himmel blick' ich;
Er strahlte glanzerfüllt;
Drauf von der Wolke ward er
In Schleier eingehüllt.
Denn als dein holdes Antlitz
Ihm zu Gesichte kam,
Verbarg, von deiner Schönheit
Besiegt, er sich vor Scham.[1]

2.

O Nacht des trauernden Verliebten, sage,
Erscheint dein Morgen erst am jüngsten Tage?
Die Freunde, die mit ihm geplaudert, schlafen
Und er ist ganz allein mit seiner Klage.[2]

3.

Mein Körper ist von dir
Getrennt durch ferne Weite,
Doch meine Seele weilt
Noch stets an deiner Seite;
Vor meinem Auge schwebt
Von dir ein schwaches Bild
Und macht, daß immer ihm
Ein Thränenstrom entquillt.[3]

---

[1] Makkari I, 386. Mit Weglassung des letzten nachschleppenden Verses.
[2] Ibn Challikan im Artikel Al Husri.
[3] Derselbe im Art. Ibn Hazm.

Eine häufig wiederkehrende Idee ist die, daß zwei
Liebende sich gegenseitig im Traume erscheinen und
so während des Geschiedenseins mit einander Umgang
pflegen. Ibn Chafadsche singt:

> Sie kam, vom Mantelsaum der Nacht umhüllt,
> Zu mir als Traumbild, wie die Berg-Gazelle.
> Von ihrem Mund die Feuchte trank ich bald
> Und bald des süßen Weines gold'ne Welle,
> Bald küßt' ich ihrer Wangen Abendroth,
> Von ihren dunkeln Haaren überschattet.
> Am Stabe des Orion schlich die Nacht
> Schon altergrauen Hauptes und ermattet;
> Langwallenden Gewands, mit blonden Locken,
> Kam dann der Tag und lächelte vor Wonne;
> In seines Mundes Zähne, die Jasminen,
> Verliebte nach dem Regen sich die Sonne,
> In seinen Kleidern schwankten Duftgesträuche
> Und löschten ihren Durst in kühlen Flüssen;
> Wir aber brauchten Regen nicht, da Arm
> In Arm wir lagen unter Thränengüssen.[1]

Ibn Derradsch drückt den nämlichen Gedanken
einfacher so aus:

> Wenn sie im Thal, das du bewohnst,
> Mir, dich zu sehen, nicht vergönnen,
> So ist das Thal des Schlummers doch
> Ein Platz, wo wir uns treffen können.[2]

---

1) Makkari I. 458.
2) Ibn Challikan, Art. Ibn Derradsch.

Auch folgendes Lied des Kronprinzen Abdurrah=
man bezieht sich auf diese Vorstellung:

>Gegrüßt sei jene, die mich nie
>Mit einem Wörtchen nur erquickte,
>Auf meinen Herzensgruß mir nie
>Den kleinsten Gruß zur Antwort schickte.
>Gegrüßt sei die Gazelle mir,
>Die meine Neigung so erwidert,
>Daß sie mit Blicken mich durchbohrt,
>Gleich wie mit Pfeilen, leichtbefiedert.
>Ach, nie hat sie mir einen Trost
>In meiner Kümmerniß gespendet,
>In meinen Schlummer nimmerdar
>Ihr holdes Traumbild nur gesendet.[1])

Tiefe zärtliche Leidenschaft athmen die Verse:

>Will diese Nacht denn sonder Ende nachten?
>Soll ihr Gefang'ner ohne Ruhe schmachten?
>So lang, als ob sie keinen Morgen hätte,
>Erscheint sie mir auf meiner Lagerstätte.
>Der Herzenswunde Schmerz preßt mit Gewalt
>Mir Seufzer aus; auf diese Seite bald
>Und bald auf jene wälz' ich mich, als wären
>Die Pfühle unter mir von scharfen Speeren.
>Zu dir fleh' ich, der Liebesgram=Betrübte,
>Sei mild, sei huldvoll mir, o Vielgeliebte!
>Nur denen, welche selbst die Liebe kennen,
>Ist kund, wie heiß der Liebe Wunden brennen.

---

1) Al Hollat 166.

Du, die mich retten konnte, mitleidlos
Gabst du mir selbst ins Herz den Todesstoß.[1]

Von sanfterer Wehmut ist das folgende einge=
geben:

Ach, meine theure Selma, fasse dich,
Um tapfern Sinns der Trennung Leid zu tragen!
Nur mit Geduld, wie Sterbende sie hegen,
Kann ich der Freude, dich zu sehn, entsagen!
Gott hat kein schlimmres Weh erschaffen, als
Die Scheidezeit mit ihren Abschiedsklagen.
Die Trennung ist wie Tod, nur daß bei diesem
Sich Weiber an dem Sarg die Brüste schlagen.
Da auseinander wir gerissen sind,
Die einst verbunden, Brust an Brust wir lagen,
So denk: aus dem Verein erwächst die Trennung,
Gleich wie aus Einem Stamm zwei Aeste ragen,
Und dem Zusammenleben folgen Schmerzen,
Die an den Herzen der Geschiednen nagen.[2]

Viele der Liebesgedichte endlich sind, wie dies von den meisten Liedern der südlichen Völker gilt, weni= ger unmittelbarer Ausdruck des Gefühls, als Spiele des Geistes, in denen Phantasie und reflectirender Verstand, eine Fülle von Bildern und Combinatio= nen ausschüttend, vorherrschen. Dahin gehören die nachstehenden.

Von Ibn Chafadsche:

---
1) Grangeret Anthologie arabe, No. 44.
2) Ibn Challikan, Art. As=Subaiti.

Wie oft bei Nacht kredenzten wir den Wein uns unter
Kosen
Und unser Plaudern glich dem Wehn des Windes über
Rosen.
Ein süßer Wohlgeruch entquoll dem Becher, blank und
golden,
Doch süßer als sein Duften war mein Tändeln mit der
Holden.
Von ihren Lippen nippt' ich dann zur Nachkost frische
Küsse,
Von ihres Halses Lilie und ihres Aug's Narzisse,
Bis Schläfrigkeit und sanfter Rausch hinschlich durch
ihre Glieder;
Zu meinem Arme dann neigte sich die Vielgeliebte
nieder;
Mir ward vergönnt, daß ich die Glut, die ich im Her=
zen fühlte,
Die brennend heiße, an dem Thau des lieben Mundes
kühlte;
Als dann ihr das Gewand entglitt, das zierliche, ge=
stickte,
Erschien sie wie das blanke Schwert, das aus dem Heft
gezückte,
Und glänzte gleich polirtem Stahl; ich aber hielt den
jungen,
Den sanftgebogenen schlanken Leib, die weiche Brust
umschlungen
Und kos'te mit dem schwanken Zweig, und küßte voll
Verlangen
Der Sonne Angesicht, die mir zum Segen aufgegangen

Und wenn sie nicht die Sonne war, doch ihre Schwe-
    ster war sie,
Wie Zwillinge sich gleichen, so glich jener auf ein Haar
    sie.¹)
Mit beiden Händen tastet' ich am Bau des zarten
    Leibes,
Befühlte nun die Hüften, nun die Brust des schönen
    Weibes;
In ihrer Weichen Thalgrund bald stieg meine Rechte
    nieder,
Zum Bergland ihres Busens bald klomm dann empor
    sie wieder.²)

Von Ibn Baki:

Als weit der Mantelsaum der Nacht
Auf Erden hingebreitet war,
Bot ich den moschusduft'gen Wein
Im Becher der Geliebten dar.

Ihr Lockenhaar hing auf mich nieder,
Wie eines Kriegers Wehrgehäng,
Und, wie ein Held sein Schwert im Kampfe,
Umschlang ich ihren Nacken eng.

Dann aber, als ich sah, wie müde
Ihr schlummernd Haupt herniederhing,
Lös't ich den Arm behend und leise,
Mit dem sie meinen Hals umfing.

Von meiner Brust schob ich ihr Köpfchen,
Das schlummernd auf ihr ruhte, fort;

---

1) Eigentlich „wie Riemen, aus demselben Leder geschnitten."
2) Makkari I, 458.

Hoch, dacht' ich, klopft mein Herz; sie findet
Ein schlechtes Schlummerkissen dort.¹)

Von Ibn Sara:
Dies Mädchen mit den dunkeln Ringellocken
Umschweben Reiz und Anmuth wunderbar;
Mit Leidenschaft erfüllt sie unser Herz;
Es scheint der Schatten, den ihr Lockenhaar
Auf ihre Wangen wirft, nur Wiederschein
Zu sein von ihrem schwarzen Augenpaar.²)

Von Abd Allah Ben Abd al Aziz:
Mach uns durch deine Gegenwart beglückt, o Mond der
Frauen!
Denn andres Glück nicht kennen wir, als dein Gesicht zu
schauen.
Wo du erscheinst, da ruft man: seht! der Mond in voller
Klarheit!
Ich aber sage dann: „O nein! vernehmt von mir die
Wahrheit:
Nur eine Nacht im Monat strahlt der Mond in vollem
Schimmer,
Doch diese ist ein Vollmond stets, ihr Lichtglanz wechselt
nimmer.
Bei Gott! vor dir entschuldigt sich beim Auf- und Unter-
gange
Die Sonne, weil sie ihren Schein geborgt von deiner
Wange!"³)

---

1) Makkari II, 141.
2) Ibn Challikan, Art. Ibn Sara.
3) Al Hollat p. 112.

Auf ein Webermädchen.

„Wirf deine Liebe doch nur nicht
An solch ein Mädchen weg!"
So sagen Freunde mir, wenn ich
Mit ihnen im Gespräch.

Doch Antwort geb' ich ihnen dann:
Hätt' ich dazu die Kraft,
Wohl zähmt' ich, euerm Rath gemäß,
Dann meine Leidenschaft.

Doch hält des Mädchens Reiz mich fest,
Ihr Blick so zauberisch,
Ihr Mund mit seinen Perlenreih'n,
Ihr Odem duftig frisch.

Die Fäden zittern, während sie
Das Weberschiffchen treibt,
So wie das Herz des Dichters, wenn
Er Liebeslieder schreibt.

Oft wenn das bebende Gespinnst
Am Webestuhl sie hielt,
Verglich ich sie dem Schicksal, das
Mit unsern Herzen spielt.

Oft auch, wenn in der Fäden Kreis
Ich sie beim Werk erblickt,
Bedünkte sie mich wie ein Reh,
Vom Jägernetz umstrickt.[1]

---

[1] Ibn Challikan, Art. Ar-Rufsañ.

Die nächtliche Zusammenkunft.

Mein Mädchen schlich behenden Schritts,
Vor Spähern bang, zu mir,
Mit ihrer Schönheit nur geschmückt
Statt mit Juwelenzier.

Als ich zum fröhlichen Begruß
Ihr einen Becher bot,
Da ward der Wein vor Eifersucht
Auf ihren Lippen roth.

Wir zechten von dem Naß, bis sie
Bewältigt von dem Trank,
Geschloss'nen Aug's, in meine Macht
Gegeben, niedersank.

Zum Schlummerkissen bot ich drauf
Ihr meine Wange dar,
Sie aber sprach: der beste Pfühl
Ist doch dein Arm fürwahr!

Wohl dürstet' ich, indeß in Schlaf
Sie lag, nach ihrem Kuß,
Doch wagt' ich nicht vor Scheu, den Durst
Zu stillen im Genuß.

Da dieses Mädchen, dieser Mond,
Bei mir verweilte, schwand
Der Vollmond draußen; Finsterniß
Umschlang den Himmelsrand;

Und staunend rief die Nacht: wer ist's,
Der meinen Mond mir stiehlt?
Sie wußte nicht, daß ich den Mond
In meinen Armen hielt.[1]

---
[1] Ibn Challikan, Art. Ibn al Abbar.

Auf eine schöne Schenkin.

Dem Wein mit welchem sie mich tränkt,
Gleicht selbst die Schöne, die ihn schenkt,
Süß mundet, so wie er, ihr Kuß,
Ihr Blick berauscht, wie sein Genuß
Und seines Farbenschimmers Prangen
Strahlt in der Röthe ihrer Wangen.[1]

Wie fein und sinnig ist das Liebesbriefchen des Prinzen Jzz ud Daula:

Trauernd und voll Sehnsucht hab' ich
Diesen Brief an dich geschrieben;
Wenn mein Herz vermöchte, trüg' es
Gern ihn selbst zu dir, der Lieben.
Denk beim Lesen seiner Zeilen,
Selber käm' ich aus der Ferne
Und die schwarzen Lettern seien
Meine schwarzen Augensterne.
Küsse drück' ich auf das Briefchen,
Dem, o Lieblichste auf Erden,
Deine weißen zarten Finger
Bald das Siegel lösen werden.[2]

Der Dichter Abu Aamir richtete an die schöne, durch ihr Talent für Poesie und Musik ausgezeichnete Hind die folgende Einladung, mit ihrer Laute zu ihm zu kommen:

---

[1] Ibn Challikan, Art. Omaja Ibn Abi Salt.
[2] Dozy, recherches 111.

Ein Kreis von Jünglingen ist hier;
Komm, Hind, zu uns dich zu gesellen!
Wir trinken nichts Verbotenes,
Nein nur des Wassers Trank, den hellen.
Den Nachtigallen lauschten wir,
Doch, ob ihr Lied auch lieblich scholl,
Wir dachten deines Lautenspiels
Allein, des süßen in E=moll.

Gleich nach Empfang dieser Zeilen schrieb Hind auf den Rücken des Briefes:

O Herr, in dem sich aller Adel
Und Hochsinn zu verbinden scheint,
Der in den hocherlauchten Männern
Der alten Zeit sich einst vereint!
So schnell ich irgend nur vermag,
Eil' ich auf deinen Wunsch herbei,
Daß, wenn der Bote wiederkehrt,
Ich selber dir die Antwort sei.[1]

Abdurrahman II. liebte aufs heftigste die schöne Tarub, welche seine Zuneigung oft in ihrem Interesse ausbeutete. Einst zeigte sie sich spröde gegen ihn und verschloß sich in ihrer Wohnung, so daß es ihm längere Zeit nicht gelang, zu ihr einzudringen; um sie günstig zu stimmen und wieder in seine Arme zu locken, ließ er da Säcke mit Gold vor der Thür auf=thürmen; dieser Versuchung konnte Tarub nicht wi=

---

[1] Makkari II, 634.

derstehen, sie öffnete die Thür und flog, während die Goldstücke vor sie hinrollten, an die Brust des Chalifen. — Ein anderes Mal schenkte Abdurrahman der Geliebten ein Halsband im Werth von zehntausend Goldstücken; einer seiner Vezire wunderte sich über den hohen Werth des Geschenkes; zu diesem aber sagte er: „Fürwahr, diejenige, welche den Schmuck tragen soll, ist noch kostbarer, als er; ihr Antlitz überstrahlt noch diese Juwelen!" So ergoß er sich noch weiter in Lobpreisungen der Schönheit seiner Tarub und forderte dann den Dichter Abdallah Ben usch Schamr auf, etwas auf den Gegenstand Bezug habendes zu sagen. Der Dichter hob an:

Diese Perlen und Juwelen also sind für die bestimmt,
Neben der des Mondes und der Sonne Strahl nur
trübe glimmt,
Die als Meisterstück der Schöpfung, ehe noch sein
Werberuf
Irgend wen ins Sein gerufen, Gott zuerst von allen
schuf?
Schenk ihr deine Huld, Gebieter! Denn wie sie von
Glanz so rein
Ist im Meere keine Perle, ist im Schacht kein Edelstein.

Abdurrahman war von diesen Versen sehr befriedigt und improvisirte weiter, wie folgt:

Deine Verse übertreffen
Jedes andere Gedicht;

Wer, der Seele und Verstand hat,
Hörte sie und staunte nicht?
Ihre Melodie belauschend,
Wenn sie zaubervoll erklingt,
Führt das Ohr den Klang zum Herzen,
Das er mit Magie bezwingt.
Ist von Allem, was der Schöpfer
Schuf im weiten Weltbereich,
Irgend etwas einer schönen,
Einer holden Jungfrau gleich?
Sieh, wie über ihrer Wange
Von Jasmin die Rose prangt,
Gleich der Blüthe, die hernieder
Auf des Gartens Beete hangt!
Gerne hängt' ich als Geschmeide
Ihr, die meine einz'ge Lust,
Dieses Herz und diese Augen
Um den Hals und auf die Brust.[1]

Haffa, eine berühmte Dichterin in Granada und nicht minder wegen ihrer Schönheit als wegen ihres seltenen Talentes gefeiert, hatte ein Liebesverhältniß mit dem Dichter Abu Dschafer. Da aber der Statt=halter von Granada ein Auge auf sie warf und sich von Eifersucht zu Nachstellungen gegen den Neben=buhler fortreißen ließ, sah sie sich zu großer Vorsicht genöthigt, und zögerte einst, als der Geliebte sie um eine Zusammenkunft gebeten hatte, zwei Monate lang

---

[1] Al Bayan II, 95.

mit der Antwort. Da schrieb Abu Dschafer folgende
Verse an sie:

> Du, der ich dieses Briefchen sende —
> Nicht darf ich, dich zu nennen, wagen —
> Warum erfüllst du meinen Wunsch nicht?
> Die Zög'rung kann ich nicht ertragen,
> Und warten nicht, bis es zu Ende
> Sich neigt mit meinen Lebenstagen.
> Wie manche Nächte, wenn die Schatten
> Des Dunkels auf der Erde lagen
> Und selbst der Tauben Seufzen schwieg,
> Hab' ich verbracht in Leid und Klagen!
> O wehe, weh den Liebenden,
> Wenn ihren Grüßen, ihren Fragen
> Die Freundinnen das Ohr verschließen
> Und nimmer ihnen Antwort sagen.
> Erhöre mich, denn sonst erlieg' ich
> Den Schmerzen, die mein Herz zernagen!

Abu Dschafer sandte diese Verse durch seinen
Sklaven Assam an die Geliebte und letztere antwortete ihm sogleich in demselben Metrum und mit demselben Reim:

> Du, der du glaubst, an Liebesstärke
> Die Andern all zu überragen,
> Empfangen hab' ich dein Gedicht,
> Allein es schafft mir kein Behagen.
> Wer wahrhaft lieben will, sag' an,
> Darf der in Kleinmut so verzagen?

9*

Ziemt ihm, den leeren Wahngebilden,
Von ihm ersonnen, nachzujagen?
Stets war der Sieg auf deiner Seite,
Du aber träumst von Niederlagen?
Kein Tag ist, wo die Wolken nicht
In ihrem Schooße Wasser tragen,
Und immer hält, zur Ruhe ladend,
Ihr Zelt die Palme aufgeschlagen.[1]
Erführst du meines Schweigens Grund,
Du hörtest auf, mich anzuklagen.

Haffa übergab die Antwort demselben Sklaven, der ihm Abu Dschafers Schreiben gebracht hatte, und stieß, während sie ihn fortschickte, Schmähungen und Verwünschungen gegen ihn aus: „Schmach über den Boten und über den, der ihn gesandt! Es ist nichts Gutes an euch beiden und ich will nichts mit euch zu schaffen haben." Der Sklave eilte ganz betroffen zu Abu Dschafer zurück und ergoß sich, während dieser die Antwort las, in Klagen über die Unartigkeit Haffa's; Abu Dschafer aber, nachdem er die Verse gelesen, unterbrach ihn: Dummkopf, was hat dir den Kopf verdreht; sie verspricht mir ja eine Zusammen=kunft in dem Kiosk meines Gartens, welcher die Palme heißt; komm! Er eilte dann in den Kiosk, und es währte nicht lange, so fand sich auch Haffa ein; Abu Dschafer wollte ihr Vorwürfe machen, aber sie sprach:

---

[1] Der Verständlichkeit wegen ist eine andere Wendung, als im Original, genommen. Ueberhaupt sind beide Briefe ganz frei nachgebildet.

Genug, daß wir beisammen sind,
Und schweigen wir von frühern Tagen!¹)

Der große Almansur saß einst mit dem Vezir Ab ul Mogira in dem Garten seines prächtigen Lustschlosses Zahira. Während die Beiden sich am Weintrinken ergötzten, sang eine schöne Sängerin, in welche Almansur verliebt war, die aber selbst eine Leidenschaft für den Vezir hegte, das folgende Lied:

Schon neigt die Sonne sich
Gemach zum Untergange;
Am Himmel glänzt der Mond,
Wie eine goldne Spange.

Verglühend strahlt die Sonne
Mit röthlichem Gefunkel,
Wie Flaum auf eine Wange
Legt sich auf sie das Dunkel.

Wie Eis an Wintertagen,
Glänzt der krystallne Becher;
Des Weines flüss'ges Feuer
Nippt froh aus ihm der Zecher.

Arglos in eine Schuld,
Weh, ließ ich mich verstricken,
Allein zu widerstehn
Vermocht' ich nicht den Blicken.

Den Jüngling mußt' ich lieben,
Als ihn mein Auge sah;
Er flieht vor meiner Liebe,
Und doch ist er mir nah.

---

1) Matkari II, 540.

O dürft' ich zu ihm hin
Mich stürzen voll Entzücken,
In seine Arme sinken
Und an die Brust ihn drücken!

Ab ul Mogira war so unvorsichtig, mit folgenden Worten auf dies Lied zu antworten:

O hätt' ich Mittel, wie man
Sich dieser Schönen naht!
Allein ein Wall von Schwertern
Versperrt zu ihr den Pfad.
Wüßt' ich, daß sie in Wahrheit
Mich liebt mit treuem Sinn,
Fürwahr, sie zu besitzen
Gäb' ich mein Leben hin.
Hat niemals doch der Edle,
Wenn er ein Ziel erstrebt,
Vor drohenden Gefahren
Angstvoll zurückgebebt.

Almansur fuhr wüthend empor, zog sein Schwert und rief der Sängerin mit Donnerstimme zu: „gestehe die Wahrheit! bezog sich dein Lied auf den Vezir." — „Eine Lüge könnte mich retten, erwiderte das Mädchen, aber ich will nicht lügen. Ja, sein Blick ist mir ins Herz gedrungen; die Liebe hat mich gezwungen, das auszusprechen, was ich verbergen wollte. Du kannst mich bestrafen, Gebieter, aber du bist so gut, du liebst es, zu verzeihen, wenn man seine Fehler eingesteht." Darauf sprach sie unter Thränen die Verse:

>Rechtfert'gung nicht versuch' ich,
>Zu schwer ist meine Schuld,
>Allein in Gottes Schickung
>Füg' ich mich mit Geduld.
>Vergib! die schönste Zierde
>Des Mächt'gen ist die Huld.

Almansur ward nach und nach milder gegen sie gestimmt; aber sein Zorn wandte sich jetzt gegen den Vezir und er überschüttete ihn mit Vorwürfen. Dieser ließ zuerst allen Tadel ruhig über sich ergehen, dann nahm er das Wort: „Gebieter, ich gestehe, mich schwer vergangen zu haben; aber wie vermochte ich anders? Jeder ist Sklave seines Schicksals, ihm muß man sich ruhig unterwerfen, und das meine hat gewollt, daß ich eine Schöne lieben sollte, die ich nicht lieben durfte." Almansur schwieg zuerst, endlich sagte er: „Gut! ich verzeihe euch Beiden; Ab ul Mogira, die Geliebte ist dein, ich gebe sie dir."[1]

---

[1] Makkari I, 407.

V.

„Seit der Zeit — sagt Ibn Chaldun — als Spanien von den Muhammedanern erobert wurde, ist dieses Land immer eine Gränzmark ihres Reiches, der Schauplatz ihrer heiligen Kämpfe, ein Märtyrerfeld und Eingangsthor zur ewigen Seligkeit für ihre Krieger gewesen. Die moslimischen Wohnstätten in diesem Lande waren gleichsam über ein loderndes Feuer, zwischen den Rachen und die Tatzen der Löwen des Unglaubens gestellt, da die Gläubigen Spaniens, rings von feindlichen Völkern umgeben, sich durch das Meer von ihren übrigen Glaubensbrüdern getrennt sahen." [1]

Man weiß, wie jenes Völkchen tapferer Gothen, das im achten Jahrhundert unter Führung Pelayo's allein seine Unabhängigkeit von den Muhammedanern behauptet hatte, von einzelnen Streifzügen aus der Höhle von Cavadonga bald mit wachsender Macht und Zahl zum Angriffskriege überging und das Kreuz wieder auf die Halbinsel hinabtrug. Mehr als sieben Jahrhunderte wurde so zwischen Christen und Mos-

---

[1] Ibn Chaldun, Geschichte der Berbern, arab. I, 273.

limen gekämpft, anfänglich mit entschiedenem Uebergewicht der letzteren, dann seit dem Sturze der Omajaden schon oft mit glänzendem Erfolge für jene. Wenn noch zu Ende des zehnten Jahrhunderts der gewaltige Almansur bis in das Herz Galiziens vordringen, das allverehrte Heiligthum des St. Jago niederbrennen und die Glocken der zerstörten Kirchen auf den Schultern christlicher Gefangenen nach Cordova tragen lassen konnte, so machte schon im folgenden Alfonso VI. sich die muhammedanischen Fürsten zinspflichtig und eroberte Toledo. Aber furchtbarer als je loderte nun der Kampf empor, als der Islam auf europäischem Boden gefährdet schien; glühende, von Glaubenseifer entflammte Schaaren stürmten neu und immer neu aus Afrika heran, sich den christlichen Heeren entgegen zu werfen, die, verstärkt durch Ritter aller Länder, namentlich aus der Provence, nur das Meer als Gränzmark ihrer kühnen Kreuzfahrten anerkannten. Kein Fußbreit Erde ist auf spanischem Boden, der nicht mit dem Blute dieser Glaubenskämpfer getränkt worden wäre, Hunderttausende sanken auf beiden Seiten in den furchtbaren Schlachten von Zalaka, Alarcos, las Navas de Tolosa, fest überzeugt, die Einen, durch die Theilnahme am heiligen Kriege ihre Sünden gebüßt und den Himmel verdient zu haben, die Anderen, als Märtyrer in das Paradies Muhammeds einzugehen.

„Um Mitternacht — so schildert Roderich, Erzbischof

von Toledo, die Vorbereitungen zu einer großen Schlacht — erscholl im Lager der Christen durch Heroldruf die Aufforderung an Alle, sich zum heiligen Kriege zu waffnen. Nachdem die Mysterien der göttlichen Passion gefeiert worden waren, beichteten alle Krieger, nahmen die Sacramente und eilten gewaffnet zum Kampfe ins Feld. Die Schlachtreihen wurden geordnet, und, die Hände gen Himmel erhebend, die Augen zu Gott gewendet, die Herzen nach dem Märtyrthume verlangend, stürzten sich Alle unter Anrufung des göttlichen Namens, indem die Fahnen des Glaubens ihnen voranflogen, den Gefahren der Schlacht entgegen." [1]) — Ein Araber dagegen erzählt: Der Dichter Ibn al Farabi hatte einst als Pilger in Mekka, den Schleier der Kaaba umfassend, von dem allmächtigen Gotte die Gnade erfleht, daß er ihn als Märtyrer sterben lasse; beim Fortgehen jedoch waren ihm die Schrecken eines solchen gewaltsamen Todes lebhaft vor die Seele getreten, und, seinen Wunsch bereuend, war er schon im Begriff gewesen, zurückzukehren, um Gott zu bitten, daß er ihn als nicht geschehen ansehen möge; aber Scham hatte ihn davon abgehalten. Später wurde dem Dichter zu Theil, um was er gebetet hatte; er fiel als Glaubenszeuge bei der Eroberung von Cordova, und es wird erzählt, Jemand, der ihn unter der Masse der Erschla-

---

1) Rerum Hispan. Scriptores. Francof. 1579 p. 273, inea 20 u. 40.

neu liegend gefunden, habe gehört, wie er im Sterben mit schwacher Stimme die Worte der heiligen Tradition gemurmelt: „Ein Jeder, der im Glaubenskampfe verwundet wird (und Gott weiß die, welche für seine Sache Wunden empfangen, wohl zu erkennen), wird am Auferstehungstage mit blutender Wunde erscheinen; ihre Farbe wird wie Blut, aber ihr Duft wie Moschus sein." Gleich, nachdem er diese Worte gesprochen, soll er gestorben sein.[1])

Wundererscheinungen entflammten auf beiden Seiten dem Glaubenseifer. Ein arabischer Geschichtschreiber berichtet: „Abu Jussuf, der Beherrscher der Gläubigen, brachte die ganze Nacht vor der Schlacht von Alarcos im Gebete zu, indem er Gott brünstig anflehte, den Moslimen Sieg über ihre Feinde, die Ungläubigen, zu verleihen. Zuletzt, um die Morgendämmerung, verfiel er auf kurze Zeit in Schlaf. Bald aber erwachte er voll Freude, ließ die Scheichs und Gottesgelehrten rufen und sprach zu ihnen: Ich habe euch zu mir bescheiden lassen, um euch sogleich durch die Kunde von Gottes Beistand zu erfreuen, durch die ich in dieser gesegneten Stunde beglückt worden bin. Wisset, während ich knieend dalag und der Schlaf mich auf einen Augenblick überwältigte, sah ich im Traum sich ein Thor des Himmels öffnen, durch das ein Reiter auf weißem Rosse

---

1) Ibn Challikan, Art. Ibn al Faraci.

zu mir herabstieg. Er war von hoher Schönheit und verbreitete süßen Duft; in der Hand hielt er eine grüne Fahne, welche, ausgebreitet, den Himmel zu bedecken schien. Nachdem er mich begrüßt, fragte ich ihn: wer bist du? daß Gott dich segne! — Ich bin ein Engel des siebenten Himmels, erwiderte er, und komme zu dir, um dir und den unter deinen Fahnen ziehenden, nach Märtyrthum und himmlischem Lohn begierigen Kriegern im Namen Allah's den Sieg zu verkünden.[1])

Wie den Arabern die Engel des siebenten Himmels oder der Prophet, so erschien den Christen der heilige Jakobus nicht nur als Siegverkünder, sondern auch als Vorkämpfer gegen die Ungläubigen. Roderich von Toledo erzählt von der Schlacht von Clavigo: „Dann rückten die Sarazenen in ungeheurer Menge vor; das Heer des Königs Ramiro aber zog sich nach dem Orte, welcher Clavigo genannt wird, zurück. In der Nacht nun, da der König zweifelte, ob er einen Kampf wagen solle, erschien ihm der gebenedeite St. Jago und ermuthigte ihn durch die Versicherung, er werde am folgenden Tage einen Sieg über die Araber davontragen. So erhob er sich denn am frühen Morgen und verkündete seine Vision den Bischöfen und Großen, worauf Alle, nachdem sie Gott gedankt, auf die Verheißung des Apostels bauend sich

---

1) Al Kartas. ed. Tornberg. pag. 147.

zum Kampfe rüsteten. Auf der anderen Seite rückten die Sarazenen, sich auf ihre Uebcrzahl verlassend, zum Kampfe vor. Indem so die Schlacht auf beiden Seiten begann, geriethen die Sarazenen bald in Verwirrung und ergriffen vor den Christen die Flucht; dennoch wurden siebzigtausend von ihnen niedergemacht. Und in dieser Schlacht soll der gebenedeite St. Jago auf weißem Rosse mit einer Fahne in der Hand erschienen sein."[1]) Der General-Chronist von Galicien sagt: „Achtunddreißig sichtbare Erscheinungen St. Jago's in eben so vielen Schlachten, in welchen er den Spaniern beigestanden, werden von dem gelehrten Don Miguel Erce Ximenez aufgezählt; allein ich halte es für ausgemacht, daß seiner Erscheinungen noch viel mehr gewesen sind, und daß bei jedem Siege, den die Spanier über ihre Feinde davongetragen, dieser ihr großer Feldherr mit seiner Hülfe zugegen gewesen ist."[2]) — „St. Jago — heißt es bei einem anderen spanischen Schriftsteller — ist hier in Spanien unser Hort und Schirm im Kriege, indem er gewaltiger als Donner und Blitz die großen Heere der Mauren erschreckt, in Verwirrung bringt und in die Flucht jagt."[3])

Auch im Liede fand dieser große Kampf, der alle Herzen bewegte, seinen Wiederhall; durch Schlacht-

---

[1] Roder. Tolet. de rebus hispanicis lib. IV. cap. 13.
[2] Armas y triunfos del Reyno de Galicia pag. 648.
[3] Morales Coronica general de Espana, l. IX, c. VII. sec. 4.

getümmel und Waffenklirren, Allahruf und Glocken=
ton schallt uns die Stimme der Dichtkunst ans Ohr,
und wir wollen ihr lauschen, wie sie hier für den
Propheten, dort für das Kreuz Streiter wirbt, bald
in Siegesjubel ausbricht, bald die Todtenklage an=
stimmt.

Als die Christen im Jahre 1238 Valencia aufs
Aeußerste bedrängten, beauftragte Ibn Merdenisch,
der Befehlshaber dieser Stadt, den Dichter Ibn ul
Abbar, sich zu dem mächtigen Haffiden=Fürsten Abu
Zekeria nach Afrika zu begeben, um dessen Hülfe zu
erflehen. Dort angelangt, recitirte der Gesandte vor
versammeltem Hofe die folgende Kasside, welche einen
solchen Eindruck hervorbrachte, daß Abu Zekeria die
erbetene Hülfe sofort bewilligte und eine wohlausge=
rüstete Flotte an die spanische Küste sandte.

Auf! — die Bahn ist dir gebrochen, führe deine Reiterei,
Gottes Kämpfer führe zu uns; Andalusien mache frei!
Du, von dem die Unterdrückten Beistand nie umsonst er-
fleht,
Sieh, wie Spanien hülfebittend, Großgesinnter, vor dir
steht!
Schwer gedrückt von Leiden, windet dieses Land sich todes=
krank,
Denn das Schicksal reicht von früh bis spät ihm bittern
Schmerzenstrank.
Unglückfel'ge Insel! hin ist deine Blüthe von zuvor,
Da das Mißgeschick zu Opfern deine Kinder sich erkor.

Neues Elend führt mit jedem Morgenroth herauf der Ost,
Dir ein neues Weh, den Feinden eine neue Freudenpost;
Mit der Dämmrung jedes Abends naht sich dir ein neues Leid,
Das in Schmerz die Freude wandelt und in Angst die Sicherheit.
Was nicht droht vom Feind dir? Einen Eid geschworen hat der Christ,
Dir den Schatz zu rauben, der von allen dir der liebste ist;
Deine Schönen, die verschleiert weilen in dem Frau'ngemach,
Wollen unter sich durch's Loos die Sieger theilen — o der Schmach!
Brechen will das Herz uns, wenn wir denken was in Cordova
Sich begeben, was Valencia über sich ergehen sah.
Schon in manche unsrer Städte hielt die Gottesläugnung keck
Im Triumph den Einzug und der Glaube floh hinweg voll Schreck.
Ihre Straßen, einst so prächtig, nun verheert von Feindeswuth,
Bieten dem ein Trauerschauspiel, dessen Blick auf ihnen ruht.
Die Moscheen sind in Klöster nun verwandelt wie zum Hohn,
Wo die Gläub'gen sonst gebetet, hört man nun der Glocke Ton.
Wie soll Spanien wiederfinden, was es ehedem besaß?

Trümmer sind die Schulen, wo man Allah's heil'ges Buch
einst las.
Ach, was ward aus jenen Villen, wo der Ost mit sanfter
Hand
Blüthen raubte von der Fluren grünem, schimmerndem
Gewand?
Gartenhaine, die das Auge uns entzückten, waren dort,
Doch gewelkt ist ihre Frische und ihr Laubwerk ist ver=
dorrt.
Den Bewohnern dieser Stätten bleibt nichts andres als
die Flucht,
Selbst der Fremdling, der solch Elend schaut, erliegt der
Schmerzenswucht.
Gierig fiel die Christenrotte, ähnlich dem Lokustenschwarm,
Ueber unser Land und brachte rings Verödung, Noth und
Harm;
In die Mark Valencia's, gleich dem Löwen, der nach Beute
schnaubt,
Drang sie ein und hat der Holden ihren reichen Schmuck
geraubt.
Wo ist nun das sel'ge Leben, dessen Früchte wir gepflückt?
Wo ist nun die schlanke Schöne, die wir an die Brust
gedrückt?
Ein Tyrann, der nichts verschonte, was auf seinem Zug
er traf,
Der, um Spanien zu verderben, sich nicht Ruhe gönn
noch Schlaf,
Drang in unser schreckenbleiches Land und hat mit Feu'r
und Schwert
Die erhabnen Prachtgebäude ihm verstümmelt und zerstört.

Seine Rechte streckt er, da im Kampfe Keiner Stand ihm
hielt,
Nun nach einem Raub, nach dem er lang schon insgeheim
geschielt,
Und den Irrwahn von drei Göttern trägt von Ort zu Ort
er kühn —
Doch, wenn er die Einheitsfahne erst entrollt sieht, wird
er fliehn.
Hab' Erbarmen, Fürst! das Ende fasse du des Hakenseils,
Welches Spaniens Schiff, das lecke, führe in den Port
des Heils!
Wie durch dich dem wahren Glauben ehmals neues Leben
ward,
So belebe dies verheerte Land nun, das in Trümmern
starrt!
Damals warst du, Herr, der Erste, der die Wahrheit laut
bekannt;
Jede Nacht, dir leuchtend, strahlte sie vor dir als Fackel-
brand;
In dem Kampf für Gottes Sache warst du bald ein schneid'-
ges Schwert,
Bald die Wolke, die der Fülle ihres Segens sich entleert;
Und, wie vor der Sonne Strahl die nächt'ge Finsterniß
entweicht,
Floh der Murabiten finstre Ketzerei, von dir verscheucht.
Du, der du Verzweiflungsvollen aufthun kannst die Ret-
tungsbahn,
Diese Briefe sieh, die Boten, die dir hülfeflehend nahn!
Wohlgesteuert durch die Meerfluth kam ein Schiff in dei-
nen Port;

10

Du, o güt'ger Herr, so hofft es, gönnst ihm einen Zu-
 fluchtsort.
Hin und her vom Sturm getrieben, zwischen Felsenbank
 und Riff
Auf dem Ocean geschleudert, war dem Sinken nah dies
 Schiff:
Da, so wie ein Roß die letzten Kräfte noch zusammen-
 rafft,
Um ans Ziel zu kommen, flog es hafenwärts mit letzter
 Kraft,
Und, wofern es ihm vergönnt ist, küßt es demuthsvoll den
 Thron,
Welchen Abu Zekeria heiligt, Abdul Wahids Sohn.
O, das ist ein Fürst, dem viele Königreiche dienstbar sind;
In den Mantel seiner Gnade hüllt er sie und schirmt sie
 lind.
Jeder Wandrer drückt auf seine Hand mit Ehrfurcht einen
 Kuß;
Unglücksel'ge, die ihn schauen, ahnen ihrer Leiden Schluß.
Nicht verfehlt sein Pfeil die Sterne, wenn sein Bogen
 danach zielt;
Dienstbar tritt die Erdengränze vor ihn hin, wenn er be-
 fiehlt.
Seine Macht und Größe wirft zu Boden jeden Wider-
 stand,
Und das Schicksal trägt die Fahne seiner Herrschaft in der
 Hand.
Seine Stirne leiht dem Tage allen Glanz, in dem er blinkt,
Mit der Röthe seiner Wangen hat der Morgen sich ge-
 schminkt,

Zwischen Lanzen, welche sterngleich blitzen, ist er wie der
 Mond,
Und ein Hof von Ruhm hängt funkelnd um den Sitz, auf
 dem er thront.
Vor ihm beugen sich die Berge, denn er ist der Erde Herr,
Nur am Himmel die Plejaden sind erhaben, so wie er.

Ueber Spanien, hoher König, steig' im Glanz der Ma-
 jestät
Als Gestirn empor, vor dem der Glaubensfeinde Macht
 vergeht!
Alle hoffen, daß du neues Leben diesem Lande schenkst
Und mit Blut der Christenkön'ge seinen dürren Boden
 tränkst.
Ja die Schmach, mit dem der Franken Fußtritt ihn ge-
 schändet jüngst,
Wasche ab, indem mit Blut du seine Fluren reichlich
 düngst!
Wirf ein Heer an seine Küsten, das die Feindesschaar be-
 kriegt,
Bis jedwedes Christenfeldherrn Haupt vor dir im Staube
 liegt.
Deinen Dienern hilf, die thränenvollen Aug's, doch mit
 Vertrau'n,
In der Ostmark Andalusiens rastlos spähend nach dir
 schau'n.
Gänzlich dir ergeben, müssen sie erschöpft, durch Krankheit
 matt,
Doch erliegen, wenn nicht bald du Hülfe sendest ihrer
 Stadt.

Dich auch wird es freuen, wenn die Kunde, Herr, zu dir
gelangt,
Daß mit edlen Rossen, blanken Waffen Andalusien prangt;
Sag' uns, wann auf deines Heeres Ankunft Spanien
hoffen mag,
Und wir wissen auch, nicht fern mehr ist des Feindes jüngster Tag.[1]

Diesem Gedichte, dem man Schwung, Glanz und feurige Beredsamkeit nicht absprechen wird, mag ein etwas älteres provenzalisches gegenübergestellt werden, in welchem der Troubadour Gavaudan die Christen=
heit zum Kreuzzuge gegen den Muwahiden Jakub Almansur aufrief:

Ihr Herrn! durch unsre Sünden wächst der Saracenen
Uebermut;
Jerusalem nahm Saladin und hält es noch in seiner Hut;
Mit seinen frechen Arabern und seiner Andalusierschaar
Beut drum Marokko's König Krieg den Königen der Chri-
sten dar,
Um unsern Glauben auszurotten.
Die Kriegerstämme Afrika's, Mauren und Berbern all=
gesammt
Und Masamuden rief er auf; sie alle nahen wutentflammt;
Kein Regen fällt so dicht, wie sie in Schaaren strömen
übers Meer;
Zum Fraß der Geier treibt er sie wie Schafe auf die
Weide her,
Um Knosp' und Wurzel zu vertilgen.

---
1) Ibn Chaldun I, 392.

Ihr eigen sei die ganze Welt, so prahlen sie voll Hoch-
mut schon
Und lagern haufenweise sich auf unsre Felder hin mit
Hohn;
Und rufen: „Franken, fort mit euch! denn Alles zwischen
hier und Puy,
Toulouse ist unser und Provence." War Einer je so frech
wie sie,
Die glaubenlosen Hunde?
Hör, Kaiser, hört ihr Könige von Frankreich und von
Engelland,
Hör, Graf von Poitiers! hülfbereit reicht Spaniens Kö-
nigen die Hand,
Denn bessern Anlaß gab es nie, Gott zu gefallen; hört
mich, hört!
Sieg über Alle leiht er euch, so viele Mahomet bethört,
Die Heiden und die Renegaten.
Erschlossen ist uns nun ein Weg, auf dem sich büßen
läßt die Schuld,
Die Adam auf uns Alle lud; vertraut auf Jesu Christi
Huld!
Er, dem das wahre Heil entstammt, wißt! gab uns das
Verheißungswort,
Die Seeligkeit uns zu verleihn und uns zu sein ein Schirm
und Hort
Vor ungeschlachten Buben.
Wir, die den ächten Glauben wir bekennen, geben wir
dies Pfand
Nicht jenen schwarzen Hunden Preis, die wüthend nah'n
vom Jenseitstrand!

Drum eilt, eh euch das Unheil trifft! Wir ließen allzu
Viele schon,
Castilien und Galizien schon und Portugal und Aragon
In ihren Rachen stürzen.
Wenn sie das kreuzgeschmückte Heer von Deutschland und
von Frankreich sehn,
Und England, Anjou und Bearn, die zu uns Provenza=
len stehn,
Sie all in Einer mächt'gen Schaar: dann, glaubt, durch=
brechen wir ihr Heer,
Hau'n ihnen Köpf' und Hände ab bis nichts von ihnen
übrig mehr,
Und theilen uns die Beute.
Als Seher kündet Gavaudan: die Hunde wird das Wür=
gerschwert
Vertilgen, und wo Mahomet geherrscht wird künftig Gott
verehrt. [1])

Aber die Weissagung des Troubadour's bewährte
sich schlecht, denn die Schlacht von Alarcos endete
den Kreuzzug, zu dem er aufgefordert hatte, mit einer
schweren Niederlage des christlichen Heeres; [2]) der Ara=
ber, aus dessen Munde vorhin die Erzählung des
Traumgesichtes mitgetheilt worden ist, welches dem

---

1) Raynouard IV, 85. Die sehr künstliche Strophenform ist in der Ueber=
setzung vereinfacht worden.
2) So nach Diez (L. u. W. d. T. 524) der das Gedicht in die Zeit des
Kriegszuges von 1195 setzt. Nach Fauriel (Histoire de la poésie provençale
II, 156) wäre dasselbe im Jahre 1212 entstanden und dann hatte der Dichter
richtig prophezeit gehabt, da die Schlacht von Las Navas de Tolosa die Kreuz=
fahrt dieses Jahres durch einen glänzenden Sieg der Christen krönte.

muhammedanischen König in der Nacht vor dem
Kampfe den Sieg verkündete, mag uns dieselbe be=
richten: „Der verfluchte Alfonso — sagt er — der
Feind Gottes, rückte mit seinem ganzen Heere zum
Angriff gegen die Moslimen vor. Auf einmal hörte
er zur Rechten das Wirbeln der Trommeln, das die
Erde erschütterte, und den Schall der Pauken, der
Thäler und Höhen erfüllte; da emporblickend, ge=
wahrte er die Fahnen der Muwahiden, wie sie heran=
wallten, und unter ihnen als erste ein weißes Sie=
gesbanner mit der Inschrift: Es ist kein Gott außer
Allah, Muhammed ist sein Prophet, Gott allein ist
der Sieger! Als er nun auch die moslimischen Hel=
den und ihre von Kampfbegierde brennenden Heer=
schaaren herandringen sah und sie mit lauter Stimme
das Glaubensbekenntniß hersagen hörte, fragte er,
was das sei und erhielt die Antwort: „o Verfluchter!
das ist der Beherrscher der Moslimen, der heran=
zieht: Alle, mit denen du heute schon gekämpft hast,
waren nur die Plänkler und Vorposten seines Hee=
res." Da erfüllte der erhabene Gott das Herz der
Ungläubigen mit Schrecken und sie wandten den
Rücken und suchten zu fliehen; aber die tapfern Rei=
ter der Moslimen setzten ihnen nach, drangen von
allen Seiten auf sie ein, machten sie mit Schwertern
und Lanzen nieder, sättigten ihre Klingen in Blut
und ließen die Feinde den bitteren Trunk des Todes
kosten. Sodann umzingelten die Moslimen die Fe=

stung Alarcos, indem sie glaubten, Alfonso wolle sich dort vertheidigen. Aber der Feind Gottes, durch das eine Thor eingedrungen, war schon durch das entgegengesetzte wieder entflohen. Nachdem die Thore der, mit Gewalt eingenommenen Festung verbrannt worden waren, fiel Alles, was sich dort und im Lager der Christen fand, Geldsummen, Getreide, Waffen, Kriegsgeräth, Lastthiere, Weiber und Kinder als Beute in die Hände der Moslimen. An diesem Tage waren so viele Tausende der Ungläubigen gefallen, daß Keiner ihre Zahl anzugeben vermochte und Gott allein sie kennt. Vierundzwanzigtausend Rittern von den edelsten christlichen Familien, die in der Festung gefangen genommen wurden, erwies sich der Beherrscher der Gläubigen huldvoll und schenkte ihnen die Freiheit, damit er den Ruhm der Großmut erwürbe, aber alle Einheitsbekenner und Moslimen tadelten dies und nannten es den größten Fehler, in den je ein König verfallen sei." [1]

Hören wir nun ein arabisches Triumphlied, das zwar nicht diesen, aber einen fast eben so glänzenden Sieg der moslimischen Waffen feiert. Als Abu Jussuf nach der Schlacht von Ecija in Algesiras einzog, empfing er von dem Fürsten von Malaga, Ibn Aschkilula, folgende Kasside, welche ihm zu dem Siege Glück wünschte:

---

[1] Al Kartas I, 150.

Die Winde gaben uns, die vier, Bericht von deinen Siegen,
Die Sterne kündeten dein Glück, wie sie im Osten stiegen.
Für all die Engelschaaren, die, o Herr, dir Hülfe brachten,
War eng der Raum; nicht faßte sie das weite Feld der Schlachten,
Und von den Sphären scholl Gesang, die droben kreisend rollen:
Daß dir der Herr ein Helfer ist in allem deinem Wollen.
Dein Leben, das ein Jeder gern erkaufte mit dem Seinen,
Hast du dem Dienste ja geweiht des Höchsten, Ewig-Einen!
Du zogst für seine Religion zu Felde, sie beschützend,
Auf deines Geistes festen Muth, wie auf ein Schwert, dich stützend;
Siegreich ward dann von deinem Heer vollendet dein Beginnen,
Und nimmer wahrlich wird dein Werk fruchtlos in Nichts zerrinnen.
Der Fürsten, deren Waffen Gott mit Macht begabt und Schärfe,
Ist das des Gegners einz'ger Schutz, daß er sich unterwerfe,
Und ihre Krieger gürten froh, wenn sie den Morgen wittern,
Sich für den Kampf; denn vor Gefahr, wie brauchten sie zu zittern?

Wie prächtig ist dein Heer, o Fürst, wenn durch das
    Schlachtenbrausen
Der Rosse Schwarm dahin sich wälzt und rings die
    Lanzen sausen!
Ein Stellvertreter Gottes, führst du seine heil'ge Sache,
Und schützend waltet über dir sein Blick, der immer
    wache!
Mit neuem Glanz, der nicht erbleicht, hast du geschmückt
    den Glauben,
Und keine Zeit kann dir den Ruhm so hoher Thaten
    rauben.
Gott, dem als bester Fürst du giltst, beschloß in seinem
    Rathe,
Die Deinen zu belehnen, Herr, mit ew'gem Chalifate;
Er, welcher seine Gaben gibt und weigert nach Be-
    lieben,
Hat im Voraus Euch dieses Loos in seinem Buch ge-
    schrieben.
Es deutet, wenn man fragt: wer ist der kühnste Feind-
    bezwinger,
Der beste der Chalifen wer? auf dich jedweder Finger.
Nicht untergehen wird dein Reich; laß sich die Zeit er-
    füllen,
Und zur bestimmten Stunde wird das Schicksal sich ent-
    hüllen.
Mit Hoheit waltest du und Glanz in deinem Herrscher-
    thume,
Am Himmel selbst die Sterne schau'n mit Neid nach
    deinem Ruhme.[1]

---

[1] Im Arabischen „die vier Fische", womit wahrscheinlich Arctur, Spica

— 155 —

Du, der Moslimen Hort und Schutz, bewahre und er-
halte
Dem Volke den Gebieter, der des Reiches pfleg' und
walte!
Er, dessen Glauben mit dem Schwert du rettetest, be-
hüte
Vor allem Ungemache dich mit seiner Huld und Güte,
Und möge seinen Segen auf dein Haupt hernieder-
schauern,
Damit es davon duften mag so lang die Zeiten dauern.[1])

Ein weiterer Aufruf zum heiligen Kriege, als schon die Christen den größeren Theil der Halbinsel unterworfen hatten, ertönte im folgenden Gedichte. Dasselbe ward im Auftrage des Ibn ul Ahmar, Kö= nigs von Granada, von dessen Geheimschreiber Abu Omar verfaßt, um den Sultan Abu Jussuf aus dem Herrscherhause der Meriniden, dem es 1275 in Al= geciras vorgetragen wurde, mit neuem Eifer zum Kampfe wider die Glaubensfeinde zu erfüllen.

Hier liegt der Pfad des Heils. Ist Einer da,
Sei es in Spanien, sei's in Afrika,
Der ihn betreten will? der die entflammte
Gehenna scheut, die Strafe für Verdammte,
Und nach des Paradieses ew'gen Wonnen
Sich sehnt, wo Schatten sind und kühle Bronnen?

und die gemini pisces gemeint sind. S. Ideler, Untersuchung über die Stern=
namen S. 52 und 202.
1) Al Kartas I, 215.

Du, den nach Sieg im Glaubenskampf gelüstet,
Dem innern Rufe folge! Geh' gerüstet,
Voll Hoffnung und Vertrau'n dem Heil entgegen;
Wer wohl geleitet ist, dem folgt der Segen.
Du aber, der du denkst: „Was soll ich heut
Zu Gott mich wenden? morgen ist noch Zeit!"
Bedenk', wie Keiner dir verbürgt, daß morgen
Du noch am Leben bist! Dir ist verborgen,
Wann dich der Tod ereilt; doch glaub' mit nichten,
Die Schuld, die alle Sterblichen entrichten,
Sei dir erspart. Wenn heute nicht, doch bald
Mußt du verlassen diesen Aufenthalt;
Die Reise, welche vor dir liegt ist schwer
Und von da drüben keine Wiederkehr;
So nimm denn, um dich für die Fahrt zu stärken,
Dir einen Vorrath mit von guten Werken!
Der frommen Werke erstes aber ist
Der Glaubenskrieg; benutze deine Frist
Und zieh nach Andalus zum heil'gen Streit,
Denn Gott liebt den, der solchem Kampf sich weiht.
Von Sündenrost ward dein Gesicht geschwärzt;
Drum sorge, daß der Flecken ausgemerzt
Und dein Gesicht durch Thränen, die du weinst,
Gereinigt sei, eh' du vor Gott erscheinst!

Wer folgt dem Beispiel des Propheten nach?
Wer schüttelt von sich seine Sündenschmach
Und flieht zu Gott, damit von jedem Fehle
Im Kampf für ihn er läutre seine Seele?
Könnt ihr Gefallen finden an den Städten
Der Feinde, wenn sie nicht zu Allah beten?

Wollt ihr die Christen euch verhöhnen lassen,
Die an drei Götter glauben und uns hassen,
Weil fest wir hangen an dem Einen Gotte!
Was trugen wir nicht schon von dieser Rotte!
Wie viel Moscheen sind in unserm Lande
Zu Kirchen umgewandelt! O, der Schande!
Sterbt ihr vor Schmerzen nicht, wenn ihr es seht?
Nun hängt die Glocke auf der Minaret,
Den Priester sieht man steh'n auf ihrem Dach
Und Wein fließt in dem Hause Allah's — Ach,
Nicht hört man dort der Gläub'gen Stimme schallen,
Die betend vor dem Herren niederfallen,
Man sieht statt ihrer in den heil'gen Gängen
Sich freche, glaubenlose Sünder drängen.
Wie viele Männer unsres Volkes schmachten,
Wie viele Frau'n in ihrer Haft und trachten
Umsonst nach Lösung aus dem finstern Zwinger!
Wie viele Jungfrau'n, die als Rettungsbringer
In ihrem Leid den Tod ersehnen, trauern
Verlassen in der Christenstädte Mauern!
Wie viele Kinder, deren Eltern weinen,
Daß sie zur Qual gezeugt die armen Kleinen!
Wie viele Fromme, die, in eh'rne Klammern
Geschmiedet, doch sich selber nicht bejammern,
Nein, ihren Nachbar nur, weil aus den Ketten,
Worin er seufzt, sie nicht ihn können retten.
Wie viele Märtyrer, von Schwerterstreichen
Dahingestreckt, bedecken nicht als Leichen
Mit Wunden sonder Zahl das Schlachtgefild!
Den Engeln droben, die es schau'n, entquillt

Ein Thränenstrom und Menschen, deren Herz
Wie Felsen hart ist, können all den Schmerz,
Das Elend all nicht ohne Mitleid sehen.
Ihr aber, Brüder, muß euch nicht in Wehen
Die Seele schmelzen, wenn man euch berichtet,
Wie Tod, wie Abfall unsre Reihen lichtet?
Denkt ihr nicht an das alte Freundschaftsband,
Das uns vereint? nicht daß wir blutsverwandt?
Sind, den bedrängten Brüdern beizuspringen,
Die Christen auch so träg, sie, deren Klingen,
Wenn's Rache gilt, nie in den Scheiden ruh'n?
Erloschen ist der Stolz des Islam nun,
Ach! jener Stolz, der einst so hoch geglüht!
Sagt! ihr, die ihr Entschlüsse sonst gesprüht,
Was zaudert ihr nun zaghaft und gedrückt?
Verwundet je ein Schwert, wenn nicht gezückt?
  Ihr seid uns Nachbarn; sei, ihr Meriniden,
Zuerst uns Hülfe drum von euch beschieden!
Der Glaubenskrieg ist eure höchste Pflicht,
Die erste, heiligste; versäumt sie nicht!
Wählt Eines von den Beiden: Siegesruhm
Am Ziel des Kampfes, oder Märtyrthum;
Dann wird der Herr mit Lohn euch reich bedenken
Und euch im Himmel schöne Jungfrau'n schenken.
Seht droben in dem Paradiesesgarten
Die schwarzgeaugten Huris euch erwarten!
Wer bietet sich dem Herrn als Streiter feil?
Wer kauft von ihm des Himmels ew'ges Heil?
Gott hat dem Glauben seinen Schutz versprochen
Und niemals ward sein Wort von ihm gebrochen;

Eilt denn, es zu erfüllen! Unsre Marken
Erheben Klage wider euch, ihr Starken,
Daß ihr sie ganz vergeßt; in seinem Harme
Klagt so den reichen Schwelger an der Arme.
Warum sind die Moslimen denn gespalten,
Indeß die Feinde fest zusammenhalten?
Ihr seid die Heerschaar Gottes, stark genug,
Wenn ihr es wollt, zum Welteroberungszug;
Und für die wahre Religion, o sagt,
Anstatt zu handeln, seufzt ihr nur und klagt?
Mit welcher Stirn wollt ihr vor den Propheten,
Wenn morgen ihr geladen werdet, treten?
Habt ihr Entschuldigungen? Müßt ihr stumm
Nicht vor ihm steh'n, wenn er euch fragt: „Warum
Halft meinem Volk ihr nicht, als es so schlimm
Mißhandelt wurde von der Feinde Grimm?"
O Schmach, der Strafen schwerste, wenn beschämt
Ihr das aus des Propheten Mund vernehmt! —
Damit er euch für jegliche Vergehung
Vermittler sei am Tag der Auferstehung,
Fleht Gottes Segen auf sein Haupt hernieder —
Und kämpft für seinen Glauben! dann, ihr Brüder,
Tränkt er euch drüben mit den reinsten Wellen,
Den süßesten, der Paradiesesquellen.[1]

Als christliches Gegenstück zu diesem Gedichte mag eine poetische Kreuzpredigt des Troubadour's Marcabrun hier stehen. Dieselbe scheint zu der Zeit, als Alfonso VII. sich zur Heerfahrt wider die andalusischen

---
[1] Ibn Chaldun II, S. 286. Die zwei ersten Doppelverse sind weggelassen.

Araber rüstete, öffentlich und zwar in Spanien, dessen
ganzer östlicher Theil die provenzalische Sprache ver=
stand, gesungen worden zu sein:

„Pax in nomine Domini! Marcabrun hat dies
Lied verfaßt, Verse und Musik; vernehmt was er
sagt: Der Herr, der König des Himmels, hat uns in
seiner Barmherzigkeit ganz nahe ein Bad bereitet,
wie es kein gleiches gibt, weder diesseits des Meeres,
noch jenseits nach dem Thale Josaphat zu."

„Wir Alle müssen uns, so heischt die Vernunft,
am Morgen wie am Abend reinigen. Eile denn der,
der es zu vollbringen wünscht so lange er noch Le=
ben und Kraft hat, in das geweihte Bad, in dem
unsere Heilung ist! Weh uns, wenn der Tod uns
früher hinwegnimmt! Im Abgrund drunten wird
uns von Gott unsere ewige Wohnung angewiesen
werden."

„Geiz und Treulosigkeit haben Heldensinn und
Jugendmut aus der Welt verbannt. O welcher Schmerz,
zu sehen wie Jeder nur nach Gütern trachtet, deren
Gewinn für ihn doch allein die Hölle sein wird, wenn
er, bevor er Auge und Mund für immer schließt, nicht
in das heilige Bad eilt! Wie stolz und trotzig er
auch sein mag, Jeder findet im Sterben Einen, der
stärker ist, als er selbst."

„Der Herr, der Alles was ist und war und sein
wird kennt, verheißt uns seinen Lohn durch die Stimme
des Kaisers von Spanien! O, kennt ihr den Glanz,

der die umstrahlen wird, die sich in dem Bade reinigen und Gott an den arabischen Heiden rächen werden? In hellerem Glanz werden sie leuchten, als der Stern, der die Schiffe leitet."

„Der Hunde des falschen Propheten, der treulosen Anhänger des Betrügers sind da drüben so viele, daß Niemand mehr übrig bleibt, um Gott zu ehren. Vertreiben wir sie, gestärkt durch das heilige Bad! Geführt von Jesus Christus, jagen wir sie fort diese Elenden, die an Zaubereien und Wahrsagungen glauben!"

„Mögen die Feigen, die Lüstlinge, der Trunkenheit und Schlemmerei hingegeben, in ihrer Unreinigkeit bleiben; Gott will in seinem Bade nur die Ritterlichen und Tapfern."

„Schon tragen hier in Spanien der Markgraf und die Tempelritter tapfer die Wucht und den Andrang des heidnischen Uebermuths, und Jesus Christus spendet ihnen durch sein Bad Güter, welche den Feiglingen versagt werden." [1]

Während die provenzalische Dichtkunst in lyrischem Schwunge einiger Maßen mit der arabischen wetteifern konnte, um zum Glaubenskriege zu begeistern, vermochte die castilianische, die erst seit dem zwölften Jahrhundert ihre frühsten schüchternen Laute wagte, noch nicht den Kampf aufzunehmen. Indessen auch

---

[1] Fauriel II, 145.

sie, sobald sie nur in der, sich nach und nach aus dem Latein hervorringenden, Sprache ein Organ gefunden hatte, nahm die Kriegszüge wider die Feinde Christi zum Thema des Gesanges. Diese noch unbeholfenen und rohen, wenn auch kraftvollen, Anfänge einer in der Kindheit stehenden Poesie der fast überreifen Kunst der Araber gegenüber zu stellen, möchte mißlich sein; ihr unbeholfenes Stammeln würde von dem Fanfarengeschmetter der muhammedanischen Dichter übertönt werden, die strengen Umrisse ihrer Zeichnung müßten neben dem blendenden orientalischen Farbenschimmer matt erscheinen. Dagegen ist es hier der Platz, den Helden, den das älteste Lied der spanischen Zunge verherrlicht hat, im Spiegel arabischer Berichte vorzuführen, um so mehr, als der Rahmen dieser Berichte mehrere Gedichte umschließt, die erst aus ihnen ihr volles Licht erhalten. Wundere sich Niemand, wenn der gefeierte Cid Ruy Diaz el Campeador, den die Sage zum Musterbild von Frömmigkeit, Lehnstreue und jeder Rittertugend gestaltet hat, nach den Darstellungen seiner Feinde in minder glänzendem Lichte erscheint. Wird er dort als ein gütiger, streng redlicher, seinem ungerechten Könige dennoch stets treuer Ehrenmann geschildert, so ist er hier ein grausamer, wortbrüchiger Wüthrich, der nicht für seinen König und Glauben, sondern im Dienste kleiner muhammedanischer Fürsten kämpft.

Die Situation, in welche uns der arabische Bericht versetzt, ist die, daß der Murabitenherrscher Jusinf Ibn Taschfin Andalusien mit seinen afrikanischen Heeren überflutet und die Throne der kleinen spanisch-arabischen Fürsten mit Untergang bedroht. „Sobald — erzählt der arabische Bericht — Ahmed der Hudide, der nämliche, welcher noch heute die Mark von Saragossa beherrscht, die Krieger des Emirs der Gläubigen gewahrte, wie sie aus allen Schluchten hervorbrachen und von allen Thürmen herab seine Gränzen ausspähten, hetzte er einen von den galizischen Hunden, der Rodrigo hieß und den Beinamen Campeador führte, wider sie. Es war dies ein Mensch, der ein Handwerk daraus machte, Gefangene in Ketten zu werfen und als die Geißel des Landes galt; er hatte den kleinen Königen der Halbinsel verschiedene Schlachten geliefert und ihnen alle Arten von Weh bereitet. Die Hudiden hatten ihn aus dem Dunkel hervorgezogen und sich seiner Hülfe zur Ausführung ihrer Gewaltthaten und nichtswürdigen Absichten bedient; auch war ihm die Herrschaft über verschiedene Provinzen Spaniens übergeben worden, so daß er das Land siegreich hatte durchziehen und sein Banner in den schönsten Städten aufpflanzen können. Da also dieser Ahmed der Hudide den Sturz seiner Familie fürchtete und seine Aussichten düster werden sah, verfiel er auf den Gedanken, den Campeador zwischen sich und die Vorhut der Heere des Emirs der Gläubigen zu stellen. Er ließ ihm einen Einfall in das Gebiet

11*

von Valencia machen und versah ihn mit Geld und Truppen. Der Campeador belagerte daher die Stadt Valencia, in welcher Zwietracht ausgebrochen war und der Kadi Abu Dschahaf sich der Gewalt bemächtigt hatte. Während Parteiungen im Innern wütheten, betrieb Rodrigo die Belagerung mit allem Eifer; er klammerte sich an die Stadt, wie der Gläubiger an den Schuldner; er liebte sie, wie Liebende den Platz, wo sie die Freuden der Liebe genossen haben. Er schnitt ihr daher die Lebensmittel ab, tödtete die, welche sie vertheidigten, fügte ihr jedes mögliche Unheil zu und setzte alle Mittel des Verderbens gegen sie in Bewegung. Wie vieler herrlichen Orte, die selbst der Wunsch nicht erreichen konnte, mit denen Monde und Sonnen an Schönheit nicht zu wetteifern wagten, bemächtigte sich der Tyrann und entweihte ihr Heiligthum! Wie viele schöne Jungfrauen, auf deren Reize Perlen und Korallen eifersüchtig waren, mußten sich mit den Spitzen seiner Lanzen vermählen und wurden unter den Füßen seiner frechen Söldlinge zertreten!"

„Der Hunger zwang die Valencianer, unreine Thiere zu verzehren. Ihr Gewalthaber, Ibn Dschahaf, wußte nicht was beginnen. Er flehte die Hülfe des Emirs der Gläubigen an, obgleich dieser weit entfernt war; bisweilen vermochte er, seine Rufe um Beistand zu ihm gelangen zu lassen, andere Male ward er daran verhindert. Der Emir der Gläubigen nahm Theil an seinem Schicksal; aber da er fern von Valencia war und das Schicksal es anders bestimmt hatte, konnte er ihm nicht rasch genug helfen. Wenn Gott ein Ding beschlossen hat, öffnet er ihm die Pforte und beseitigt die Hindernisse." [1])

„Während Valencia so in äußerster Bedrängniß war, stieg, so sagt man, ein Araber auf den höchsten Thurm der Stadtmauer; dieser Araber war sehr gelehrt und einsichtsvoll und hielt folgende Rede:

Valencia! Valencia! Schwer ist dein Unglück und der Deinen!
Entrinnst du noch dem Untergang, ein Wunder muß es Allen scheinen.
Wenn irgend Gott sich huldvoll zeigt, o daß er deiner sich erbarme!
Denn unsres Volkes Lust warst du und wußtest nichts von Leid und Harme.
Doch wenn der Herr beschlossen hat, dich diesmal gänzlich zu verderben,
So trifft für deiner Sünden Zahl und deinen Hochmut dich das Sterben.
Die Pfeiler, drauf du ruhst, die vier, sie möchten gerne sich vereinen,
Wie Trauerweiber um den Sarg, dein Jammerschicksal zu beweinen.
Und deine edle Mauer ach! stark von den Pfeilern sonst getragen,

---

[1] Dozy, recherches, 2. Auflage, II. Anhang S. X, und 17. Malo de Molina. Rodrigo el Campeador, pag. 120.

Nun wankt sie zitternd; nicht mehr Kraft blieb ihr, wie
in vergangnen Tagen.
Von deinen Thürmen, hoch und stolz, die, weithin sicht-
bar durch ihr Blinken,
Die Herzen aller Welt erfreut, seh' ich die Steine lang-
sam sinken.
Auf deinen weißen Zinnen, einst hell leuchtend und der
Augen Wonne,
Erblich der Glanz; nicht leuchten sie wie ehedem im
Strahl der Sonne.
Dein Strom, der Guadalaviar, und alle deine Riesel-
quellen
Entflohen ihrer Mutter nun; dem Fremdling dienen ihre
Wellen.¹)
In den Kanälen, drin so rein, so silberklar die Wässer
rannen,
Ist finster nun die Flut und trüb; nicht Einer schafft den
Schlamm von dannen.
Der üpp'ge Garten um dich her, trägt ferner Früchte
nicht noch Blüthen,
Die Wurzeln alle wurden ihm zerstört durch grimmer
Wölfe Wüthen.
All deine Schattengänge, wo Lustwandelnde Gesang
begrüßte
Und Blumenflor und Vögellied, sind nun vertrocknet,
eine Wüste.
Dein Hafen, drauf so stolz du warst, liegt öde da; die
reichen Frachten

---

1) Weil der Cid das Wasser abgeleitet hatte.

Suchst du umsonst, die ehedem an seinen Strand die
Schiffe brachten.
Verheert von lohem Flammenbrand ward das Gebiet,
das dir so theuer,
Und qualmend steigt zu dir der Rauch heran von dem
Zerstörungsfeuer.
Schwer ist das Leiden, dran du krankst; kein Mittel
wird dir Heilung bringen;
Die Aerzte zweifeln, daß du je vermagst, dich neu empor-
zuringen.
Valencia! Valencia! Indeß ich alles dies gesprochen,
Ist, glaub' es, in der Brust das Herz mir fast vor tiefem
Weh gebrochen.
Nur meiner Seele will ich es und keinem Andern offen-
baren,
Damit, bevor die Noth es heischt, die Menschen nichts
davon erfahren.[1)]

"Zuletzt erlangte der Tyrann Rodrigo die Erfül=
lung seiner schändlichen Wünsche. Durch Betrug, wie
seine Gewohnheit war, bekam er im Jahre 488 Va=
lencia in seine Gewalt. Der Kadi hatte sich ihm un=
terworfen und einen Vertrag mit ihm abgeschlossen;
aber dieser Vertrag ward nicht lange gehalten. Ibn
Dschahaf blieb kurze Zeit bei Rodrigo, dieser aber
fand seine Gegenwart lästig und beschloß, ihn zu
stürzen. Das Mittel dazu bot ihm, wie man sagt,
ein sehr kostbarer Schatz dar, den früher Ibn Dsi-

---

1) Cronica general, fol. 320. Dozy, recherches, pag. 173. — Malo de
Molina 150.

Nun[1]) besessen. Rodrigo hatte gleich bei seinem Einzuge in Valencia den Kadi hierüber befragt und ihn in Gegenwart einer großen Menge von Menschen beider Religionen schwören lassen, er besitze diesen Schatz nicht. Wäre dem Kadi bei Ablegung des Eides bekannt gewesen, welches Unglück und welche Schmerzen ihm bevorstanden! Rodrigo hatte mit ihm einen, von den angesehensten Männern muhammedanischen sowohl als christlichen Glaubens unterzeichneten Vertrag abgeschlossen, in welchem ausgemacht worden war, daß der Kadi, wenn der Schatz in der Folge doch bei ihm gefunden werden sollte, des Rechtes auf Schutz, ja des Lebens verlustig gehen solle. Bald darauf entdeckte Rodrigo, daß der Kadi den Schatz besaß, oder behauptete es wenigstens, was vielleicht nur ein falscher Vorwand war. Wie dem auch sei, er nahm ihm alle seine Habe und ließ ihn sowohl als seine Söhne foltern, bis der unglückliche gepeinigte Kadi alle Hoffnung aufgab; zuletzt ließ er ihn lebendig verbrennen. Ein Augenzeuge hat mir erzählt, der Kadi sei bis an die Schultern in die Erde eingegraben worden und habe, als das Feuer rings um ihn her aufgelodert, selbst mit den Händen die Flammenbrände näher herangeholt, um seinen Tod zu beschleunigen und seine Marter zu verkürzen. Möge Gott dies sein Leiden auf die Seite schreiben,

---

1) König von Toledo, der nach Eroberung seiner Hauptstadt durch die Christen eine Zeit lang in Valencia Fuß gefaßt hatte.

auf welcher er die guten Handlungen des Kadi verzeichnet hat; möge er es als hinreichend betrachten, um die Sünden, die er begangen, aufzuwiegen; möge er im künftigen Leben uns schmerzhafte Strafen ersparen und uns zu guten Werken, die seinen Beifall verdienen, behülflich sein!"

„Der Tyrann Rodrigo, den Gott verfluche, wollte dann auch die Frau und die Töchter des Kadi verbrennen, aber Einer der Seinen bat ihn, ihres Lebens zu schonen und brachte ihn zuletzt dahin, daß er seine Absicht aufgab. So blieben diese Frauen vor dem Märtyrertode bewahrt, den ihnen Rodrigo zugedacht hatte."

„Dieses furchtbare Unglück war ein Donnerschlag für alle Bewohner der Halbinsel und erfüllte alle Klassen der Gesellschaft mit Schmerz und Scham."

„Die Macht dieses Tyrannen nahm beständig zu, so daß er schwer auf Bergen wie Thälern lastete und die Vornehmen sowohl als die Geringen mit Furcht erfüllte. Jemand hat mir erzählt, er habe ihn in einer Aufwallung von Dünkel und Herrschbegier sagen hören: Unter einem Rodrigo ist diese Halbinsel erobert worden, aber ein anderer Rodrigo wird sie befreien; Worte, welche die Herzen mit Schrecken erfüllten und sie glauben ließen, das, was sie fürchteten, werde bald eintreffen. Trotz allem dem war dieser Mensch, die Geißel seiner Zeit, durch seine Ruhmliebe, durch die kluge Festigkeit seines Charakters eines der Wunder Gottes. Kurze Zeit darauf starb er in Valencia eines natürlichen Todes."

„Der Sieg folgte beständig den Fahnen des gottverfluchten Rodrigo; er triumphirte über die Stämme der Barbaren; verschiedene Male bekämpfte er ihre Herrscher, wie Garcia, welcher den Beinamen „der mit dem krummen Munde" führte, den Fürsten der Franken und den Sohn Ramiro's; er jagte ihre Heere in die Flucht und tödtete mit seinem kleinen Häuflein ihre zahlreichen Krieger. Wie behauptet wird, wurden in seiner Gegenwart Bücher gelesen; man trug ihm die Heldenthaten der alten Araber vor und als er die Geschichte des Mohallab hörte, wurde er zur Begeisterung fortgerissen und drückte aus, wie sehr er diesen Helden bewunderte."

„Ibn Chafadscha verfaßte um diese Zeit folgende Verse auf das Schicksal Valencia's:

Wie wüthete in deinem Hof, o Schloß Valencia's, das
       Schwert!
Durch Elend und durch Feuersbrunst ward deine Schön-
       heit ganz zerstört!
Wer jetzt auf dich die Blicke wirft, versinkt in langes,
       tiefes Sinnen,
Denkt trauernd deinem Schicksal nach und fühlt, wie
       seine Thränen rinnen.
Das Unglück spielte, Stadt des Weh's! mit deinen Bür-
       gern wie mit Bällen!
Wo ist ein Elend, eine Qual, die nicht gehaus't in dei-
       nen Wällen?

An deiner Höfe Thore hat die Hand des Mißgeschicks
geschrieben:
Kein Haus in dir ist mehr ein Haus, du selbst bist nicht
mehr du geblieben.¹)

---

3) Dozy, recherches, Anhang. S. XIV ff. 22 ff. — Malo de Molina 127.

VI.

Ohne Gesang kein Fest. „O Fürstin der Schö=
nen! trinken ohne zu singen, heißt nicht fröhlich sein"
sagt in der Perle der tausend und einen Nacht, der
Erzählung von Nureddin und der schönen Perserin,
der alte Gärtner, der die Flüchtlinge heimlich im
Pavillon des Chalifen bewirthet, zu seinem reizenden
Gast, und dieser Grundsatz galt in Spanien wie im
Morgenland. Groß ist daher die Zahl der Lieder,
welche Wein und Zechgelage zu allen Tages= und
Jahreszeiten feiern. Schon am frühen Morgen den
Becher im duftenden Frühlingsgarten kreisen zu lassen,
ermahnt das folgende:

 Nun gebt im thauigen Garten
 Die Gläser umher in der Runde!
 Schon sprach der Morgen zum Dunkel:
 Auf! fliehe von hinnen zur Stunde!
  Anstatt der Augen der Schönen
 Mit ihren schmachtenden Blicken
 Nun sollen die Perlen Schaums
 Im Becher voll Weins uns erquicken.
  Nicht sind die leuchtenden Sterne
 Am Himmel untergegangen;

Hernieder sind sie gestiegen,
Um hier im Garten zu prangen.¹)

Die Religionsvorschriften verspottend, welche den Gläubigen das Frühgebet in der Moschee vorschreiben, fingirt Al Motadid von Sevilla eine Glaubenssatzung, welche den Gläubigen gebiete, am Morgen zu trinken:

Sieh hin! hell leuchtet der Jasmin!
Beim Frühtrunk nun vergiß das Härmen!
Nie bricht der Gläub'ge das Gesetz,
Das Morgens ihm gebeut zu schwärmen.
Die Zeit ist frostig und ist kalt;
Mit Weine muß man sie erwärmen.²)

Aehnlich ist ein anderes Lied:

Beim Glühn der Morgenröthe
Komm, Freund, zum Trinkgelage,
Denn Freude winkt dem Jüngling
Nur frühe, früh vor Tage,
Bevor die Hand des Windes
Noch von der Blumen Wangen
Die Tropfen Thau's getrocknet,
Die blitzend daran hangen.³)

Im Taumel der Lust verhöhnt Ibn Hazmun die Heuchelei der Anachoreten und Derwische:

Kein Frevel ist der Weingenuß;
Die Furcht nur macht's vor den Gesetzen,

---
1) Maffari II, 135.
2) Hist. Abbad. I, 246.
3) Dozy, Recherches, 112.

Sonst würden selbst die Derwische
Mit Wein die trocknen Gaumen netzen.

Wenn sie des Nachts Gebete murmeln,
Bis ihnen heiser wird die Kehle,
Sagt, taumeln sie nicht selber dann
Wie ausgelassene Kameele?

Gleich ihren Klausen ist mein Haus;
Doch Mädchen, schlank wie die Gazellen,
Sind meine Muezzins, und Becher,
Nicht Lampen, müssen es erhellen.[1])

Selbst der berühmte Gelehrte al Bekri stimmt in diese Ausgelassenheit ein:

Erwarten kann ich's kaum, daß mir
Der Becher in der Rechten blinke,
Erwarten kaum, daß ich den Duft
Von Rosen und von Veilchen trinke.

Ihr Freunde, auf, daß wir beim Fest
Am Klang der Lieder uns erlaben
Und zu geheimen Freuden heut
Uns vor der Menschen Blick begraben!

Kein Vorwand ist, auf späterhin
Noch zu verschieben unser Zechen,
Denn wenn der Fastenmond begann,
Nennt man das Frohsein ein Verbrechen.[2])

Abul Hassan Al Merini erzählt: Als ich einst der Rußafa gegenüber mit meinen Genossen zechte, trat ein schlecht gekleideter Mensch heran und setzte

---

1 Abdul Wahid 218.
3) Dozy, recherches 289.

sich zu uns. Wir fragten ihn, was es bedeuten solle,
daß er sich so ohne vorhergegangene Bekanntschaft
bei uns eindränge. Da sagte er: seid nicht vereilig
gegen mich! sann einen Augenblick nach, erhob sein
Haupt und sprach:

Hier bei'm Palast Rußafa froh getrunken!
Erwägt, wie nun das Chalifat gesunken
Und wie die Welt in stetem Wechsel kreist!
Lang sinne drüber nach des Weisen Geist
Und er wird sehn, wie Ruhm und Macht und Wonnen
Der Herrschaft eitel sind und schnell zerronnen!
Nehmt was ihr wollt; ein Nichts ist alles Sein
Und werthvoll nur die Liebe und der Wein.

Als er so gesprochen, küßte ich ihm die Stirn und
fragte ihn, wer er sei. Da nannte er seinen Namen
und sagte, die Menschen behaupteten, er sei närrisch;
ich aber rief aus: „Fürwahr, dies ist nicht das Ge=
dicht eines Närrischen, vielmehr sind selbst die Weisen
nicht im Stande, ein solches hervorzubringen. Bei
Allah, geselle dich doch zu uns und sage uns von
deinen geistvollen Versen her, damit unsere Lust voll=
kommen sei!" Hierauf blieb er bei uns und recitirte
uns Gedichte, und wir waren lange mit ihm froh;
endlich aber verließen wir ihn, während er an den
Wänden umhertaumelte und ausrief: O Gott, Ver=
gebung![1])

---

1) Maккarі I, 306.

Der Prinz Nasi ud Daula jubelt:

    Die Becher, Abul Ala,
Sind angefüllt mit Wein
Und gehn von Hand zu Hand schon
In muntrer Gäste Reih'n.
Der Vögel Lieder schallen,
Das Laub bewegt der West
Und Turteltauben girren
Auf schwankendem Geäst.
Trink hier mit uns am Bache!
Im Glas laß keinen Rest!
Sieh! aus des Schenken Wangen,
Der uns bedient bei'm Fest,
Scheint dieser rothe, klare,
Krystallne Wein gepreßt![1]

Frohen Genuß des Lebens preis't Said Ibn Dschudi:

    Auf Erden ist nicht höh're Lust,
Als weiche Nacken zu umschlingen,
Als wenn in muntrer Freunde Kreis
Die Becher in der Runde klingen;
Nichts süßres gibts, als nach dem Zwist
Sich mit dem Liebchen zu versöhnen,
Als wenn verstohlen Blick auf Blick
Der Jüngling wechselt mit der Schönen.
Hin eil' ich durch der Freuden Bahn,
So wie ein Renner ohne Zügel;

---

[1] Dozy, recherches 111.

Kein Hemmniß achtend, stürm' ich kühn
Zu meinem Ziel, als hätt' ich Flügel.
Nie in der Schlacht, wenn mir der Ruf
Des Todes scholl, hab ich gezittert,
Doch werd' ich von dem süßen Laut
Der Liebe fort und fort erschüttert.[1])

Ibn Said dichtete eines Abends, als er sich um Sonnenuntergang mit Freunden an dem Lustorte Sultanijah bei Sevilla befand:

Schon schwindet der Abend dahin,
Drum her die Becher gebracht!
Am Wein erlabe dich nun
Bis wieder der Morgen lacht,
Und schaue der Sonne zu,
Wie, eh sie von hinnen fliegt,
Ihr Flügel über die Flut
Des Stromes gebreitet liegt!
Der leuchtenden Himmelsklarheit
Erfreu dich, bevor sie sank!
Ertönen die Saiten laß
Und labe dich an dem Trank,
Und hefte dein Aug' auf die Reize
Des Gartens unverwandt,
Bevor das Dunkel sie hüllt
In sein härenes Büßergewand![2])

---

1) Al Hollat 30.
2) Maktari I. 633.

In Erinnerung an frohe abendliche Zechgelage sagt Ibn Chafadsche:

Wie oft, daß ich zur Abendzeit mit meinen Freunden trank,
Bis auf das weiche Rasenbett ich trunken niedersank;
Ein schattendes Srakgesträuch bot seinen Schirm mir dar,
Im schwankenden Gezweige hielt Gespräch ein Taubenpaar,
Der Donner rollte und es schwand im Westen sanft der Tag,
Indessen kühle Abendluft aus dem Gewölke brach.[1]

Steigt nach so durchschwärmtem Tage die tiefblaue Nacht mit ihren leuchtenden Gestirnen empor, so beginnen neue Freuden. Auf schaukelndem Kahne wiegt sich der Dichter in Gesellschaft schöner Jünglinge auf den Wellen des Guadalquivir:

Wen muß der Reiz der Nacht nicht überraschen,
Wenn auf dem Wasser wir die Freuden haschen?
Der Nachen prangt mit einem Holden, Schlanken,
Der in der feingebauten Glieder Schwanken
Dem Weidenzweige gleicht, vom Wind bewegt.
Inmitten zweier Kerzen, die er trägt,
Erglänzt sein Antlitz wie der volle Mond,
Der zwischen Adler und Orion thront,
Indeß, dem Blitz gleich, der durch Wolken blinkt,
Der Schimmer in das Wasser niedersinkt.[2]

---

1) Ibu Challitan, Art. Ibn Chafadsche.
2) Makkari I, 435.

Vielfach ergeht sich die Muse der spanischen Araber in Betrachtung der Natur ihres schönen Vaterlandes, Blumen und Sternen, Hainen und Quellen Seele verleihend. Tausend Grüße von Lebendem wie Unbelebtem empfangen sie, wenn sie die Zaubergärten Andalusien's betritt:

Das Blumenkleid ward diesem Garteneden
Vom Lenz gewebt aus bunten Seidenfäden.
Der Wind naht schmachtend ihm, in seine Schöne
Verliebt und in des Baches Murmeltöne.
Tritt ein und sieh entzückt die Perlen, welche
Der Thau auf Myrthen streut und Rosenkelche!
Das Bächlein streckt die Arme nach dir aus
Und beut dir einen Anemonenstrauß,
Und Vögel zwitschern in der Bäume Zweigen,
Die dicht der eine sich zum andern neigen.
Betritt dies Gartenparadies mein Fuß,
So trifft mich aus des Veilchens Blick ein Gruß,
So wirft die Lilie an des Beetes Rand
Mir Grüße zu mit ihrer Blätterhand.[1])

Trunken schwärmt sie in den Orangengärten von Sevilla:

Sieh die Orangen! könnten sie zerschmelzen, o! ich meine,
So würden sie zu lauterem, zu klarem, goldnem Weine.
An den smaragdnen Zweigen sind sie Kugeln von Rubinen,
Und auf und nieder spielt die Hand des Windes Ball mit ihnen.

---

1) Humbert, Anthologie 74.

Laßt, wie auf schöne Wangen, bald uns Küsse auf sie
drücken,
Bald, wie am Moschusblasen=Duft, an ihrem uns erquicken!¹)

Die Rose wird als Prophetin ewiger Frühlings=
herrlichkeit begrüßt:

Schön'res, als die Rose, wahrlich! hat mein Auge nie
geschaut,
Süßer Duftendes der Wolken Frühlingsregen nie bethaut,
Siehe, wie im Garten jede Blüthe sich vor ihr verneigt,
Wie voll Demut ihrer Schönheit jede Huldigung bezeigt!
Wenn, auf ihrem Stamme prangend, sie erscheint in
Herrlichkeit,
Stirbt dahin die eine Blume und die andre welkt vor
Neid.
Heil dir, Frühling! jede Rose, die aus ihrer Knospe
bringt,
Ist uns eine Freudenbotschaft, welche deine Huld uns
bringt.
Nicht wie andre Boten bist du, nein dich schmückt ein
höh'rer Ruhm,
Denn die Kunden, die du bringest, zeugen vom Pro-
phetenthum,
Und es währt, wenn auch die Rose hinwelkt und ihr
Stamm verdorrt,
Doch die Wohlthat, die auf Erden sie gespendet, ewig
fort.²)

---

1) Chrestomat. Arab. ed. Kosegarten, 175.
2) Makkari I, 193.

Besonders häufig kehren die Schilderungen von Wasserfahrten wieder:

> Wir schifften auf des Flusses Himmel,
> Vom Aetherglanz bestrahlt, dem hellen,
> Uns leuchteten, anstatt der Sterne,
> Allein die Blasen auf den Wellen.
>
> Das Dickicht breitete aufs Wasser
> Den dunkeln Mantel seiner Schatten,
> Den zart mit ihrer Stickerei
> Geschmückt die Sonnenstrahlen hatten.[1]

Die Erinnerung an die Reize solcher Fahrten auf dem Guadalquivir macht auch den Mittelpunkt in dem Gemälde aus, welches ein spanischer Araber, Ibn Said, während eines Aufenthalts in Aegypten von den Wonnen seines früheren Lebens in der andalusischen Heimat entworfen hat:

> Dieses ist Aegypten; aber ach! wo blieb mein Abend-
> land?
> Rastlos fließen meine Thränen, seit das theure mir ver-
> schwand.
> Meine Thorheit schelt' ich, daß ich je den Rücken ihm
> gekehrt;
> Erst was wir verloren haben, schätzen wir nach ganzem
> Werth.
> Wo nun, wo ist mein Sevilla? Seit den Tagen voll
> von Lust,

---

1) Maktari I, 431.

Die ich einst in ihm verlebte, hab' ich nichts von Glück
gewußt.
Wie viel Freuden dort genoß ich, des Entzückens, o
wie viel,
Wenn des Flusses Wellen rauschten zu des Sängers
Lautenspiel,
Wenn am Ufer im Gesträuche um uns her die Tauben
sangen
Und, ihr Lied begleitend, auf den Hügeln rings die
Saiten klangen.
Nur zu denken, wie so wonnig mir das Leben dort ver-
floß,
Labt mich mehr, als jede Freude, die ich anderswo ge-
noß.
O und all die frohen Stunden auf der grünen Wie-
senflur!
Seit ich fern von ihr, erscheint mir traurig rings die
Erde nur;
Ihrer denk' ich stets; der Räder Tönen, die das Wasser
dort
Aus den Brunnen schöpfen, hallt mir vor den Ohren
fort und fort.
O wie viele Wonnen wurden uns zu Theil in Schan-
tibus,
Und kein Tadler mochte wagen, uns zu stören im
Genuß;
Schön die Stadt, und Gott bereit stets, meine Sünden
zu verzeihn;
Dürft' ich bis zum Schluß der Zeiten nur in ihr ein
Sünder sein!

Wie doch neben ihrem Flusse aller Reiz des Nil er-
bleicht!
Jeder Klang an ihm bringt Freude, der sich keine sonst
vergleicht;
O wie viele Nachen trägt er, und des Lautenspiels
Getön
Hallt aus jedem, und in jedem prangen Schenken,
mondenschön;
Augen so wie Ohren finden dort Entzücken fort und fort,
Wonnen schafft der Duft der Blüthen und der Klang
der Becher dort.
Wie so oft auf seinen Fluten glitten wir im leichten
Kahn,
Und gehorsam, nimmer müde trug er uns dahin die
Bahn;
Hinter uns im Weitergleiten ließ er eine leichte Spur,
Wie auf wallendem Teppich eine hingestreute Perlen-
schnur,
Und so oft wir ihm die Schwinge eines weißen Segels
liehn,
War's ein Wunder, daß der Nachen wie beflügelt uns
erschien;
Einem Vogel glich er, welcher dürstend ob dem Wasser
schweift,
Wohl das Naß gewahrt, doch mit dem Fittich nur die
Wellen streift.
Stets um Algeciras ist von Trennungspein mein
Herz entbrannt,
Immerdar verhauch' ich Seufzer nach dem vielgeliebten
Strand,

Wo das Meer in wilder Brandung um die Ufer schäumt
und brüllt
Und der Bäume Zweige zittern, wie von Angst vor ihm
erfüllt.
Wie viel Nächte dort verbracht' ich bis zum frühen
Morgenschein
In den Armen die Geliebte und am Mund den Becher
Wein,
Während weit das Meer sich dehnte wie ein bläuliches
Gewand,
Das der Mond mit goldnem Saume stickte, wie er drü-
ber stand. —
O und immer ist Granada's Thal noch meiner Sehn-
sucht Ziel,
Immer fließen meine Thränen um den lieblichen Jenil,
Wo der Strom sein helles Schwert zückt, sanft das Schilf,
das ihn umringt,
Hin- und herschwankt, die Gazelle anmutvoll am Ufer
springt
Und das Auge des Verliebten kaum ertragen kann das
Glühn
Wimperndolch-umgebner Blicke, welche Pfeile nach ihm
sprüh'n.
Dort war meiner Wonnen Spielplatz, und seitdem ich
schied von dort
Lockt zu Spielen und Ergötzen nirgend mich ein andrer
Ort. —
Auch nach Malaga noch schweift mir liebend der Ge-
danke gerne,

Denn die Liebe läßt im Herzen nicht sich tilgen durch
die Ferne.
Wo nun, wo sind seine Thürme? und wie schwand die
Zeit so lang,
Als auf seinen Zinnen ich den Becher zu den Sternen
schwang,
Und der Bäume grüne Zweige kosend um das Haupt
mir schwankten,
Zitternd bald zurück sich bogen, bald uns wieder fest
umrankten,
Und im Kommen und im Gehen durchs Geäst die Winde
rauschten,
Gleich als wollten sie uns warnen, daß verborgen Spä=
her lauschten.
Um mein Murcia fühl' ich auch mir Thränen auf die
Wange thauen,
Jenen freudenreichen Wohnsitz zwischen fruchtbar grünen
Auen,
Wo vor meinen Augen leuchtend eine Sonne sich er=
hub,
Die ich dann in meinem Herzen, wo sie unterging, be=
grub. —
Das war ehedem; und, bring' ich mit dem damals in
Vergleich
Was mir hier Aegypten bietet, wird mein Herz vor
Kummer weich.[1]

---

1) Makkari I. 648.

Gleich der Natur wurden auch Werke der Menschenhand, namentlich die Prachtbauten der Fürsten vielfach besungen. Fand ein Gedicht der Art vorzüglichen Beifall, so widerfuhr ihm die Ehre, in zierlichen goldenen Buchstaben an die Wände des Schlosses, das es feierte, geschrieben zu werden. Verschiedene solche, welche die Villen und Lusthäuser Sicilien's preisen, so wie diejenigen, die noch heute von den Mauern der Alhambra herableuchten, werden später mitgetheilt werden, hier einige Versstücke, die sich auf Andalusien oder einzelne Localitäten desselben beziehen:

 Ihr Andalusier, wie schön
 Sind eure Quellen, eure Schatten,
 Wie schön, bei Allah, eure Flüsse
 Und eure bäumereichen Matten!
 In eurem Lande wahrlich liegt
 Das Eden der erkornen Seelen,
 Und, wenn die Wahl vergönnt mir wäre,
 Ich würde mir kein andres wählen.
 Befürchtet nicht, euch könnte je
 Verhängt die Höllenstrafe sein,
 Denn aus dem Paradiese geht
 Man nicht mehr in die Hölle ein.[1]

---

[1] Makkari I, 451.

Lob Andalusiens.

In Andalusien einzig wird
Wahrhaft des Daseins Glück genossen,
Dort einzig sind der Freudigkeit
Die Herzen immerdar erschlossen.
In keinem andern Land als ihm
Verlohnt der Mühe sich das Leben,
In keinem sind, so wie in ihm,
Die Freunde froh beim Saft der Reben.
Für welches sonst vertauschte man
Dies Land mit grünenden Gestaden,
Wo Murmelquellen, dichte Schatten
Zu frohem Weingenusse laden?
Wer wird bei seinem Anblick nicht
Voll Staunens sein, dem wunderreichen,
Da seine Gärten all an Glanz
Dem Eden Jemen's, Sana, gleichen?
Von Silber ist ein jeder Bach,
Das Grün der Gärten lauter Seide,
Die Erde Moschus, und die Kiesel
Sind ächte Perlen und Geschmeide.
In Andalusiens milder Luft
Muß harter Herzen Rauheit schwinden,
Sie macht, daß solche selbst, die nie
Die Liebe kannten, sie empfinden.
Nicht Regentropfen sind die Perlen,
Die auf dies Land herniederthauen,
Nicht Winde weh'n mit sanftem Fächeln
Beim Frühroth über seine Auen,

Rein duft'ge Ambrahauche sind's,
Die sich mit Rosenwasser mischen
Und auf die Hügelhänge lind
Herniedersinkend sie erfrischen.
O alle Reize dieses Landes,
Wie nur vermöcht' ich sie zu schildern?
Wie auszudrücken was davon
In meiner Seele lebt an Bildern?
Als es zuerst emporgetaucht
Ward es vom Meer an seinen Rändern
Zur Edelperle ausgewählt
Vor allen andern Erdenländern;
Die Wogen, die als Halsband es
Umschlangen, bebten vor Entzücken,
Als es emporstieg und so schön
So herrlich lag vor ihren Blicken;
Drum lächeln noch in ihm die Blüthen,
Gleichwie in steten Wonnerauschen,
Drum schmettern so in ihm die Vögel,
Indeß die Zweige ihnen lauschen.
In ihm gab ich der Lust mich hin;
Weh, wenn ich es verlassen müßte,
Denn dieses Land nur ist ein Garten
Und sonst die Welt rings eine Wüste.[1]

---

1) Maktari I. 129.

Auf Guadir.

O Guadir, fröhlich wird mein Herz, so oft ich dein
gedenke;
Wie viele Wonnen gab dir nicht das Schicksal zum
Geschenke!
Bei Gott! wenn heiß der Mittag glüht im dunkeln
Himmelsblaue,
Kühlt er den lohen Flammenbrand in deinem frischen
Thaue;
Die Sonne würfe gern den Blick auf deine grünen
Matten,
Doch durch das Dickicht dringt er nicht, gehemmt vom
dichten Schatten.
Mit seinen Blasen lacht dein Strom und seinem Schaum,
dem hellen;
Wie einer Silberschlange Haut, so glitzern seine Wellen,
Drum beben alle Zweige rings, die zu ihm niederhangen
Und zittern fort und fort erschreckt; sie fürchten sich vor
Schlangen.[1]

Auf einen verödeten Palast in Cordova.

Zu dem Schlosse sprach ich, dessen Räume öde vor mir
lagen:
Wo sind nun die Edlen, welche dich bewohnt in frühern
Tagen?
„Kurze Zeit — so ward mir Antwort — haben sie all-
hier geweilt
Und sind dann hinweggezogen, doch wohin? ich kann's
nicht sagen."[2]

---

1) Maffan I. 94. 2) Deri. I. 345.

Auf den Felsen von Gibraltar.

Himmelan die Stirn erhebt er, während, aus Gewölk
geballt,
Weit herab ein schwarzer Mantel über seine Schultern
wallt.
Wie mit einer Krone schmücken die Gestirne Abends ihn,
Wenn sie, hell gleich goldnen Münzen, droben ihre Kreise
zieh'n.
Ihrer Locken Spitzen lassen sie um seine Schläfe sacht
Niederhangen, und so kosen, schmeicheln sie ihm oft bei
Nacht.
Ihm zerbröckelten die Zähne, denn, seitdem er aufwärts
ragt,
Hat er rastlos an dem Blocke der Jahrhunderte genagt.
Er erlebte alle jähen Wechsel des Geschickes schon;
Wie ein Treiber die Kameele vorwärts treibt bei Lie-
derton,
Trieb er vor sich her sie alle; sein Gedankenflug durchirrt
Das Vergangne, Gegenwärt'ge und was künftig kom-
men wird;
So Geheimnisse bewahrend, blickt er schweigend, räth-
selhaft,
In den düstern Abgrund nieder, der zu seinen Füßen
klafft.¹)

---

1) Ibn Batuta IV, 361.

VII.

Bei den Liedern zur Verherrlichung der Chalifen und Fürsten schwebten den Arabern aller Zeiten die Muallakat als klassische Muster vor. Daher traten in ihnen Reminiscenzen aus der alten Poesie in den Vordergrund; Liebesklagen und Schilderungen des Beduinenlebens durften nicht fehlen und es macht einen seltsamen Eindruck, die Augen der Dichter von der sie umgebenden Herrlichkeit, den üppigen Fluren Andalusiens und der überschwänglichen Pracht seiner Fürstenhöfe hinweg nach den Einöden Arabiens, wie nach einer älteren besseren Heimat, gerichtet zu sehen. So beginnt Ibn ul Habbad eine Kasside zum Lobe Al Motaßim's, Königs von Almeria, als ob er ein Wanderhirte aus der Zeit des Amr ul Kais wäre:

Ist's, weil Lubna dieses seel'gen Thales Grund durch-
wandelt hat,
Daß so süß wie Indiens Ambra duftet unter mir der
Pfad?
Meiner Freunde Nähe kündet mir der Lüfte würz'ger
Hauch
Und alsbald in meinem Herzen regt die Leidenschaft
sich auch.

Oftmals sonst auf nächt'ger Reise war ihr Feuer das
    Signal,
Das mich führte, wenn erloschen war der Nachtgestirne
    Strahl:
Froh dann scholl der Rosse Wiehern, die das Flammen=
    mal gewahrt,
Und die Karawane eilte an das Ziel der nächt'gen
    Fahrt.
Macht nun Halt im Thale Lubna's, deren stets mein
    Herz gedenkt;
Einzig sprudelt hier der Quell, der meine durst'ge Seele
    tränkt.
Lieblich ist der Thalgrund, welchen Lubna's Stamm
    zum Aufenthalt
Sich erkoren, sanft der Boden, wo der Theuren Fuß
    gewallt.
Ja dies Land, das sie bewahrte, meines Lebens theuern
    Schatz,
War einst meiner Wünsche, meiner Leidenschaften Tum=
    melplatz;
Raum, in welchem meine Träume schwärmen konnten,
    bot es mir,
Ihr Entstehn fand meine Liebe und ihr Ende fand sie
    hier.[1])

Die Könige, welche doch prächtige Paläste inmit=
ten üppiger Gärten bewohnten, werden noch immer
als Nomadenfürsten dargestellt, in deren Lager die

---

1) Ibn Challikan. Art. Al Motaßim.

nächtlichen Wüstenwanderer eine Zuflucht finden. In einer Kaſſide des Ibn Billita z. B. heißt es:

Stromweis fällt der Regen, gleich als ob die Huld des Motaßim
Ihn ergöſſe; die Gewölke lernten Großmut erst von ihm.
Seinen Stammbaum, der von Perlen blitzend in das Alterthum
Weit hinaufreicht, trägt als Halsband, um zu ſchmücken ſich, der Ruhm,
Ja, der Ruhm, der des Erhabnen Lager ſich zum Aufenthalt
Auserkoren und beim Kriegszug unter ſeinen Fahnen wallt.
Nachts entflammſt du, Fürſt, ein Feuer als Signal, das ohne Fehl
Den verirrten Wandrer leitet und das ſtrauchelnde Kameel.
Zu den Wüſtenkarawanen, die mich nach dem Ort gefragt,
Wo die Schauer deiner Großmut rinnen, hab' ich oft geſagt:
„Sucht bei andern Fürſten Ruhm nicht; dieſer überſtrahlt ſie ganz,
Denn die Fackel kann nicht leuchten in der Sonne Mittagsglanz." [1]

---

[1] Ibn Challikan.

Auch die Beschreibung des Abschiedes von der
Geliebten oder des Aufbruchs zur Fahrt, welche den
Dichter an den Hof seines Gönners führen soll, fehlt
selten; doch finden sich hier schon Schilderungen, in
denen sich die reiche Natur Andalusiens spiegelt und
wie sie ein Wüsten=Araber nicht hätte hervorbringen
können; z. B. wenn Ibn Scharaf singt:

Lang war die Nacht und träg der Tag, zum Aufbruch
sich zu rüsten;
Die Sterne klagten, daß so lang sie diesmal wachen
müßten;
Doch endlich blies der Morgenwind hinweg die dunkle
Hülle,
Und aus den Gärten ringsum stieg der Wohlgerüche
Fülle.
Im Osten wies, vor Scham erglüht, von Schüchtern=
heit befangen,
Die Morgenröthe nach und nach die thaugenäßten
Wangen.
Im Fliehen schritt von Stern zu Stern die Nacht im
Himmelsraume,
Und einer nach dem andern sank wie Blätter von dem
Baume:
Zuletzt erschien die Sonne selbst in strahlendem Ge=
funkel
Und bei des Tages Nahen schwand dahin das nächt'ge
Dunkel.
Lang hatt' ich, auf dem Lager wach, umsonst nach
Schlaf gerungen,

Bis endlich um die Frührothzeit der Schlummer mich
bezwungen:
Als so ich lag und um mich her auf Blumen, frisch
erschlossen,
Vom Wind der Frühe rings versprengt, des Thaues
Thränen flossen,
Da trat als Traumbild Jene, die so oft ich unter
Thränen
Herbeigewünscht, zu mir heran, und stillte so mein
Sehnen.
Wie schön die Vielgeliebte war mit ihren vollen Hüften!
Wie schwankte, hin und her gewiegt, ihr die Gestalt in
Lüften!
Als sie zurück das schwarze Haar sich schlug vom An=
gesichte,
Dacht' ich des Morgens, der die Nacht verscheucht mit
seinem Lichte,
Denn schwärzer ist das Nachtgrau'n nicht, als ihre
Lockenhaare
Und aller Glanz des Frühroths strahlt von ihrem Wan=
genpaare.[1]

In einem Lobliede des Jbn Darradsch auf den
mächtigen Almansur ist für die Beduinenstätte, die
sonst am Eingang vorgeführt zu werden pflegt, die
wirkliche Wohnung des Dichters, welche man sich
auch als eine städtische denken kann, substituirt. Zu=
erst redet er seine Gattin an:

---
1) Dozy, recherches 91.

Weib, weißt du nicht, daß längre Rast allhier für mich
der Tod ist?
Ein Grab, bedenk, ist dessen Haus, der dürftig und in
Noth ist,
Drum sprich nicht von den Reisemüh'n, die ich ertra-
gen müsse —
Genug, daß ich an ihrem Ziel Almansur's Hände küsse!
Laß auf der Wüstenfahrt getrost mich bittre Wässer
schlürfen,
Nachher werd' ich vom klaren Quell der Großmut trin-
ken dürfen.

Weiter schildert der Dichter seinen Abschied von
Weib und Kind:

Schon wankte meine Festigkeit, erschüttert durch ihr
Klagen,
Als sie am Morgen zu mir trat, mir Lebewohl zu sagen
Und mich beschwor, die Liebe zu bewahren ihr, die alte.
Daneben in der Wiege lag ein Kind, das nur erst
lallte;
Noch gab es Antwort nicht, wenn man es fragte, doch
mit Blicken
Und holdem Lächeln wußt' es wohl die Seele zu um-
stricken.
In seiner Eltern Herzen war des Kleinen Wohnungs-
stätte,
Ihm dienten seiner Mutter Arm und weiche Brust zum
Bette;
Gestorben wär' ich gern für die, die ihm den Busen
reichte —

Allein wie sehr der Abschied auch die Seele mir er-
weichte,
Doch hielt des Kindes Lächeln nicht und nicht der Gat-
tin Flehen
Mich ab, die Fahrt bei Tag und Nacht, die weite, zu
bestehen;
Der Trennung Flügel trug mich fort und vor der Wucht
des Leidens
Sank sinnberaubt mein Weib dahin im Augenblick des
Scheidens.

Dies Alles, wie man sieht, konnte sich auch in einer spanischen Stadt begeben. Nun aber darf die unvermeidliche Wüstenreise nicht fehlen, obgleich Ibn Darradsch, der als Hofpoet Almansur's in Cordova lebte, keineswegs einer solchen Fahrt bedurfte, um zu seinem Protector zu gelangen. Uebrigens zeichnet sich seine Schilderung durch große Lebendigkeit aus:

O hätte sie mich drauf gesehn, wenn bei des Mittags
Brüten
Der Sonne Strahlen flammenheiß auf mich hernieder-
glühten,
Wenn zitternd mich manch Luftgebild, im Wüstendunst
gespiegelt,
Umschwebte und ich ungeschreckt voranschritt, hasibe-
flügelt,
Wenn in den Sand, den brennenden, der Wandrer
Füße sanken
Und jedes kühle Lüftchen wir mit durst'gen Zügen
tranken —

Ja, hätte sie mich da gesehn, sie hätte mir gestanden,
Für den, der dem Geschicke trotzt, sei nicht Gefahr vorhanden;
Wer Feigling ist, sieht wohl den Tod in vielerlei Gestalten,
Doch von dem Tapfern wird die Angst nur für ein Wort gehalten;
Gleich wie ein König auf sein Reich, so blickt er auf die Schrecken
Der Wüste hin; sein Schwert genügt, ihn vor Gefahr zu decken. —
Wenn mit dem Schalle meines Tritts, indeß wir vorwärts zogen,
Die Dschinnen in der Einsamkeit bei Nacht Gespräche pflogen;
Wenn tief mit ihren Schatten mich die Finsterniß umhüllte
Und aus dem Lagerplatz im Schilf der grimme Löwe brüllte;
Wenn, Mädchen ähnlich, die im Wald den Reigen schlingen, droben
Die strahlenden Plejaden sich am Himmelsdach erhoben,
Und um den Pol der Sterne Chor sich schwang in steten Gleisen
Gleich Bechern, die, von schöner Hand gefüllt, beim Mahle kreisen;
Wenn sich um's Haupt der dunklen Nacht die schimmernde, die klare
Milchstraße wand, wie um die Stirn des Greises weiße Haare;

Wenn bei dem Leuchten des Saturn ich vorschritt unverdrossen,
Bis endlich sich vor Müdigkeit der Sterne Augen schlossen:
O hätte alles das mein Weib gesehen, sie gestände:
„Wer so dem Schicksal trotzt, verdient Almansur's Gnadenspende!" [1])

Was den enkomiastischen Theil dieser Gattung von Gedichten betrifft, so lag die Gefahr des Schwulstes sehr nahe. Bei der steten Wiederholung des Lobes auf Tapferkeit, Freigebigkeit und fürstliche Herrlichkeit mußten die Dichter sich versucht sehen, durch Seltsamkeit des Ausdrucks, Bilderschwall und gesuchte Gleichnisse Neuheit zu gewinnen; und allerdings sind Viele in diesen Fehler verfallen, noch dazu ohne den der Monotonie, den sie umgehen wollten, zu vermeiden. Allein inmitten des Bombasts stößt man auch nicht selten auf Stellen, die durch Energie der Darstellung oder Kühnheit der Bilder überraschen. Ein Paar Beispiele mögen sowohl diese Licht- als jene Schattenseite zeigen. — Abu Aamir sagt in dem Lobliede auf einen berühmten Feldherrn:

Die Geier wissen wohl, daß seine Treuen
Auf ihre Beute stürzen so wie Leuen;
Sie schweben hungernd über ihm und krächzen,
Bis ihnen Fütterung, wonach sie lechzen,
Zu Theile wird von seinen scharfen Speeren
Und sie zum Nest gesättigt wiederkehren.[2])

---

1) u. 2) Ibn Challikan.

Ibn Hani singt:

Für deine Rosse sind, o Herr, wenn sie zum Angriff
stürmen,
Nicht Hügel und nicht Berge da, wie hoch sie sich auch
thürmen;
Daran, daß sie die ersten stets im Lauf, sind sie zu
kennen,
Allein verfolgen kann kein Blick sie wie sie vorwärts
rennen.
Von ihnen weiß der Blitz, daß sie auf seinen Schwin-
gen fliegen,
Und daß sie die Gedanken selbst an Schnelligkeit be-
siegen.
Dem Wolkennaß, das nordwärts sich ergießt in vollster
Strömung,
Dient deine Großmut, hoher Fürst, an Fülle zur Be-
schämung.
Die Himmelssterne, die herauf uns Regenwolken führen,
Scheinst du mit deiner rechten Hand, sie lenkend, zu
berühren.[1]

Ibn Abd Rebbihi richtete an Abdurrahman III., bevor er den Chalifentitel angenommen hatte, folgende Verse:

Nun öffnete voll Huld der Herr dem Islam breite
Pfade,
Die Menschen drängen Schaar an Schaar sich auf den
Weg der Gnade,

---

[1] Ibn Challikan.

Für sie zu schönerm Wohnsitz schmückt die Erde ihre Länder
Und schimmert, als bekleideten sie seidene Gewänder.
Nicht würde, o Chalifensohn, die Wolke ferner regnen,
Erblickte sie die größre Huld, mit der du weißt zu segnen;
Und säh' der Krieg die Deinen dich zum Schlachtenangriff führen,
Verzagen würd' er, gleichen Muth in Andrer Brust zu schüren.
Die Ketzerei wirft sich vor dir schutzflehend auf die Erde,
Dem Zügel fügen willig sich, seit du regierst, die Pferde;
Gebunden ist der Sieg, o Herr, an deines Reiches Fahnen,
Wenn Nachts wie Mittags vor dir her sie weh'n auf deinen Bahnen,
Und grollen wird das Chalifat mit dir, dem Herrschersohne,
So lang du als Chalife nicht auf's Haupt dir drückst die Krone.[1]

Fast mit gleichem Eifer, wie das panegyrische, ward das Hohn= oder Strafgedicht cultivirt und man muß sich wundern, welche scharfen Pfeile die Dichter auf die Mächtigen zu schleudern wagten. Einer z. B. schrieb, während Almansur, der allmächtige Minister des ohnmächtigen Omajjaden Hischam, das Reich lenkte:

---

[1] Al Bayan 240.

Ich staune, wenn ich alles dies erblicke;
Nicht Heilung ist für unsre Mißgeschicke,
Wofern es wahr, was meine Augen schauen;
Kaum aber kann ich meinen Sinnen trauen.
Wie? während noch Omajja's Söhne leben,
Wagt nach dem Thron ein Buckliger zu streben,
Und Krieger reih'n im vollen Schmuck der Waffen
Sich um den prächt'gen Palankin des Affen?
Die einst ihr strahltet, hell wie die Plejaden,
Was bergt ihr eu'r Gesicht, ihr Omajjaden?
Nicht mehr seid ihr die Löwen wie zuvor,
Drum klomm der Fuchs zum Sitz der Macht empor.[1])

Bisweilen erscheint die Satire als Parodie der Lob-Kasside und beginnt gleich dieser mit Beziehungen auf das Wüstenleben. So hebt ein Schmähgedicht, das Ibn-Ammar auf Al Motamid von Sevilla schleuderte, mit dem Gruße an einen Beduinenstamm des Westens an, in dessen Lager sich Zelt an Zelt dränge; statt aber nun mit zärtlichen Erinnerungen an die Geliebte fortzufahren, nennt der Dichter spöttisch das Dorf, aus dem die Familie des Königs stammte, die Hauptstadt der Welt, ergießt sich in Schmähungen auf dessen Gemahlin, die nicht so viel werth sei, wie die Halfter eines Kameels ꝛc.[2])

Auch die Dichter verfolgten sich gegenseitig mit literarischen Satiren. So verhöhnte Ibn Ocht Ga-

---

[1] Al Bayan II, 301. Dozy, histoire III, 203.
[2] Dozy, histoire IV, 179.

nim seinen Nebenbuhler Jbn Scharaf aus Berja mit
den Versen:

> Glaubt dieser Dichter von Berja denn,
> Er sei in Jrak geboren
> Und durch sein Talent, wie Bothori,
> Zur Dichtkunst auserkoren?
> Bei seinen Versen, noch eh' er sie lies't,
> Stirbt man vor langer Weile
> Und denkt: weh mir, wenn der Stümper mir
> Verlies't nur Eine Zeile!
> O Dschafer, leih mir dein Ohr! laß ab
> Von deinen Gedichten, den lahmen!
> Such nicht, die Meister der Poesie,
> Die großen, nachzuahmen!
> Vom Tranke, dessen du werth nicht bist,
> Vermiß dich nicht zu nippen;
> Beflecke die edle Dichtkunst nicht
> Mit Küssen von deinen Lippen!¹)

Da die meisten Gedichte dieser Art weniger die Schwächen der Menschen überhaupt angreifen, als persönlicher Natur sind und sich auf ganz specielle Verhältnisse beziehen, so kann ihr Interesse für die Nachwelt nur gering sein. Ich begnüge mich daher mit der Hinzufügung einiger epigrammatischer Verse.

Der, vom König Al Motaßim von Almeria begünstigte Dichter An Nihli war auf einem seiner Wan=

---

1) Dozy, Recherches 93.

berzüge nach Sevilla an den Hof des Motabib ge=
langt und hatte in ein Lobgedicht auf letzteren die
folgenden Verse einfließen lassen:

>Ausgerottet ward das Volk der Berbern
>Durch des Motabid berühmten Sieg,
>Ausgerottet das Geschlecht der Hühner
>Durch des Motaßim Vertilgungskrieg.

Nicht ahnend, daß diese Zeilen seinem früheren Wohl=
thäter bekannt geworden seien, hatte er sich wieder
nach Almeria begeben und empfing hier alsbald eine
Einladung des Königs zum Nachtessen. Als er in
den Speisesaal getreten, nahm Al Motaßim ihn huld=
voll auf, führte ihn an eine ganz mit Hühnern be=
setzte Tafel und sagte: „Ich wollte dir doch zeigen,
daß das Hühnergeschlecht noch nicht ganz von mir
ausgerottet werden ist."[1]

Der Dichter al Husri ward, als er sich in Afrika
befand, von Al Motamid an seinen Hof eingeladen,
lehnte es aber ab, zu kommen, indem er die Verse
schrieb:

>Du lädst mich ein, zu Schiff die Meerflut zu durch-
>>streifen,
>Doch mach — Gott segne dich! — den Vorschlag einem
>>Andern!
>Kein Noah bist du, der mir eine Arche böte,
>Noch als Messias kann ich auf den Fluten wandern.[1]

---
1) Dozy, Recherches 88.
2) Ibn Challikan.

VIII.

Das Schönste, was die Literatur der Araber im elegischen Fache hervorgebracht, sind unstreitig die Kerkergedichte des unglücklichen Königs Al Motamid von Sevilla, die wir später kennen lernen werden. Ihnen nahe an Werth dürfte die, vom tiefsten Herzschlag der Empfindung durchbebte und wahrhaft erhabene Stellen enthaltende Elegie zu stellen sein, in welcher Abul Beka Salih aus Ronda nach der Einnahme von Cordova und Sevilla durch den heiligen Ferdinand den bevorstehenden Untergang des Islam in Spanien beklagte. Sie lautet:

Alles, was zum Gipfel aufklomm, muß zum Untergang
    sich wenden;
Laß, o Mensch, dich von des Lebens flücht'gen Reizen
    nicht verblenden!
Steter Wechsel, steter Wandel ist in allen Erdendingen;
Wenn das Glück dich heut erfreute, wird es morgen
    Leid dir bringen.
Nur bestandlos und nur flüchtig ist hienieden unser
    Bleiben,
Kurze Frist nur ward beschieden Allem was wir sind
    und treiben.

Panzer selbst, die lange allen Lanzenstößen, Schwerter-
hieben
Widerstanden, werden endlich dennoch vom Geschick zer-
rieben.
Wo sind nun sie hin mit ihren Kronen, ihren Diademen,
Die gewalt'gen Kön'ge, welche ehedem geherrscht im
Jemen?
Wo ist nun die Macht, die ehmals übten Persiens Sas-
saniden?
Wo die Größe, die in Jrem dem Schedad einst war
beschieden?
Was ward aus den hochgehäuften Schätzen des Ka-
run, des stolzen?
O wie ist von Ad und Kahtan nun die Macht dahin-
geschmolzen!
Ein Geschick, vor dem nicht Abwehr ist, betraf sie und
nach ihnen
Schwanden ihre Völker, ihre Reiche sanken in Ruinen.
Mit den Herrschern ists und ihren Königthümern so er-
gangen,
Wie mit jenen Traumgebilden, die im Schlummer uns
umfangen.
Vom Verhängniß hingeschmettert, sank Darius zu den
Todten;
Kein Palast hat den Chosroen ein Asyl vor ihm ge-
boten.
Kannst du irgend was mir nennen, was dem Zeitlauf
widerstände?
Fand zuletzt das Reich des hohen Salomo nicht auch
ein Ende?

Mannichfache Kümmernisse, kleine Schmerzen so wie
  große,
Neben Freuden schwere Leiden ruhen in des Schicksals
  Schooße.
Unglücksfälle giebt's, für die noch Tröstung möglich ist
  und Hoffen,
Doch kein Trost ist für das Unglück, das den Islam
  jetzt betroffen.
Denn ein Schlag, ein ungeheurer, hat ganz Spanien
  so erschüttert,
Daß Arabien davon nachdröhnt und des Ohod Gipfel
  zittert.
Tief gebeugt ist unser Land, wie des Propheten heil'ger
  Glaube,
Wüst liegt sein Gebiet, verödet seiner Städte Pracht
  im Staube.
Frag Valencia nun, das schöne, was aus Murcia ge-
  worden,
Was aus Jaen und Jativa unterm Schwert der Chri-
  stenhorden?
Wo nun Cordova zu finden sei, der Sitz von Kunst
  und Wissen?
Wo die Männer all, die emsig sich der Weisheit dort be-
  flissen?
Frage, was nun aus Sevilla ward und seinem wogen-
  reichen,
Klaren Strome mit den Wonnen seiner Ufer sonder-
  gleichen?
Ihr war't diesem Land die Säulen, drauf es ruhte,
  prächt'ge Städte!

Kann das Land nun noch bestehen, da der Sturm Euch
niederwehte?
Wie um das entfernte Liebchen Liebende voll Sehnsucht
weinen,
Also weheklagt der Islam um sein Leid und das der
Seinen,
Klagt um was er einst besessen, um die Aecker, nun
vom schnöden
Glaubensfeind geschändet, um die Felder, welche nun
veröden.
Unsere Moscheen — o wem sollt' es Thränen nicht ent-
locken? —
Sind zu Kirchen umgewandelt, Kreuze sieht man drin
und Glocken.
Selbst aus unsern Kanzeln, ob von Holz auch, strömen
Thränenquellen,
Seufzer über unser Unglück schallen aus den Betkapellen.
Alle, die ihr sorglos lebet, denen fern das Ungemach ist,
Denkt, eh ihr zum Schlaf euch hinstreckt, daß das Schick-
sal immer wach ist!
Freu'n mag der sich, der die Erde sein noch nennt, die
ihn geboren;
Aber bleibt uns eine Heimath, da Sevilla wir ver-
loren?
Dieses letzte, schwerste Unglück läßt die frühern all ver-
gessen;
Für den Gram darum ist Ende nicht und Ziel nicht
zu ermessen.
Hört, ihr Reiter, die gleich Adlern zwischen blinkenden
Geschossen

Uebers Schlachtgefild ihr hinfliegt auf den schlanken,
   muth'gen Rossen;
Krieger ihr, in deren Händen Indiens Schwerter, Lan-
   zenspitzen
Durch das dunkle Staubgewölk wie feur'ge Meteore
   blitzen;
Alle ihr, die hinterm Meere ihr in Ruhe lebt und
   Freuden,
Denen Ruhm nicht fehlt, noch Herrschaft, noch ein Schatz,
   ihn zu vergeuden,
Ward es euch nicht kund, das Schicksal, das in Spa-
   nien trüb' und trüber
Auf uns lastet? Manche Boten sandten wir euch doch
   hinüber!
Fort und fort um Hülfe flehn euch eure Brüder an;
   in Ketten
Wirft der Feind sie, würgt sie nieder; und ihr kommt
   nicht, sie zu retten?
Will für die, die Einem Gotte dienen, solche Spaltung
   ziemen?
Seid ihr Alle nicht die Kinder Eines Vaters, ihr Mos-
   limen?
Werden ein'ge edle, stolze Seelen nicht den Schlummer
   brechen
Und zu uns herübereilen, um des Glaubens Schmach
   zu rächen?
Den Bewohnern Spaniens beugt das Haupt sich unterm
   Druck der Schande,
Ihnen, die so stolz, so mächtig sonst gelebt in diesem
   Lande.

14

Gestern waren sie wie Kön'ge hoch geehrt in ihrer Woh=
nung,
Heute zwingt der Christ zu niederm Sklavendienst sie
ohne Schonung.
Hättet ihr gesehen, wie unter Thränen, unter lautem
Jammern
Auf dem Markt verkauft sie wurden, schwer gedrückt von
Eisenklammern,
O, ihr hättet mitgeweint! Ihr weintet, wenn ihr sie
geknechtet,
Ohne Führer irrend und im Lumpenkleid zu seh'n ver-
möchtet!
Sollen Berge denn — o Gott! — die Kinder von der
Mutter scheiden?
Muß die Seele nicht beim Leib sein? und nun trennt
man diese beiden!
Mädchen, schön so wie die Sonne, wenn beim Aufgehn
sie Rubinen
Ausstreut, müssen den Barbaren nun in nied'rer Frohne
dienen;
Fern hinweggeschleppt, bei schwerer Arbeit und bei Ket=
tenklirren,
Tragen sie ein Weh, vor dem sich ihnen Geist und Sinn
verwirren;
Wer dem Islam treu geblieben, o! dem muß zu Thrä-
nenbächen
Solch Geschick die Seele schmelzen und das Herz vor
Jammer brechen.[1]

---

[1] Makkari II, 780.

Besonderen Ruhmes genoß eine andere, von Ibn Abdun auf den Sturz des Königshauses von Badajoz verfaßte Elegie; indessen wird man den arabischen Kritikern, welche sie als ein Meisterstück preisen, kaum beistimmen können; sie ist mit historischer Gelehrsamkeit überladen und der antithesenreiche Styl, die vielfachen, ohne Commentar gar nicht verständlichen Anspielungen lassen schwer glauben, daß das Gedicht von ächter Theilnahme für das Schicksal der unglücklichen Herrscherfamilie eingegeben sei.

Von wahrem Gefühl zeugen dagegen die elegischen Verse, die Abul Abbas aus Xerez, der längere Zeit in Damascus zugebracht hatte, in sehnsuchtsvoller Rückerinnerung an die dort verlebten Tage schrieb:

Ach! nach euch, ihr meine Freunde von Damascus, sehnt
  das wunde
Herz sich mir! so wird von eurer Gegend mir denn
  keine Kunde?
Ferne weil' ich, und beim Himmel! seit ich euch verließ
  mit Kummer,
Bot nicht Labung das Erwachen mir und Labung nicht
  der Schlummer.
Denk' ich jener schönen Tage, die in eurer lieben Nähe
Mir im Flug dahingegangen, o so bricht mein Herz
  vor Wehe.
Welch ein Anderer als jetzo war ich Morgens nicht in
  jenen
Thälern Nairabs, wo die Blumen lachten, feucht von
  Wolkenthränen,

Während sich der Zweige Rauschen und das Säuseln in
dem Laube
Mit der Bäche Murmeln mischte und mit dem Gegirr
der Taube.
Und, o Rain des Berges, wo ich Abende genossen habe,
Die mehr werth mir sind, als all mein weiteres Leben
bis zum Grabe:
Reichlich, theurer Berghang, mögen, wenn sie gleich so
reich nicht fließen,
Wie dir Regenschauer noth sind, meine Thränen dich
begießen.[1]

Der Dichter Abul Makschi, der zur Zeit Abdurrahman's I. lebte, war auf Geheiß des Prinzen Suleiman geblendet worden, weil er in einem an denselben gerichteten Gedichte sich beleidigende Anspielungen auf dessen Bruder Hischam erlaubt hatte, welche dieser rächen zu müssen glaubte. Aus Veranlassung seiner Blindheit dichtete der Unglückliche die Zeilen:

Gebeugt von Schmach und Jammer ist die Mutter meiner Kinder,
Seit Allah mich mit Unglück traf; denn ach! ein armer
Blinder
Steht vor ihr, dessen Wanderung auf Erden bis zum
Grabe
Ein kummervolles Schleichen ist. ein Tasten mit dem
Stabe.

---

[1] Maffari I, 536.

Am Boden liegt sie da und ruft: nichts kannst du fer-
 ner üben,
O Schicksal, um noch mehr mich, als du thatest, zu be-
 trüben!
Mit solchen Worten schlägt sie mir im Herzen tiefe
 Wunden;
Ach! schlimmres Leid, als Blindheit, wird bei Menschen
 nicht gefunden!

Als sich der Dichter vor den Chalifen führen ließ und ihm diese Verse recitirte, ward Abdurrahman zu Thränen gerührt und gab ihm zweitausend Dinare, tausend für jedes Auge. Auch Hischam erinnerte sich nach seiner Thronbesteigung mitleidsvoll an das Unglück, welches Abul Makschi um seinetwillen erlitten hatte und gab ihm nach dem Beispiel seines Vaters tausend Dinare für den Verlust jedes seiner Augen.[1]

Die nachstehende religiöse Elegie feiert die Erinnerung des Königs von Granada Ab ul Hadschadsch Jussuf, welcher beim Gebet in der Moschee meuchlerisch ermordet wurde. Sie schmückt als Epitaph seinen Grabstein:

Schaue Gottes Huld für Jenen, welcher dich bewohnt,
 o Grab,
Segensfülle über dich, so lang der Zeitlauf währt,
 herab!

---

1 Journ. asiatique. 1850, II, 476.

Sei gesegnet bis zum großen Tage des Gerichts der
    Welt,
Wenn der Mensch aufs Antlitz nieder vor dem Todten-
    wecker fällt!
Doch du bist kein Grab; ein Garten bist du voll von
    Blüthenduft,
Wo die Myrthe Wohlgerüche ringshin anshaucht in die
    Luft,
Bist der Kelch der schönsten Blume, die im Feld der
    Schönheit sprießt,
Bist die Muschel, welche aller Perlen köstlichste ver-
    schließt.
O du Westen, drin der Vollmond jeder Tugend unterging,
Du Asyl, das alle Größe, alle Frömmigkeit empfing:
Welch ein Fürst ist der, den jetzt du birgst in deinem
    Heiligthum!
Er, der Erbe jeder Hoheit, der Naßriden Stolz und
    Ruhm!
Ja, der Wohnsitz bist du nun von Ehre, Kraft und
    Manneswerth;
Den umfängst du, der die Schwachen schützte mit dem
    starken Schwert,
Den Vertheid'ger unsres Glaubens, der, ein Meister des
    Gefechts,
Todfeind jedem Ketzerirrwahn war und Schirmer jedes
    Rechts.
Ihm, dem Sprößling des Ubada, war sein hohes Herr-
    scheramt,
So durch eignen Werth erworben, wie vom Ahnherrn
    angestammt.

Eher schildert man den weiten, unermeßnen Ocean,
Als wie fromm er war und welche hohe Thaten er
 gethan.
Durch Verrath der wechselvollen Zeit ward er hinweg=
 gerafft;
Aber wer ist denn unsterblich? wer hat stete Lebenskraft?
Hat die Zeit ein doppelt Antlitz, Tag und Nacht, nicht
 von Natur?
Daß die Zweigesicht'ge Trug übt, wie darüber staunst
 du nur?
Als ein Märtyrer, die Zunge vom Gebet noch träufend,
 schied
Er von hinnen, da er eben andachtsvoll vor Gott ge=
 kniet.
Auf des heil'gen Fastenmondes Pflichten streng sein
 Augenmerk
Richtend, hatt' er seiner Tugend Maaß erfüllt im from=
 men Werk;
Und beim Fest des Fastenbruches nun, durchbohrt vom
 Mörderstahl,
Sank er hin: des Märtyrthumes Becher war sein erstes
 Mahl.
In der Blüthe seines Lebens, auf dem Gipfel seiner
 Macht,
Hat des Himmels Rathschluß so, wie Omar, ihn zum
 Fall gebracht.[1]
Keine Klinge, keine Lanze gibt es, ob auch noch so scharf,
Drauf man, als auf einen Schutz vor Gottes Willen,
 zählen darf.

---

[1] Hier folgen im Original noch einige andere Verse.

Und ein Jeder, der auf diese Welt, die eitle, flücht'ge, baut,
Wird enttäuscht zuletzt gewahren, daß er nur auf Sand gebaut.
Drum, o Herrscher jenes Königreiches, das kein Ende nimmt,
Du, der Jedem du gebietest und sein Loos vorherbestimmt:
Breite über unsre Fehler mild den Schleier deiner Huld!
Ohne dein Erbarmen zittern Alle wir für unsre Schuld.
Den Beherrscher der Moslimen führe, eingehüllt in's Kleid
Deiner Gnade, in das Haus der ew'gen Lust und Seligkeit!
Nur bei dir, Gott, wohnt das wahre Heil, das bis an's Ende währt;
Sinnentrug nur ist die Welt, die in sich selber sich verzehrt.

Da wir mit dieser Elegie schon auf das Gebiet der geistlichen Poesie hinübergetreten sind, so schließen sich füglich hier sogleich noch einige andere Proben der letzteren an. Auch in Spanien fand die Mystik und Ascetik, welche sich schon in den ersten Jahrhunderten des Islam entwickelte und im Sufismus ihre höchste Ausbildung erhielt, zahlreiche Bekenner; außerhalb der Städte, zum Theil in Gebirgswildnissen, erhoben sich die Klausen und Einsiedeleien der frommen Scheichs, die abgeschieden von der

Welt, sich ganz der Betrachtung des Unendlichen weihten.¹) In den, auf spanischem Boden entstandenen, religiösen Gedichten jedoch, so weit uns dieselben bekannt geworden, haben wir die mystische Tiefe, welche die Werke der orientalischen Sufis auszeichnet, vergebens gesucht. Nicht die gotttrunkenen Entzückungen einer, in überschwänglichen Gefühlen schwelgenden Seele, die sich mit Vernichtung des eigenen Selbst in die Abgründe der göttlichen Liebe stürzt, sondern ernste Erwägung der Vergänglichkeit des Lebens, Reue über begangene Vergehen und Hoffnung auf Gottes Erbarmen bilden den Kreis, in dem sie sich vorzugsweise bewegen.

Von den folgenden Versen behauptete ihr Dichter As-Suhaili, Jedem, der sie gebetet habe, um eine Gnade von Gott zu erflehen, sei die Erfüllung seines Wunsches zu Theil geworden:

O du, der das Geheimste kennt, was in der Menschen
Seelen
Verborgen ruht! Ihr Stützer du wenn Sorg' und Leid
sie quälen!
O du, auf den sie hoffend schau'n, vor dem sie klagend
jammern,
An den sie hülfebittend sich, Erlösung suchend, klammern!
Du, dessen ganzen Gnadenschatz die Worte: es geschehe!
Umfassen, höre, Gütiger, erhöre was ich flehe!

---

1) Ibn Batuta IV, 372. — Makkari, Buch V.

Vermittler ist bei dir mir nur die Noth, die allergrößte,
Dein Beistand mir das Einz'ge, deß ich hoffend mich getröste!
Nicht andre Zuflucht hab' ich, als an deine Thür zu pochen,
Und öffnest du sie nicht, so steh' ich machtlos, wehgebrochen.
Herr, dessen Namen ich mit Preis anrufe im Gebete,
Willst du nicht schenken deinem Knecht um was er zu dir flehte,
So stürze in Verzweiflung doch den Sünder nicht, den armen,
Denn unbegränzt ist deine Huld, unendlich dein Erbarmen![1]

Von Ibn Al Farabi ist das Gebet:

Ein Gefangner voll von Sünden steht, o Herr, vor deiner Thür,
Fürchtend, daß du hart ihn strafest — wohl ist dir bewußt, wofür!
Um Verbrechen, deren Knäuel mit dem Blicke du durchdrangst,
Muß ich zittern — du allein bist meine Hoffnung, meine Angst,
Denn wer ist das Ziel des Hoffens und des Zagens Quelle wer,
Außer dir, da unabwendbar Allen dein Gericht ist, Herr?
Laß mich an dem Tage, wenn das Schuldbuch aufgeschlagen wird,

---

[1] Ibn Challikan, Art. As-Subaiti.

Nicht vor meiner Sündenliste schamvoll dastehn und
 verwirrt!
Sei mein Tröster in des Grabes Finsterniß, wenn ich
 getrennt
Von den Meinen ruhen werde und kein Freund mich
 ferner kennt!
Nur von deiner Gnade hoff' ich, daß sie meine Schuld
 verzeiht,
Aber fehlt sie mir, verloren bin ich dann in Ewigkeit![1])

Abu Salt Omaija dichtete vor seinem Tode folgende Verse und befahl, sie auf sein Grab zu setzen:

So lang auf dieser flücht'gen Welt ich weilte,
Wußt' ich, daß ich dem Tod entgegeneilte;
Doch nun beim Scheiden bangt mir vor dem Einen:
Am Thron des höchsten Richters zu erscheinen.
O wüßt' ich, was mich drüben für ein Loos
Erwartet! Meiner Sünden Zahl ist groß,
Und wenn mich Gott bestraft für meine Schuld,
So ist sein Spruch gerecht; doch wenn mit Huld
Er mir vergiebt, dann werd' ich — o der Wonnen! —
In ew'ger Lust und Seligkeit mich sonnen.[2])

Ibn Sara:

Du, der immer noch dein Ohr du leihst dem süßen Ruf
 des Schenken,
Ob dich gleich das greise Haupthaar mahnt, des Todes
 zu gedenken!

---

1) Makkari I. 545.
2) Ibn Challikan.

Sprich, wozu hat Gott Gehör dir und Gedächtniß dir
gegeben,
Wenn umsonst, um dich zu warnen, unsre Stimme wir
erheben?
Wahrhaft blind und taub ist der zu nennen, der die
weisen Lehren
Nicht befolgt, die Gegenwart ihm und Vergangenheit
gewähren;
Ewig werden nicht die Sphären rollen, noch die Welt
bestehen,
Jene großen Lichter, Mond und Sonne, werden einst
vergehen,
Und die Erdbewohner alle, ob in Städten, ob im Zelt
Sie nun hausen, müssen endlich scheiden aus der flücht-
gen Welt.¹)

---

1) Ibn Challikan.

IX.

Wenn die Gedichte bisher nach der Gleichartigkeit ihres Inhalts zusammengestellt worden sind, so ist doch der Charakter vieler derselben, je nachdem sie die mannichfaltigen Beziehungen ihrer Verfasser zu Menschen oder Natur ausdrücken, so verschieden, daß sie jeder Eintheilung spotten. Nicht selten macht sich solche Verschiedenartigkeit sogar in dem nämlichen Gedichte bemerkbar, insofern dasselbe in mehrere Theile zerfällt, deren jeder mit fast selbstständigem Inhalt für sich besteht oder doch nur lose an den anderen gefügt ist. Mangel an Einheit in diesem Sinne muß man z. B. der berühmten Kasside zum Lobe Cordova's vorwerfen, welche unter dem Namen „der Schatz der Bildung" im Munde aller Andalusier lebte. Dieselbe beginnt in der Weise der altarabischen Gedichte mit einer sehnsuchtvollen Anrede an die ferne Geliebte[1]), dann aber hebt der Ver-

---

1) Wie in den alten Kassiden wird die Geliebte im Plural angeredet (über diesen Gebrauch s. Dozy, loci de Abbadidis I, 409. — Humbert, Anthologie 204. — Slane, Journ. asiat. 1839, I, 175). Man könnte nun zwar annehmen, mit „Ihr" seien hier die Freunde des Verfassers gemeint, die ihn zur Auswanderung aufgefordert, allein diese Auslegung scheint der allgemein üblichen Ausdrucksweise der arabischen Dichter zu widerstreiten, auch würde sie keine größere Einheit in die Kasside bringen, denn dann spräche der Dichter zuerst Sehnsucht

fasser plötzlich und ohne vermittelnden Uebergang die Reize seiner Vaterstadt Cordova zu preisen an, beklagt seine zerrütteten Vermögensverhältnisse, wegen deren er sich so manchen Genuß versagen müsse, sagt, daß ihm von vielen Seiten gerathen werde, auszuwandern und sein Glück in der Fremde zu versuchen, spricht aber auf das Entschiedenste die Absicht aus, die geliebte Heimat nicht zu verlassen. Die ganze Kasside, die man trotz der Fehlerhaftigkeit ihrer Composition nicht ohne Interesse lesen wird, lautet wie folgt:

Ein Windhauch weht vom Balsamstrand daher mit leichten Schwingen,
Die aus der weiten Ferne mir der Theuern Grüße bringen.
Auf duftenden Lewkoyen sich ausbreitend mit den Flügeln
Und auf Jonquillen, gleitet er hin ob des Ufers Hügeln
Und haucht mir Lebensodem ein, mir, der ich niemals dachte,
Daß den Gestorbnen je ein Hauch von Neuem leben machte;
Auch ist's der Duft des Landes nur, wo die Geliebte weilet,
Der von dem Kummer mich, dem Gram, drin ich versunken, heilet.

---

nach seinen Freunden und dem fernen Lande, wo sie weilen, aus, erklärte aber später, er könne sich unter keiner Bedingung von dem genußvollen Leben in Cordova trennen.

Als über sand'ge Höhen her der Wind von dir mir
    Kunden,
Du Holde, brachte, ließen sie sofort mein Herz gesun=
    den;
Vor Freuden sprang ich auf, sobald sein Weh'n gespürt
    ich hatte
Und gab mich seinem Frühhauch hin gleich einem schwan=
    ken Blatte;
Sein Odem machte mich berauscht, als hätt' ich Wein
    getrunken
Und weckte neu mir Hoffnungen, die schon in Schlaf
    gesunken;
Denn einen Duft von deiner Huld spürt' ich in ihm
    und sagte:
Nun werd' ich ihr von Neuem nah'n, die ich als fern
    beklagte.
Dir zu begegnen hofft' ich auf den Spuren seines
    Wehens
Und mächtig wurde wach in mir der Wunsch des Wie=
    derjehens,
Und auf den Saum von seinem Kleid drückt' ich, um
    dich zu ehren,
Geliebte, heißer Küsse viel und weinte Sehnsuchtzähren.
O diese Fluren, drauf ich oft in Herzenskümmernissen
Umhergewandelt, ohne Trost für meinen Gram zu
    wissen!
Vom Gräberbetplatz bis zur Schlucht Akik (schon beim
    Erwähnen
Der Namen rinnen unversehns mir aus den Augen
    Thränen)

Und zur Ruzafa trüben Sinns schritt ich so manche
Male,
Zur Silberflur, zur Klosterschlucht bis hin zu Abdun's
Thale
Und zu dem Thore jenes Manns, der reichlich stets, voll
Güte
Der Freundschaft Becher mir kredenzt; daß Allah ihn
behüte,
Und mir vergönne, sein Gesicht zu schau'n bis ich er-
blasse,
Auch niemals mich das Thor Damasks, statt seines,
schauen lasse!
Fern sei's von mir, im fremden Land mein Lager auf=
zuschlagen!
Wer das erwählt, wird, wenn er dort, bald seinen
Schritt beklagen.
Was hilft das Reisen? Irgendwo den Unterhalt des
Lebens
Mühlos sich zu gewinnen — das ersehnt der Mensch
vergebens;
Und wer mir auszuwandern räth, thöricht ist der nicht
minder,
Als wer zu dem Verschnittnen spricht: sei fruchtbar!
zeuge Kinder!
Wer Heil für sich auf Erden sucht und Heil im Jen=
seit drüben,
Wohin wohl sollte scheiden der von Cordova, dem
lieben?
Weit ist die Flur der Stadt, und klar sind ihres Flusses
Wellen,

An dessen Ufern dichtgedrängt der Gärten Pflanzen
  schwellen.
Gebt Noahs Lebensdauer mir, um stets sie zu bewoh=
  nen,
Gebt mir zum Eigenthum in ihr den Schatz der Pha-
  raonen,
Und beide wend' ich einzig an, im Wein mich zu be-
  rauschen
Und Küsse mit holdseel'gen Frau'n, schwarzäugigen zu
  tauschen.
Doch klagen muß ich, daß in ihr Enttäuschtsein und
  Entbehren
Mein Loos geworden ist, daß Gram und Sorgen mich
  verzehren;
Ich sehe mit dem Auge was die Hand nicht kann er=
  reichen
Und was zu Theil doch Solchen wird, die mir an Werth
  nicht gleichen.
Von allem Leiden dünkt mich das des Unglücks höchste
  Spitze,
Wenn man ein König ist an Geist, ein Bettler an
  Besitze
Und auf den Hügeln von Jabrin die holden schlanken
  Frauen,
Wie Anemonen schön, nicht wagt verlangend anzu=
  schauen.
"Wohl — sagt man mir — so wandre aus!" Doch Ant=
  wort muß ich geben:
Das thue wessen Herz nicht hängt am Lusthaus zwischen
  Reben,

15

Wen nicht des Ostwinds Hauch erfüllt mit wonnigem Behagen,
Wen nicht der Myrthen Duft entzückt, von seinem Wehn getragen,
Wer nicht Gesänge liebt und nicht nach Aepfeln rother Wangen,
Nach voller Busen schwellender Granatfrucht trägt Verlangen.
Anstrengung kosten würd' es mich, mir Wohlstand zu erringen,
Und nur durch Müh'n vermöcht' ich, mich zu Ansehn aufzuschwingen.
So wisse denn, der du mir räthst, nicht länger hier zu säumen
Und, weil Erwerb mir hier nicht blüht, mein Reiseroß zu zäumen:
Wohl hör' ich deinen Rath, allein ihm widerstrebt das Herz mir,
Daß in mein Haus ein Anderer einzöge machte Schmerz mir.
Fürwahr! der Heimat bleib' ich treu, wo zwar mein Wunsch und Wille
Mir oft vereitelt wird, doch oft ich auch die beiden stille.
Mißachtet will ich und bedrängt mich doch von hier nicht trennen
Und nicht in Länder reisen, wo die Menschen mich nicht kennen,
Wo dieser sagt: „der Frembling will sich nur Gewinnst erspähen"

Und Andre, wenn ich freundlich bin, zum Lohn dafür
                               mich schmähen:
„Hinweg mit dir! Trost schafft es mir, wenn ich dich
                               nicht erblicke,
Doch gräulich ist dein Nahsein mir, daß ich vor Wut
                               ersticke!"
O Augen ihr der lieblichen, gazellenschönen Frauen,
Die mir versagt sind, denen ich nicht darf ins Antlitz
                               schauen!
Und o du süßer Klosterwein, von dem nur seltnes Na=
                               schen
Vergönnt mir ist, wenn einmal Geld genug in meinen
                               Taschen,
Ausharren will ich in der Noth auf meiner Heimaterde,
Auf den vertrauend, der es sprach, das Schöpfungswort:
                               es werde!¹)

Noch ein anderes Beispiel mag zeigen, wie we=
nig es nach den Begriffen der Araber für nöthig
galt, daß ein klar ausgesprochener Gedanke alle Theile
eines Gedichtes verbinde. Ibn Said schildert in der
nachstehenden Kasside zuerst ein glückliches Liebesver=
hältniß, das er gegen jeden Tadel vertheidigt, dann
eine fröhliche in der Umgegend Granada's am Genil
verlebte Nacht; und diese beiden Theile haben so we=
nig einen strengen Zusammenhang mit einander, daß
sie sehr füglich zwei Gedichte statt des einen ausma=
chen könnten:

---
1) Makkari I. 356. Der Verfasser der Kasside hieß Abul Kasim Aamir Ben Hischam.

Den Becher reich zum Trinken mir,
Indessen girrend klagt die Taube!
Reich her ihn, um den Trübsinn mir
Zu scheuchen mit dem Saft der Traube,
Und neige dich zu mir, daß ich
Des Leibes schwanken Ast umranke
Und daß ich stille meinen Durst
Mit deines Mundes Liebestranke.
So honigsüß, so rosenduftig,
Wie er, ist keiner unter allen,
Wie er besetzt mit Perlen keiner,
Noch so umgeben von Korallen.
Mit Seel' und Leben bin ich dein,
O schlanker Zweig auf hohem Hügel,
Zu dem wetteifernd Nacht und Morgen
Empor sich schwingen mit dem Flügel!
Dein Garten ist der Garten Edens,
Mir steht das Herz um dich in Flammen,
Doch nicht um Schuld, die ich begiug,
Kann man zur Strafe mich verdammen.
Wohl tadeln Tadelsücht'ge mich
Und schmäh'n mich meiner Liebe wegen,
Doch jedem Vorwurf, allem Schmähn
Tret' ich mit kecker Stirn entgegen.
Fürwahr, sie täuschen sich im Glauben,
Von meinem Leben würd' ich weichen,
Nie werden sie durch Lästerung
Und durch Verläumdung das erreichen.
So sprechen sie zu mir: „Dein Ruf
Ist hin, du hast dich selbst entadelt;

Nicht Einer lebt, der dich nicht streng
Um deiner Liebe willen tadelt.
Verloren hast du den Verstand
Und deine Ehre arg geschändet,
Zerrüttet deine Lebenskraft
Und Hab' und Gut so wie verschwendet."
Doch Antwort geb' ich ihnen: was
Sprecht ihr von Ruf, Verstand und Ehre?
Mir läg' an ihnen allen nichts,
Wenn sie darüber gram mir wäre.
Glaubt mir! der Liebeswahnsinn läßt
Sich nicht durch Zaubersprüche bannen,
Nicht weicht er vor Besprechungen
Und Zeichen der Magie von dannen.
„Doch sie betrog dich", sagen sie.
Nein, sicher bin ich ihrer Treue;
Wie ich nach ihr, so sehnte sie
In meinen Arm sich stets aufs Neue.
Damit ihr Keiner nahe käme,
War sie umstarrt von Speer und Lanze;
Allein sah man durch Waffen je
Den Mond verhüllt mit seinem Glanze?
Durch alle Hindernisse brach
Sie stets sich Bahn, zu mir zu kommen;
Sie zu behüten, wollte nicht
Absperrung noch Bewachung frommen;
Wie Liebenden stets eigen ist
Das Pläneschmieden, Ränkespinnen
So pflegte List sie über List
Von Neuem immerdar zu sinnen;

Und hätte sie durch Treubruch mich
Zu hintergehen je gebrütet,
Ward sie von mir — da Hut der Liebe
Nothwendig ist — nicht streng behütet?
Doch ja! um Eins betrog sie mich,
Um viele Zeit und manche Stunde,
Denn brünst'ger hing, als ich an ihrem,
Sie fort und fort an meinem Munde;
Nie geizte sie mit ihrer Huld
Und konnte doch mir nie genügen;
Wir Beide schlürften, nie gestillt,
Der Liebe Glück in vollen Zügen.
Und o des Tags, für den ich nie
Dem Herrn genugsam Dank erwiese,
Selbst wenn ich ihn von früh bis spät
In stetem Lobgesange priese;
Des Tages, am Genil verlebt,
Als von den Zweigen uns zu Häupten,
Gleich wie von Sängerpulten, uns
Der Vögel Lieder fast betäubten.
Wie Silberbarren schlängelte
Der Fluß sich durch die Gartenräume,
Indeß das Abendroth vergoldend
Herniedertriefte durch die Bäume.
Dort tranken wir das goldne Naß,
Das funkelnde, von dessen Fluten
Die Herzen Derer, die es schlürfen,
Auflohn in hellen Liebesgluten.
Als wären zwischen Rosenknospen
Jasmine aufgeblüht, erschlossen

Des Weines duft'ge Blumen sich,
Die in den Becher sich ergossen;
Und, da wir schlürften von dem Trank,
Der unsre Seelen fröhlich machte,
Sah'n wir, wie mit den Perlen Schaums
Er lustig uns entgegenlachte;
Uns däuchte — denn viel Zeit, ihn klärend,
War über ihn dahingegangen —
Wir sähen einen Regenbogen
Am Horizont des Glases prangen.
So, während schon des Tages Prachtkleid
Erblaßte, schwelgten wir in Wonne,
Bis Abends spät vor unsern Augen
Im Westen unterging die Sonne.
Die Einen heischten Lampen nun,
Daß man durch sie das Dunkel scheuchte,
Doch Anderen war wohl bewußt,
Wie hell der Saft der Traube leuchte.
Kennt ihr — so riefen Diese — nicht
Das Licht, das in den Gläsern funkelt?
Kein Becher ist, der nicht zum Stern
Verwandelt würde, wenn es dunkelt.
So kreis'ten denn die Bechersterne
Bei dem Gelag, indeß wir tranken;
Gestirne schienen sie, die nicht
Aufgingen und nicht untersanken.
Indeß wir schwärmten, wurden uns
Zum hellen Tag die nächt'gen Stunden,
Bis im Gesträuch der Vögel Sang
Uns kund that, daß die Nacht verschwunden.

Dann übten wir die Glaubenspflicht
Des Morgentrunks, und, als am Tage
Ein Wanderer vorüberging,
Hielt er um uns die Todtenklage;
Denn regles lagen wir, so daß
Er uns im Rausch gestorben glaubte,
Und o! süß war doch dieser Rausch,
Der des Bewußtseins uns beraubte!
Durch wie viel Nächte, die mir so
Nach froh durchschwärmtem Tag verflossen,
Betrog ich Jene, deren Tadel
Mich traf und meine Lustgenossen.
Ach, kehrte jene Seligkeit
Mir wieder, wie ich einst sie kannte!
Allein vermöchte jemals sich
Glücklich zu fühlen der Verbannte?[1])

Epigramme im Sinne der griechischen Anthologie könnte man die folgenden Gedichte nennen:

Auf ein Schwert.

Wie die Sonne fliegende Wolken verklärt,
So blitzt durch die Nebel des Staubes dies Schwert;
Im Dunkel ist es ein funkelnder Stern,
Eine Fackel, die leuchtet von fern;
Der Feind flieht zitternd, der es erblickt,
Wer seine Nähe nur ahnt, der erschrickt,
Und die selbst, die es im Traum nur schau'n,
Erfüllt sein Bild mit Schrecken und Grau'n.

---
1) Mattari I, 649 ff.

Auf ein Roß.

Ist es ein Roß, das vorüber mir schoß, doch schnell sich
 in's Weite verlor,
Oder ein blitzgleich zuckendes, flammendes Meteor?
Felsige Pfade begrüßen es froh, wenn hurtig heran es
 schnaubt;
Auf der Stirne das glänzende Mal hat es dem Morgen
 geraubt.
Hört es Geräusch, so erschrickt es und glaubt, der Beraubte
 setze ihm nach,
Doch zu so hastigem Fluge sind des Frühroths Flügel zu
 schwach.
Müde bleiben die Sterne zurück, wenn es den Lauf be-
 ginnt,
Und nicht holen die Wolken es ein, jagen sie noch so
 geschwind.
Frage die Winde, wo seines Lauf's äußerste Gränzen sei'n;
Antwort weiß dir nicht Einer darauf, als nur die Winde
 allein.

Inschrift eines Bogens.

Wenn Staub sich über dem Schlachtfeld ballt
Und von Reihen zu Reih'n die Zerstörung wallt,
Wenn wüthend sich Heer mit Heer bekriegt
Und über ihr Haupt der Tod hinfliegt,
Dann schleuder' ich auf den kämpfenden Feind
Den Untergang, noch eh er es meint.
Als Halbmond leucht' ich dem Felde der Schlacht
Und es blitzt mein Pfeil wie die Sterne der Nacht.[1]

---
[1] Grangeret 185. 186. 187.

Auf ein Venusbild, das in Sevilla ausgegraben wurde.

Sieh dieses Weibes Marmorbild mit allen Reizen
prangen!
Wie weiß sie ist! welch ros'ges Licht spielt sanft um
ihre Wangen!
Ein Söhnchen hat sie, und doch ließ sie nimmerdar
geschehen,
Daß ihr ein Mann zu nahe kam, noch litt sie jemals
Wehen.
Wir wissen, daß sie Stein nur ist; doch wenn wir sie
betrachten
Macht sie zu ihren Sklaven uns durch ihrer Blicke
Schmachten.[1]

An einen Jüngling, der in der Schlacht von Zalaka tapfer gekämpft hatte.

Dein schwarzes Roß, o junger Mann, sah ich im Kampf-
getümmel
Umsaust von Lanzen, und verglich es mit dem nächt'gen
Himmel;
Doch leuchtend strahlte, wie der Mond durch dunkler
Wolken Risse,
Dein schönes Antlitz und vor ihm entflohn die Finster-
nisse.[2]

---

[1] Makkari I, 350.
[2] Scriptor. loc. de Abbadidis I.

Wie lieblich und zart empfunden ist folgendes Gedichtchen auf einen Sklaven aus Sevilla, der in Murcia gefangen war:

    Tief ist sein Schmerz; er weint und klagt,
    Und Keiner kann den Gram ihm stillen;
    Die Thränen hemmen will er wohl,
    Allein sie strömen wider Willen.
    Der du ihn kränkst, hab Mitleid doch!
    Umsonst nach Freiheit seufzt der Knabe,
    Tod ist ihm jeder Augenblick
    Und Ruhe wird ihm erst im Grabe.
    Beim Weh'n der Winde springt er auf
    Und schlürft den Duft von ihren Schwingen
    Und fragt verliebt, ob Kunde sie
    Ihm von Sevilla's Fluren bringen.
    Wie oft hat weinend er die Taube
    Nicht angefleht, vor Kummer matt,
    Daß ihre Flügel sie ihm leihe
    Zur Flucht nach der geliebten Stadt![1])

Von Al Homaidi sind die Verse:

    Von meiner Heimat fern zu leben
    Hab' ich mich lange schon gewöhnt;
    Ich sehne mich nach stetem Wandern,
    Wie sich ein Andrer heimwärts sehnt.
    Nicht kann ich all die Freunde zählen,
    Zerstreut mir in der weiten Welt,

---

1) Makkari I, 664.

Und zählen nicht die Stätten alle,
Auf denen schon ich schlug mein Zelt.
  Wenn ich bis an den Sonnenaufgang
Und bis zum Untergange dann
Die Welt durchstreift, wohl find' ich endlich
Ein Grab, in dem ich ruhen kann.¹)

Als Proben der gnomischen und Spruch=Poesie mögen dienen:

1.

Nach seinem Tode noch lebt der Gelehrte,
Wenngleich sein Leib zum Staube wiederkehrte;
Todt aber ist, ob noch so lang er lebt,
Der Ignorant schon eh man ihn begräbt.²)

2.

Die ihr nach Erdengütern trachtet, wißt,
Daß eurem Schatten gleich ihr Wesen ist;
Verfolgt sie — und ihr könnt sie nicht erreichen.
Flieht sie — sie werden nimmer von euch weichen.³)

3.

Mit Gläsern, voll von Wermut,
Hab' ich die Menschen oft verglichen;
Ihr Mund ist oberflächlich
Mit etwas Honig wohl bestrichen,
Und wer aus ihnen nippt,
Den reizt der Trank, der Süße wegen,

---

1) Makkari I, 535.
2) Ibn Challikan, Art. Ibn Ab=Sid.
3) Ders., Art. Sutaina.

Doch wer sie mehr gekostet,
Der weiß, was sie im Innern hegen.¹)

4.

Aus zwei Theilen besteht das Leben;
Sieh, welch Spiel es mit uns treibt!
Nur ein Traum ist das Vergangne,
Nur ein Wunsch was übrig bleibt.²)

Ibn ul Habbab, sonst ein zärtlicher Liebesdichter, schrieb in einem Moment des Unmuths die Verse:

Wie deine Geliebte dich betrog,
So suche du sie zu betrügen!
Durch Kälte und durch Vergessenheit
Mußt du die Liebe zu ihr besiegen!
Die Mädchen gleichen dem Rosenstrauch
Und wissen so wie er zu beglücken;
Ein Wanderer hat eine Rose gepflückt,
Der nächste wird die zweite pflücken.³)

Ibn Zuhr, der berühmte Arzt (Abenzoar) scherzte über das Grauwerden seiner Haare:

Als in den Spiegel den Blick ich warf,
Nicht wußte mein Auge, wie ihm geschah,
Weil einen Alten, den ich nicht kannte,
Ich statt des Jünglings von ehmals sah.
Wie? — fragt' ich — den gestern ich hier noch erblickt,
Wohin entschwand er? ist er nicht da?

---

1) Ibn Jubair ed. Wright, pag. 19.
2) Makkari I, 79.
3) Dozy, Recherches 101.

Da lachte der Spiegel: hier ist er noch immer,
Du aber willst ihn nicht kennen; ja, ja!
Sonst nannte die schöne Suleima dich Bruder
Und heute sagt sie zu dir: mein Papa!¹)

Derselbe verfaßte folgende Grabschrift für sich selbst:

Steh und erwäge! Eine von den Stätten
Ist dies, wo wir zuletzt uns Alle betten.
Die Erde deckt mein Antlitz nun, als ob
Sie meine Füße nie betreten hätten.
Gar Viele heilt' ich, sie dem Tod entreißend,
Und konnte doch mich selbst vor ihm nicht retten.²)

Derselbe dichtete auf sein Söhnchen die Zeilen:

Ein Kind ist mein, ein allerliebster Knabe,
Bei welchem ich mein Herz gelassen habe.
Ich traure, weil, gebannt aus seiner Nähe,
Ich nicht sein liebes, kleines Antlitz sehe.
Ihm gilt mein Sehnsuchtdrang, wie mir der seine,
Er weint nach mir, so wie nach ihm ich weine,
Und müd' sind unsre Wünsche durch das Wandern,
Das Ewige, vom Einen zu dem Andern.³)

Eine lange, in Leiden zugebrachte Nacht schildert Ibn As=Sid:

Das schwarze Lockenhaar der Nacht
Ward altergrau, so wie das meine

---

1), 2) u. 3) Ibn Challikan, Art. Ibn Zuhr.

Und gleicht, am Himmel ausgespannt,
Dem lilienüberſäten Raine;
In dieſer einen haben ſich
Vereint die ſieben Wochennächte,
Und keinem Tag dazwiſchen ward
Verſtattet, daß er Helle brächte.¹)

Ibn Badſche (von den Chriſten Avempace genannt) ſagte mit Bezug auf ſein nahes Lebensende:
Zu meiner Seele ſprach ich, als ſie vor ſich ſah den Tod
Und bald nach rechts, bald linkshin floh: Steh! höre mein Gebet!
Dem Uebel, das du fürchteſt, halt, du Feigling, jetzo Stand;
Haſt du den Tod nicht oft erſehnt als Zuflucht gegen Noth?

Abu Amr aus Malaga wurde einſt, als er auf einem Spaziergange in der Umgegend ſeiner Vaterſtadt mit Abd ul Wahab, einem großen Liebhaber der Poeſie, zuſammentraf, von dieſem aufgefordert, ihm ein Gedicht herzuſagen. Er recitirte darauf folgende Verſe:

Sie hat von der Morgenröthe ſich
Geraubt die blühenden Wangen,
Als Darlehn hat ſie vom Irakgeſträuch
Die ſchlanke Geſtalt empfangen.

---

1) Ibn Challikan, Art. Ibn Aſ-Sic.

Sie warf hinweg die Juwelenreih'n
Um besseren Schmuck sich zu küren,
Und legte die Sterne sich um den Hals
Gleich leuchtenden Perlenschnüren.
Zufrieden nicht mit dem Gliederbau,
Dem zierlichen, der Gazelle,
Entwendete sie dem Thierchen noch
Des Auges blitzende Helle.[1]

Als Abd ul Wahab diese Verse hörte, stieß er einen lauten Ruf der Bewunderung aus und sank wie ohnmächtig nieder. Dann wieder zu sich kommend, sprach er: Verzeih, Freund! Zwei Dinge gibt es, die mich außer mich bringen, so daß ich meiner selbst nicht mehr mächtig bin: der Anblick eines schönen Gesichts und das Anhören ächter Poesie.[2]

Der Chalife Abdurrahman III. sollte wegen Unwohlseins zur Ader gelassen werden. Er saß in dem Pavillon der großen Halle, welche sich auf dem höchsten Punkte von Az-Zahra erhob, und eben wollte der Arzt das Instrument an seinen Arm setzen, als ein Staar hereingeflogen kam, sich auf eine goldene Vase in der Halle niederließ und folgende Verse sprach:

Du, dessen Hand mit der Lanzette
Das Blut des Beherrschers der Gläub'gen vergießt,
Behutsam sei mit der Ader, behutsam,
In der das Leben der Welten fließt!

---

[1] Im Original ist, wie häufig bei den Arabern, von der Schönen im Plural die Rede.
[2] Makkari II, 274.

Der Staar wiederholte diese Worte mehrere Male und Abdurrahman, sehr dadurch erheitert, erkundigte sich unter Ausdrücken der Bewunderung, wer sich dies ausgesonnen und dem Vogel die Verse beigebracht habe. Da erfuhr er, seine Gemahlin Murdschana, Mutter des Thronfolgers Al Hakem, sei die Urheberin des sinnreichen Einfalls. Er belohnte dieselbe durch ein reiches Geschenk für die Erheiterung, die sie ihm verschafft hatte.[1])

Ein junger, bei der Finanzverwaltung in Cordova angestellter Mann wurde vor den allmächtigen Minister Almansur geführt, um sich wegen der Veruntreuung öffentlicher Gelder, deren man ihn beschuldigte, zu verantworten. Als er seine Schuld eingestand, fuhr Almansur ihn an: „O Nichtswürdiger! wie hast du dich erdreisten können, die Gelder des Sultans anzugreifen?" Jener erwiderte: „Das Schicksal ist mächtiger als der gute Wille und die Armut verführt die Treue." Zornig befahl der Minister, daß er in Ketten gelegt und zu strenger Bestrafung in den Kerker geworfen würde, der Schuldige aber rief, als man ihn eben abführte:

Weh! in wie schwerem Unglück ich mich sehe!
Kaum denken läßt es sich; o wehe, wehe!
Nichts ist auf Erden, was mir Rettung schafft;
Bei Allah einzig ist die Macht, die Kraft!

---

1) Makkari I, 232.

Sobald Almanzur diese Worte hörte, befahl er den Schergen, Halt zu machen, und fragte den Gefangenen: „Hast du diese Verse aus dem Gedächtniß hergesagt, oder hast du sie improvisirt?" Auf die Antwort: „ich habe sie improvisirt", gebot der Minister, dem jungen Mann die Ketten abzunehmen; hierauf sprach Letzterer weiter:

Ich weiß, daß du, o Herr, wenn du vergiebst,
Noch eine Huld hinzuzufügen liebst;
Führt Allah den, dem er vergiebt voll Gnade,
Nicht in das Paradies auf lichtem Pfade?

Da befahl Almanzur, den Schuldigen nicht allein in Freiheit zu setzen, sondern auch von seiner weiteren Verfolgung wegen der veruntreuten Summe abzustehen.[1]

Ibn Hudail erzählt: „Eines Tages als ich nach einem Landhause ging, welches ich am Fuße des Gebirges von Cordova in einer der herrlichsten Lagen von der Welt besaß, begegnete ich dem Ibn al Kutija, welcher eben von seiner in der nämlichen Gegend gelegenen Gartenwohnung zurückkehrte. Als er mich erblickte, ritt er auf mich zu und war sehr erfreut, mich zu treffen. In scherzhafter Laune sagte ich zu ihm aus dem Stegereif:

Du Sonne, deren Himmelskreis die Welt ist,
Von wannen kommst du, hochverdienter Mann?

---

[1] Makkari I, 273.

Als er diese Worte hörte, lächelte er und antwortete sogleich:

Von wo in Einsamkeit der Gläub'ge sinnen
Und insgeheim der Sünder sünd'gen kann.

Diese Antwort entzückte mich so, daß ich mich nicht enthalten konnte, seine Hand zu küssen und Gottes Segen auf ihn herabzuflehen; er war überdies mein alter Lehrer und verdiente daher diese Zeichen der Hochachtung."[1])

Ibn Sadeh erzählt: „Ich war eben mit meinem Bruder in Toledo angekommen und wir beide machten dem Scheich Abu Bekr einen Besuch. Als wir bei ihm eintraten, fragte er, von wo wir kämen. Wir erwiderten, von Cordova. Und wann habt ihr es verlassen? fragte er weiter. Erst eben langen wir an, antworteten wir. Da sprach er: tretet näher zu mir heran, damit ich die Luft Cordova's einathme! Und als wir nun dicht vor ihm standen, neigte er sich über mein Haupt und sprach:

O Stadt der Städte, Cordova! du strahlende, du hehre!
Wann kommt die Zeit, daß ich zu dir, zur Heimat wiederkehre?
Mag westlich über dich hinab der Regen reichlich fallen,
Indessen deine Dächer laut dem Donner widerhallen!
Hell dämmern deine Nächte selbst, du rings von Grün
umgebne,
Und Ambradüfte steigen auf aus deiner blüh'nden Ebne.[2])

---

1) Ibn Challikan.   2) Makkari I, 98.

16*

Der Dichter As-Sohaili erhielt die Nachricht, daß seine Vaterstadt Sohail bei Malaga von den Christen zerstört und seine Verwandten getödtet seien. Sogleich brach er dahin auf, und als er dort, wo sein Geburtsort gestanden, nur noch Trümmer fand, sprach er, in den traurigen Anblick versunken:

> Wohin sind all die Edlen nun gegangen,
> Die freundlich mich so oft bei sich empfangen?
> Mich schreckt's, o Heimat, mir so heiß geliebt,
> Daß Antwort Keiner meinem Grüße giebt!
> Zu meinem Ohr tönt nur der Wiederhall,
> Allein nicht Einer theuren Stimme Schall.
> Nur zu den Blättern red' ich, und im Laube,
> Indeß ich weine, klagt die Turteltaube.
> Ach, welche Leiden, Vaterstadt, dich trafen!
> Und Keiner kann das Schicksal dafür strafen.[1]

---

1) Makkari II, 272.

X.

Wer Sevilla auch nur flüchtig betrachtet, muß durch die Fülle und Mannichfaltigkeit der Denkmale überrascht werden, welche verschiedene Völker und Jahrhunderte dieser berühmten, von dem Sprichworte als Weltwunder gepriesenen Stadt hinterlassen haben. Wenn die beiden Säulen der Alameda vieja ihn an die Weltherrschaft der Römer mahnen, rufen ihm die großartige Lonja, das Archiv von Indien und der goldene Thurm am Guadalquivir, an welchem einst die Flotten des neuentdeckten Amerika landeten, den Glanz von Karls V. Universalmonarchie in die Erinnerung. Während die zugleich graziöse und majestätische Giralda auf die Zeiten zurückweist, als der Muezzin von ihrer Höhe den Ruf zum Gebete über die blühende Hauptstadt des Almohadenreiches erschallen ließ, redet dicht daneben die gewaltige Kathedrale von der nun gleichfalls gesunkenen Macht der katholischen Hierarchie. Neben so vielen bedeutungsvollen Monumenten der Vergangenheit aber, welche sich unversehrt bis heute erhalten haben, sucht man vergebens nach anderen, die, wofern wir nicht die Geschichte für ein Märchen halten wollen, einst eben da

gestanden haben müssen. Bis auf die letzten Reste
verschwunden sind die Prachtbauten, mit denen das
glänzende Herrschergeschlecht der Abbadiden seine Re=
sidenz schmückte. Und wie die Zeit die Paläste und
Villen dieser Fürsten nicht geschont hat, so ist auch
die Erinnerung an sie selbst fast erloschen. Dennoch
erhoben die Benu Abbad durch Unternehmungsgeist
und kriegerische Tapferkeit nicht allein ihr Königreich
zu einer Höhe der Macht, welche alle gleichzeitigen
Staaten der Halbinsel überragte, sondern schufen als
Gönner der Wissenschaft und Poesie aus ihrem Hofe
auch einen Sammelplatz von Gelehrten und Dichtern,
dem die glorreichste Periode des Chalifats zu Cordova
kaum einen gleich glänzenden gegenüberzustellen hat.
Ja mehr; ein Mitglied dieser Dynastie, Al Motamid,
nimmt einen der vordersten Plätze unter den arabi=
schen Dichtern ein, wie er denn durch sein wunder=
bares Schicksal und den tragischen Untergang, in wel=
chen er alle die Seinen mit hinabriß, selbst wieder
ein Held der Poesie werden könnte.

Aus der Anarchie, welche dem Sturze der Omaj=
jaden folgte, erhob sich eine Anzahl kleinerer, von
einander unabhängiger, Staaten; Cordova, Badajoz,
Toledo, Granada, Almeria, Malaga, Valencia, Sa=
ragossa, Murcia und andere Städte wurden Sitze
besonderer Dynastien, die sich großentheils gegenseitig
befeindeten. Als die bedeutendste dieser Herrscherfa=
milien ragte bald die der Abbadiden hervor. Der

Stifter derselben, Abul Kasim Muhammed, hatte durch Reichthum und persönliche Fähigkeit schon großen Einfluß in Sevilla erlangt, als er, von rastlosem Ehrgeiz getrieben, bei den rings um ihn tobenden Parteikämpfen den Zeitpunkt für günstig hielt, um sich der Alleinherrschaft zu bemächtigen. Zu diesem Zwecke bediente er sich einer seltsamen List. Zwanzig, von Palaistrevolutionen, Blutvergießen und Kämpfen verschiedener Kronprätendenten erfüllte Jahre waren seit der Zertrümmerung des Chalifats verflossen. Der Tod des letzten Omajjaden Hischam hatte unter geheimnißvollen Umständen Statt gefunden und Raum für den Glauben übrig gelassen, der Chalife habe den wankenden Thron nur geflohen, um in gesicherter Zurückgezogenheit fortzuleben. Plötzlich trat nun, wahrscheinlich auf Instigation unseres Abul Kasim, ein Mensch auf, der sich (ein Seitenstück zu dem falschen Sebastian, Demetrius und Waldemar) für Hischam ausgab. Er behauptete, dem Dolche Suleiman's, der sich nach ihm der Krone bemächtigt, entronnen zu sein und seitdem im Orient gelebt zu haben, von wo er jetzt nach Spanien zurückgekehrt sei. Bald verbreitete sich das Gerücht von der Wiederkunft Hischams, man erzählte sich von seinen Abenteuern, wie er zuerst verkleidet in Cordova durch ein Handwerk seinen Lebensunterhalt erworben, dann das ganze Morgenland, während der Nächte in den Moscheen schlafend, durchirrt habe und nun den Thron

wieder in Besitz nehmen wolle. Abul Kasim wußte
zu veranstalten, daß einige Weiber, welche früher
Cordova bewohnt hatten, die Identität des Betrü=
gers mit dem ehemaligen Chalifen bezeugten, und
rief nun, da er bei einem Theile des Volks Glau=
ben fand, den Pseudo=Hischam zum Herrscher aus,
hielt ihn aber unter irgend welchem Vorwande in den
inneren Gemächern verborgen, indem er selbst in
dessen Namen die Regierung führte.[1])

Schon Abul=Kasim suchte die Gränzen des neuen
Königreichs Sevilla auszudehnen; in viel größerem
Maaße aber setzte nach seinem, im Jahre 1042 er=
folgten Tode sein Sohn die ehrgeizigen Plane des
Vaters fort. Von gewaltiger Körperkraft, scharfem
Verstande und großer Geistesgegenwart, besaß er zu=
gleich seltene literarische Bildung, die er bei Lebzeiten
des Vaters durch eifrige Studien erworben; als aber
der Pfad zur Herrschaft vor ihm geöffnet war, rich=
teten sich bald alle seine Gedanken auf Ein Ziel, die
Vergrößerung seiner Macht. Nicht zufrieden, nur
als Vezir die Regierung zu leiten, ließ er das Kan=
zelgebet, statt im Namen jenes Schein=Monarchen,

---

1) Ibn Challikan. — Loci de Abbadidis ed. Dozy I, 220. Der vorlie=
gende Abschnitt dieser Schrift war schon geschrieben bevor die Geschichte der
Abbadiden=Herrschaft im vierten Bande von Dozy's Histoire des Musulmans
d'Espagne erschien. Was ich über das Leben der drei Fürsten dieses Geschlech=
tes mittheile, ist verschiedenen arabischen Schriftstellern nacherzählt; da es nur
den Rahmen für die einzuschaltenden Gedichte bilden soll, so schien für meinen
Zweck eine kritische Sichtung der einzelnen Berichte nicht nöthig zu sein und
ich muß in dieser Hinsicht auf das ausgezeichnete Werk von Dozy verweisen.

in seinem eigenen verrichten, verkündete, Hischam sei
am Schlagflusse gestorben und nahm als Alleinherr=
scher den Namen Al Motabid Billah (der auf Gott
sich Stützende) an. Jedes Mittel, das ihm zur Be=
friedigung seines Ehrgeizes und zur Erweiterung des
Gebietes von Sevilla verhelfen konnte, schien ihm
gerechtfertigt; wer ihm im Wege stand, wurde durch
List oder Gewalt beseitigt. Die Art, wie er die, an
die seinigen stoßenden, Staaten anderer Fürsten an
sich zu reißen verstand, zeige ein Beispiel unter vie=
len. In Streitigkeiten mit dem Berbern=Häuptling
Ibn Nuh, der in Arcos und Moron herrschte, ver=
wickelt, durchstreifte er einst in Verkleidung die Um=
gebungen des Schlosses von Arcos, wurde aber von
den Dienern seines Gegners erkannt und gefangen
genommen. Man führte ihn vor Ibn Nuh, er mußte
des Schlimmsten gewärtig sein, der Berbernfürst
schenkte ihm jedoch eine überaus freundliche Auf=
nahme und gab ihn sogleich frei. Al Motabid blieb
dieser Großmut eingedenk, bestätigte Ibn Nuh in sei=
ner Herrschaft und schloß auch mit anderen Berber=
häuptlingen, welche die umliegenden Landstriche inne
hatten, Freundschaft. Alle die erwähnten Fürsten beei=
ferten sich, dem mächtigeren Gebieter von Sevilla zu
huldigen. Im Jahre 1043 nun veranstaltete dieser
ein großes Fest und lud seine neuen Freunde dazu
ein. Angeblich um ihnen eine besondere Ehre zu
bezeigen, ließ er sie in einem geheizten Bade=Saal

empfangen; nur Ibn Ruh ward in ein anderes Gemach zu dem Gastgeber geführt. Dann wurden auf Befehl Al Motadids die Thür und die Luftlöcher des Bade-Saals geschlossen und nicht eher wieder geöffnet, als nachdem die Unglücklichen erstickt waren. Auf solche Weise kamen Ronda, Jerez und noch andere feste Plätze in seine Gewalt. Ibn Ruh, den er aus Dankbarkeit verschont hatte, starb auch bald nachher; dessen Sohn und Nachfolger aber, der sich täglich enger von den Truppen des Königs von Sevilla eingeschlossen sah, trat letzterem seine Staaten ab.[1]

Al Motadid führte in seinen Palästen ein schwelgerisches Leben und die Genossen seiner Zechgelage, mit denen er oft ganze Nächte durchschwärmte, brachten ihm dabei den Trinkspruch aus: Viele mögst du tödten! Den Garten nächst seinem Palast ließ er mit den Häuptern der von ihm erschlagenen Feinde schmücken und ergötzte sich an dem Anblick, der Andere mit Entsetzen erfüllte. Nicht minder stolz war er auf ein Schatzkästchen, in welchem er die Schädel der von ihm getödteten Fürsten aufbewahrte. Als später nach dem Sturze der Abbadiden Sevilla in Feindeshand fiel, wurde in seinem Palaste ein Sack gefunden, in dem man Gold und Edelsteine vermuthete, der aber nichts als Todtenköpfe enthielt.[2]

---

[1] Ibn Chaldun, Geschichte der Berbern II, 74.
[2] Loci de Abbadidis I, 243 ff. — Abd ul Wahid 67. — Da die Texte der weiter folgenden Gedichte sämmtlich in den genannten Werken, die des Mo-

Bei so grausamer Gemüthsart war dieser tyrannische Fürst doch nicht nur ein Freund und Gönner der Literatur, sondern auch selbst Dichter von zahlreichen Versen, z. B. folgenden auf die Stadt Renda:

 Als wohlbefestigt nun erkenn' ich dich,
 Die Perle meines Reiches nenn' ich dich,
 O Renda, seit mein siegggewohntes Heer
 Erobert dich mit Lanze, Schwert und Speer,
 Dies Heer, das nimmerdar im Kampfe weicht,
 Bis es des Ruhmes höchsten Kulm erreicht.
 In mir erkennst du deinen Herrn hinfort,
 Als Schutzwehr giltst du mir und fester Hort!
 Ist Dauer meinem Leben nur verlieh'n,
 So soll dem Tode mir kein Feind entflieh'n.
 Wie manches Heer erlag vor mir in Schmach!
 Dem einen stets sandt' ich ein neues nach
 Und legte der Erschlagnen Häupter dann
 Dem Thore meiner Burg als Halsschmuck an.

Andere charakteristische Gedichte von ihm sind noch:

1.

Im Schlaf selbst träum' ich nur von Ruhmesglanz,
Denn hohes Streben füllt das Herz mir ganz;
Selbst wenn mich Krankheit bannt an das Gemach,
Stets bleibt in mir die Ruhmbegierde wach;
Sie quält mich, meine Kräfte schwinden fast,
Weil sie mir Ruhe nicht vergönnt noch Rast.

---

tamis jetzt auch theilweise in der eben zu Paris erschienenen Ausgabe des „goldenen Halsbandes" von Ibn Chakan stehen und leicht zu finden sind, so werden sie hier nicht einzeln citirt.

Indeß am Schlaf sich labt jedweder Kranke,
Verscheucht von meinem Pfühl ihn der Gedanke,
Und mich erweckt, sobald mir Schlummer naht,
Der Ruf: Sei deines Zieles gedenk, Abbad!
Dann wächst der Thatendrang in dem Erwachten,
Er sehnt sich wieder nach der Lust der Schlachten.

2.

Gesprächig macht der Wein und froh, bei meinem Leben
    schwör' ich das!
Den Zechgenossen mag ich gern Bescheid thun in dem sü-
    ßen Naß.
Der Arbeit sei das Leben halb und halb gewidmet sei's
    dem Ruh'n;
Gemüht hab' ich am Morgen mich, froh will ich sein am
    Abend nun;
Der Freude und dem Scherz gehört die Zeit, wenn sich
    die Sonne neigt,
Die Sorge für das Reich beginnt von Neuem, wenn sie
    wieder steigt,
Und, trink' ich auch in vollem Zug, des Ruhms doch denk'
    ich immerdar;
An mich und meine Thaten soll man noch gedenken man-
    ches Jahr.

Ein tragisches Ereigniß in der Familie Al Motadids darf an ähnliche Vorgänge an den Höfen Philipps II., Cosmo's I. von Medici und Peters des Großen erinnern. Schon seit längerer Zeit hatten heftige Zerwürfnisse zwischen dem Könige und seinem

ältesten Sohne Ismail bestanden. Ein Empörungs=
versuch des letzteren, der in der außerordentlichen
Härte des Vaters einige Entschuldigung finden konnte,
war vereitelt und durch die Hinrichtung seiner Mit=
verschwornen bestraft worden. Da drang Ismail,
für sich selbst das Aeußerste fürchtend, von verzweif=
lungsvoller Wut getrieben, bei Nacht in den Palast.
Er glaubte den Motabid schlafend zu finden und war
entschlossen, ihn umzubringen, aber unerwartet trat
ihm dieser an der Spitze seiner Krieger entgegen.
Ismail ergriff die Flucht, wurde jedoch eingeholt und
in den Palast zurückgeführt. Der Vater, außer sich
vor Ingrimm, ließ ihn in eines der innersten Ge=
mächer führen, entfernte alle Zeugen und tödtete ihn
dort mit eigener Hand. Al Motabid soll diese That
später schwer bereut haben und sie breitete einen dü=
steren Schatten über sein ferneres Leben. Auf seiner
Herrscher= und Siegerlaufbahn, die er mit immer
wachsendem Erfolge fortsetzte, ward er plötzlich von
einem heftigen Krankheitsanfalle gehemmt. Als er
die Gefahr seines Zustandes erkannte, ließ er einen
Sicilianischen Sänger rufen, um ein Omen aus den
Worten zu ziehen, mit denen dieser beginnen würde.
Der Sänger hub an:

Auf! tödtet die Zeit! Getödtet von ihr einst müssen zu
    Boden wir sinken;
Mischt denn mit dem Naß der Wolken den Wein und
    gebt uns zu trinken, zu trinken!

Diese Verse galten dem König als eine schlechte Vorbedeutung, und er lebte in der That nur noch fünf Tage.

Sein Sohn Al Motamid, der im Jahre 1069 den Thron bestieg, verband mit den Herrschergaben des Vaters eine viel edlere Sinnesart und ein ungleich größeres poetisches Talent. Einen Theil seiner Jugend hatte er in der Stadt Silves verlebt, für welche und den reizenden von ihm bewohnten Palast Serabschib er immer eine freundliche Erinnerung bewahrte. Mit Beziehung auf diesen Aufenthalt dichtete er später die Verse:

O grüße, Freund, mein Silves mir und frage seine Fluren,
Ob sie der Freundschaft noch gedenk, die wir einander schwuren!
Auch meinem Liebling, dem Palast Serabschib, bringe Grüße;
Die Zeit, die ich in ihm verlebt, vergeß' ich nie, die süße.
Noch seine Schönen, lauschend durch des Harems Vorhangfalten,
Noch seine Marmorlöwen, die das Brunnenbecken halten!
Wie manche Nacht verbracht' ich dort, umhaucht von milden Lüften,
Mit einem Mädchen, schlank von Wuchs und üppigweich von Hüften!
Um meine Seele warfen dort holdseel'ge Frau'n die Loose,

Denn tödtlich war ihr Blick, wie Schwert und Speer
im Kampfgetose!
Wie oft mit einer blühnden Maid, an deren Arm die
Spange
Hell schimmerte, als ob an ihm die Mondessichel hange,
Spielt' ich bei Nacht am Strome dort, bald Küsse mit
ihr tauschend,
Bald aus dem Becher Weines mich, den sie mir bot,
berauschend.
Zur Zither sang sie mir ein Lied in unsres Küssens
Pausen,
Hoch schlug mein Herz dabei, als hört' im Kampf ich
Lanzen sausen;
Und o der Lust, wenn sie zuletzt, wie aus der Knospen-
hülle
Die Blüthen brechen, vor mir stand in weicher Glie-
der Fülle!

Sein, mehr den Freuden und Genüssen des Frie=
dens als dem Waffenwerke zugethaner, Sinn war
schon bei Lebzeiten des Vaters hervorgetreten, als ihn
dieser gegen Malaga ins Feld gesandt. Sorglos mit
seinen Genossen sich beim Zechen ergötzend, hatte er
sich von den Feinden überfallen lassen und unter
Verlust eines großen Theiles seiner Krieger nur mit
Mühe nach Ronda entkommen können. Heftig hier=
über erzürnt, ließ der Vater ihn einkerkern, ja drohte
ihm mit der Hinrichtung; nach und nach aber gelang
es den Gedichten, die der Sohn an ihn richtete, die=

sen Zorn zu besänftigen. Al Motamid klagte in ihnen:

Nichts mehr schafft mir ferner Freude, was mir ehedem gefiel,
Nicht der frohe Klang der Becher, noch der Zither Saitenspiel;
Für der Mädchen Liebesblicke, ihr Verschämtthun, ihrer Scherz,
Die mich ehmals wohl ergötzten, ist verschlossen mir das Herz;
Aber glaub drum nicht, in dumpfer Andacht sei erstickt mein Mut,
Nein, ich schwör's, in meinen Adern strömt noch feur'ges Jugendblut,
Doch das Einz'ge, was mir Freude schaffen könnte, ja der Wein,
Der mir alle Schmerzen stillte, Vater, wäre dein Verzeih'n!
Und ein Zweites noch ersehn' ich: in der Feinde dichten Schwarm
Einzudringen, während ringshin ihre Häupter mäht mein Arm.

Weiter suchte er das Herz des Vaters durch den Preis seiner hohen Thaten zu gewinnen:

O wie viele hehre Siege, Vater, hast du nicht erkämpft,
Deren Ruhmeskunde keine, auch die späteste Zeit nicht dämpft!
In der Erde fernste Länder trägt der Caravanen Zug

Fort und fort den Ruf der Schlachten, die dein Arm,
der mächt'ge, schlug,
Und von deinem Thun erzählen, wenn sie bei des Mon=
des Schein
In der Wüste sich versammeln, die Beduinen sich allein.

So fand denn zuletzt die Versöhnung zwischen Vater und Sohn Statt. Auch zeigte letzterer später mehr kriegerischen Sinn und vergrößerte, als er zur Regierung gekommen war, sein Reich durch die Er= oberung von Cordova.

„Al Motamid, sagt ein arabischer Schriftsteller, war der freigebigste, gastfreundlichste, großmütbigste und mächtigste unter allen Fürsten Spaniens und sein Hof der Rastort der Reisenden, der Sammelplatz der Talente, der Punkt, auf welchen sich alle Hoffnungen richteten, so daß am Hofe keines anderen Herrschers jener Zeit gleich viele hervorragende Dichter und Ge= lehrte zusammenströmten." [1]) In den Palästen und Lustschlössern Al Mubarak, Al Mukarram, Az Zoraya, Az Zahi und noch anderen fand er einen, nach den verschiedenen Jahreszeiten wechselnden reizenden Auf= enthalt und schwelgte am Rande zierlicher Wasser= becken, wie sie das unentbehrliche Zubehör arabischer Schlösser ausmachen, beim Gemurmel der Spring= brunnen, die sich aus dem Rachen silberner Elephan= ten oder steinerner Löwen ergossen, in Genüssen der

---

1) Ibn Chaltikan.

Liebe und Poesie. Gleich ihm war auch seine Gemahlin Itimad wegen ihrer Begabung für Poesie berühmt. Die Weise, wie er mit ihr bekannt wurde, trägt einen romanhaften Charakter. Er pflegte mit seinem Vezir Ibn Ammar verkleidet nach einem Vergnügungsorte der Sevillaner, welcher die Silberwiese hieß, zu lustwandeln. Eines Abends, als sie dort längs des Guadalquivir gingen, wehte der Wind und ringelte die Wellen des Flusses. Da sprach Al Motamid zu Ibn Ammar:

In einen Ringelpanzer, sieh! verwandelte der Wind das Naß.

Improvisire du den folgenden Vers!

Ibn Ammar entschuldigte sich, daß er das Distichon nicht vollenden könne; auf einmal sprach ein, sich eben in der Nähe befindendes Weib:

Wär' es gefroren, o fürwahr! ein schöner Panzer wäre das!

Al Motamid erstaunte im hohen Grade, den berühmten Ibn Ammar an Improvisationstalent von einer Frau übertroffen zu sehen, blickte nach ihr um, ward von ihrer Schönheit überrascht und verliebte sich in sie. Er kehrte in seinen Palast zurück, nachdem er einem Eunuchen aufgetragen, sie zu ihm zu führen. Da sich nun bei erneuertem Sehen der erste Eindruck wiederholte und er von ihr erfuhr, sie sei unverheirathet, vermählte er sich mit ihr und hatte sie fortan zur treuen Gefährtin in Glück wie Unglück.

Sie war liebenswürdig, geistvoll, höchst lebendig in
der Unterhaltung, aber auch voll von Launen, durch
die sie ihrem Gemahl viel zu schaffen machte. Eines
Tages sah sie draußen Weiber aus dem Volke mit
nackten Füßen Lehm treten, aus welchem Ziegeln ge=
formt werden sollten; und, plötzlich von einem selt=
samen Begehren erfaßt, drückte sie den lebhaften
Wunsch aus, zu den Weibern hinabzusteigen, um ein
Gleiches zu thun. Da ließ Motamid duftende Spe=
zereien zerreiben und auf den Boden des Saales
streuen, so daß sie ihn ganz bedeckten; man goß Ro=
senwasser darauf und mengte dann das Ganze durch=
einander, so daß es eine Art von Lehm bildete. Be=
haglich watete nun Itimad in diesem Schlamme von
Myrrhen, Ingwer, Zimmet und Moschus. Einst
später, als ihr Gemahl einen Streit mit ihr hatte,
betheuerte sie, ihr sei niemals etwas Gutes von ihm
widerfahren; er aber fragte: auch nicht am Tage des
Schlammes? Hierauf schämte sie sich und bat ihn
um Verzeihung.

Die erste Periode von Al Motamids Regierung,
als er im behaglichen Genusse seiner Macht und der
ihm verliehenen Glücksgüter schwelgte, hat den ara=
bischen Geschichtschreibern des Westens fast so vielen
Stoff zu Anekdoten gegeben, wie das Leben Harun
ar Raschids denen des Ostens.

Gleich dem Chalifen von Bagdad liebte es der
König von Sevilla, bei Nacht mit seinem Vezir die

Straßen seiner Hauptstadt zu durchstreifen. Einst, da er an der Thür eines, durch seine Schnurren und Späße berühmten, Scheichs vorüberkam, schlug er seinem Begleiter vor, sie wollten an die Thür des närrischen Alten anklopfen, da werde es etwas zu lachen geben. Gesagt, gethan, sie klopften. Von innen ward gerufen: wer da? Al Motamid antwortete: Ein Mensch, welcher wünscht, daß du ihm diese Lampe anzündest. — Bei Allah! sagte der Alte, wenn Al Motamid selbst zu dieser Stunde an meine Thür klopfte, ich würde ihm nicht öffnen. — Wohl, sprach Jener, ich bin Al Motamid. — Mit tausend Ohrfeigen geohrfeigt! rief der Alte. — Diese Worte machten den König so unmäßig lachen, daß er zur Erde fiel; dann sagte er zu dem Vezir: Laß uns gehen, sonst wird es mit den Ohrfeigen Ernst. Sie gingen und am folgenden Tage sandte er dem Scheich tausend Dirhems, indem er ihm sagen ließ, das sei die Bezahlung für die Ohrfeigen von gestern.

Die Umgegend Sevilla's ward durch einen, unter dem Namen des grauen Falken bekannten Räuber unsicher gemacht, von dessen Diebereien die seltsamsten Dinge erzählt wurden. Es kam so weit, daß er noch stahl, während er an das Kreuz geheftet war. Der König hatte den Befehl gegeben, man solle ihn an einem Platze kreuzigen, wo die Landleute vorüberzugehen pflegten, damit diese ihn sähen. Als er nun an dem Kreuze hing, kamen seine Frau und seine

Töchter heran und weinten um ihn her, daß er sie
so allein und hülflos zurücklasse. Unterdessen ritt ein
Bauer auf einem Maulthier vorüber, das mit einem
Pack Kleider und anderen Sachen beladen war. Da
rief der Dieb ihm zu: „Sieh, in welchem Zustande
ich mich befinde und thu mir einen Gefallen, der dir
zugleich großen Nutzen bringen wird!" Von dem
Bauer gefragt, was er meine, erwiderte er: „Siehst
du den Brunnen dort? Als die Gerichtsdiener mich
packten, habe ich hundert Goldstücke da hineingewor=
fen; du kannst sie leicht herausholen; meine Frau und
meine Töchter sollen dein Maulthier halten, während
du hinuntersteigst." — Der Bauer nahm einen Strick
und ließ sich in den Brunnen hinab, nachdem er sich
die Hälfte des Geldes hatte versprechen lassen. Als
er nun in der Tiefe war, schnitt die Frau des Die=
bes den Strick ab, nahm mit ihren Töchtern die Klei=
der und anderen Sachen von dem Maulthier und
entfloh damit; der Bauer fing unten an zu schreien,
es war aber gerade die ärgste Mittagshitze, Niemand
der ihn hören oder ihm helfen konnte, ging vorüber
und so entkamen Jene glücklich. Endlich erschienen
Leute, die den Bauern unten jammern hörten und
ihn heraufzogen. Sie fragten ihn, was mit ihm
vorgegangen, und er sagte: „dieser Gauner, dieser
durchtriebene Kerl hat mich überlistet, so daß meine
Kleider und anderen Sachen mir von seiner Frau
und seinen Töchtern geraubt worden sind." — Al

Motamid, dem diese Geschichte hinterbracht wurde, erstaunte darüber, befahl, daß der Dieb vom Kreuze genommen und zu ihm geführt würde, und fragte ihn, wie es ihm möglich gewesen, noch an der Schwelle des Todes einen solchen Streich auszuführen. Da sprach Jener: „O Herr, hättest du einen Begriff von der überschwänglichen Freude, welche mir das Stehlen macht, so würdest du dein Königthum lassen, um dich ihm hinzugeben." — Al Motamid verwies ihm lachend diesen strafbaren Hang und fuhr fort: „Wenn ich dir nun die Freiheit schenke und dir eine Stelle gebe, welche zu deinem Lebensunterhalt genügt, willst du dich dann bessern und dein schändliches Gewerbe aufgeben?" — „O Gebieter, erwiderte der Dieb, wie sollte ich das nicht thun, da ich mich so vom Tode retten kann?" — Sodann nahm ihn der König in Pflicht und gab ihm eine Stelle als Schaarwächter von Sevilla.

Al Motamid hörte eines Tages einen Sänger die Verse singen:

>Sie steht in ihrem Laden und beut
>Aus ihrem Schlauche den Gästen Wein;
>Mit festem Golde bezahlen wir sie
>Und sie schenkt flüssiges Gold uns ein.

Sogleich fügte er selbst aus dem Stegreif die folgenden hinzu:

>Ich sagte zu ihr: sei meiner gedenk
>Und nimm von mir dies Juwel als Geschenk!

Da gab sie Antwort: und du dafür
Nimm eine strauchelnde Ehre von mir.

Ein anderes Mal machte er mit seinen Freunden einen Ritt, um sich vor den Thoren von Sevilla zu ergötzen. Als sie außerhalb der Stadt waren, trieben sie die Rosse an und Jeder suchte dem Andern voranzueilen. Motamid, der vorderste von allen, sprengte zwischen Gärten weiter und bemerkte einen, ganz mit reifen Früchten überdeckten, Feigenbaum. Eine große schwarze Feige zog seine Aufmerksamkeit auf sich und er schlug im Vorüberstrengen mit einem Stocke nach ihr, aber sie blieb fest an dem Zweige hängen. Da wendete sich Motamid zurück und sprach, indem er auf die Feige deutete, zu demjenigen seiner Gefährten, der eben heransprengte: „mache du den folgenden Vers!"

Sie hängt an dem Zweige, dichtbelaubt,
Jener antwortete sogleich:
Wie eines rebellischen Negers Haupt.[1]
Die Schlagfertigkeit dieser Antwort machte dem Motamid große Freude und er belohnte sie durch ein reiches Geschenk.

Einst hörte er Verse recitiren, in denen es hieß, die Treue sei etwas Fabelhaftes geworden, wie der Greif oder wie das Märchen von dem Dichter, der tausend Goldstücke empfangen habe. Von wem sind

---

[1] Im Arabischen ist hier ein unübersetzbares Wortspiel.

diese Verse? fragte er. — Von Abd ul Dschalil, war die Antwort. — Ist es möglich? — rief er dann — einer meiner Diener, ein guter Dichter kann ein Geschenk von tausend Goldstücken als etwas Fabelhaftes betrachten? und sogleich sandte er dem Abd ul Dschalil die erwähnte Summe.

Eine Reihe improvisirter Verse Al Motamids, welche seine Biographen mit Berichten über die näheren Umstände ihrer Entstehung begleitet haben, lehrt ihn uns als Dichter während der früheren glücklichen Periode seines Lebens kennen. Diesen Versen fehlt es zum Theil nicht an Anmut, aber die höhere poetische Weihe sollte dem Dichter erst das Unglück ertheilen:[1])

1.

"In einer schönen Sommernacht hatte Al Motamid einen Kreis von vertrauten Edlen und Sängerinnen in dem Garten seines Palastes um sich versammelt; die weiche Luft umhauchte die Gäste wie ein Liebesgedicht, Lampenschimmer überstrahlte den Silberglanz der rieselnden Bäche, und lieblich ertönte das Saitenspiel, während der Vollmondschein sich an die Säulen der Schloßhöfe schmiegte und über das Laubgrün des Gartens hinzitterte. Da sprach der König:

---

1) Bei den Einleitungen ist der überflutende Wortschwall des arabischen Textes beträchtlich ermäßigt worden.

Um das Grau'n der Nacht zu scheuchen, die am Him-
　　　　　　　　　　　mel ihren dunkeln
Schleier ausgebreitet hatte, ließ ich Wein im Becher
　　　　　　　　　　　funkeln;
Da im Sternbild des Orion stieg der Mond empor und
　　　　　　　　　　　prangte
Wie ein Fürst, wenn er zum höchsten Gipfel seines
　　　　　　　　　　　Ruhms gelangte;
Ja es schien, er wandle einsam auf dem Lustpfad und
　　　　　　　　　　　es diene
Ueberm Haupte der Orion ihm zum leichten Balda-
　　　　　　　　　　　chine.
Nach und nach im Kreis erheben glorreich sich im Strah-
　　　　　　　　　　　lenglanze
Um ihn her die andern Sterne; wie ein Heer mit Schwert
　　　　　　　　　　　und Lanze
Um den Führer, also kreisten sie um ihn auf lichten
　　　　　　　　　　　Pfaden
Und als Bannerträger schwangen seine Fahne die Ple-
　　　　　　　　　　　jaden.
Ihm auf Erden gleich' ich, sei es, daß mein Kriegsheer
　　　　　　　　　　　mich umringe,
Sei es, daß die Mädchenschaar mir Wein kredenze, Lie-
　　　　　　　　　　　der singe;
Ihre Lockenhaare breiten Nacht um mich, doch helle
　　　　　　　　　　　Strahlen
Wirft der Traubensaft dazwischen, wie er schäumt in
　　　　　　　　　　　den Pokalen!
Laßt denn, während bei der Schönen Sang die Lauten-
　　　　　　　　　　　saiten beben,

Laßt uns fleißig zechen, Freunde, von dem süßen Naß
der Reben.

2.

Morgenscene im Palaste Mozainija. „Der Garten wetteiferte an Glanz mit den schimmernden Gemächern, schon hatten die Vögel ihr fröhliches Gezwitscher begonnen und die Blumen vertrauten dem mit ihren Kelchen kosenden Ostwinde ihre Liebesgeheimnisse. Vor dem König stand ein Page, dessen Antlitz wie Morgenröthe leuchtete und der von Geschmeide blitzte, als hätte er sich mit dem Halsbande der Plejaden geschmückt; sich sanft wie ein schwanker Zweig verbeugend, bot er dem König ein mit Wein gefülltes Krystallglas und dieser improvisirte:

Wie schön nicht steht, mit funkelndem Getränke
Den Becher füllend, vor mir da der Schenke!
Ein Wunder ist was er mir beut, der holde,
Ein Eiskrystall voll von geschmolznem Golde!"

3.

Einer von Al Motamids Vertrauten erzählt, er sei in einer schönen Vollmondnacht in den Garten des Palastes getreten. Dort erblickte er den König, an einem Teiche stehend, in dessen klaren Wellen sich die Sterne spiegelten, so daß das Wasserbecken in einen Garten voll Himmelsblüthen umgewandelt schien. In der Flut ruhte, wie ein Strom dahin=

gegossen, die Milchstraße, Ambraduft wehte durch die
Lüfte, leise bewegten sich die Schatten der Myrthen
und der Nachtwind, zwischen den Blüthen wandelnd,
belauschte die reizenden Geheimnisse des Gartens,
deren Kunde er dann weiter trug. Al Motamid
aber heftete die Blicke trauernd auf den Boden und
seine Seufzer verkündeten den Gram seines Herzens.
Zuletzt brach er, die Trennung von seiner Geliebten
beklagend, in die Worte aus:

O Herz! gib nicht zu sehr dich hin dem Trauern,
Sonst wirst du nicht dies Leiden überdauern!
Schwer hat mein Mädchen sich an mir verschuldet!
Vor Gram, den meine Seele um sie duldet,
Flieht mich der Schlaf und nie mehr thaut der Friede
Herab zu meinem wunden Augenliede.

4.

"An einem schönen Tage befanden sich Ibn Si=
radsch und andere Bezire und Kämmerlinge in Az=
Zahra, jenem ehemals so glänzenden Lustsitze der Cha=
lifen von Cordova, wo sie, vom Frühlingsregen der
Wonne bethaut, sich von einem Kiost in den ande=
ren begaben und die Becher kreisen ließen. Zuletzt
machten sie in einem Garten Halt, der von dem, mit
Blumen gestickten, mit Bächen gestreiften, Grün des
Frühlings wie von Teppichen überdeckt war. Ueber
ihnen schwankten, vom Winde bewegt, die Zweige
der Bäume und die Ruinen des Palastes hingen

trauernd auf sie herab. Der Verfall dieses Prachtbaus schien dessen ehemalige Herrlichkeit zu verhöhnen und Raben krächzten in dem Gemäuer; denn die Wandlungen des Schicksals hatten den Glanz des Palastes zerstört und den labenden Schatten, den er sonst verbreitet, hinweggenommen; lange war jene Zeit verschwunden, wo ihn die Chalifen durch ihre Gegenwart erleuchtet, seiner Gärten Blüthenflor gemehrt und durch den strömenden Regen ihrer Großmut die Wolken beschämt hatten; die Verwüstung hatte ihren Mantel über ihn hingebreitet und in Trümmer lagen seine Zinnen und Kuppeln. Während nun Jene dort sich aus ihren Bechern und Kelchgläsern gegenseitig Wein zutranken, kam zu ihnen ein Bote des Motamid und übergab ihnen einen Brief, welcher folgende Zeilen enthielt:

Mit Recht um euerthalb beneidet mein Palast
Das Schloß Az-Zahra heut, in dem ihr seid zu Gast.
Am Morgen seid ihr dort als Sonnen aufgegangen;
Kommt Abends denn zu mir, als Monde hier zu prangen!

„Da begaben sie sich in den Palast des Gartens (Kaßr ul Bostan), welcher nahe bei dem Thor der Wohlgeruchhändler lag und hielten dort ein glänzendes Gelage, das von Spielen und Tänzen verschönert, von den Sternen der königlichen Gegenwart erleuchtet wurde, während Sklaven fort und fort emsig die Gäste bedienten."

5.

"Abul-Asbag wurde von dem Könige von Almeria als Gesandter an Al Motamid geschickt. In Sevilla waren große Festlichkeiten zu seinem Empfange vorbereitet; von seinem letzten Nachtquartier aus meldete er sein und seines Gefolges baldiges Erscheinen in folgenden Versen an Al Motamid:

Du, unter dessen Mantel, mächt'ger Herr,
Die Völker, Schutz zu suchen, sich versammeln!
Erhabner König, dem die Araber,
Und die Barbaren selbst, Verehrung stammeln,
Hier, nah der Stadt, wo deine Hoheit thront,
Hat nächt'ges Dunkel sich um uns gebreitet;
Du aber schwebst vor unserm Blick als Mond,
Deß lichter Strahl uns zu dem Ziele leitet!

Al Motamid antwortete ihnen sofort:

Heil sei mit euch und alles Glück mag auf euch nieder-
schauern,
Wenn ich euch selbst, kein Traumbild bloß, begrüß' in
meinen Mauern!
Brecht schleunig auf, und daß die Nacht euch finster nicht
bedeuchte;
Die Freudenbotschaft, die ihr bringt, schwebt ja vor euch
als Leuchte!
Ihr Trefflichen! die Weisheit träuft von eurem Schrei-
berohre,
Aus euerm Mund die Worte sind ein Labsal jedem Ohre;

Belehrungsreich ist eur Gespräch, gerecht eur Rechtser-
kenntniß,
Und eurer Schriften tiefer Sinn zu tief nicht dem Ver-
ständniß.
Komm, Abul Asbag, denn zu mir! mit frohem, offnem
Sinne
Empfang' ich dich und hoffe, daß ich dich zum Freund
gewinne!
Bei jedem Schritt, den näher euch die rüstigen Ka-
meele
Zu meinem Schlosse führen, bebt vor Freuden meine
Seele;
Noch' diese Nacht will ich den Schmerz, daß ihr mir
fern seid, tragen,
Doch froh alsdann das Morgenroth nach eurer Ankunft
fragen.

6.

Für eine seiner lieblichsten und zierlichsten Gase-
len erklärt sein arabischer Biograph die folgende:

Seit du fern mir bist, Geliebte,
Leb' ich trauernd und in Bangen;
Trunken bin ich, doch von Wein nicht,
Nein von Sehnsucht und Verlangen.
 Meine beiden Arme möchten
Gerne deinen Leib umfahn,
Diese Lippen gern an deinem
Mund in heißem Kusse hangen.

Meine Augenlieder thaten
Sich den Schwur, sich nicht zu schließen,
Ehe nicht dein Antlitz leuchtend
Ihnen wieder aufgegangen.
 Kehr denn heim und bringe mit dir
 Mein verlor'nes Glück zurück!
Glaub, für immer ist in deinen
Banden mir das Herz gefangen!

7.

An seinen Vezir Ibn Labbana, indem er ihm Wein in einem Krystallglase sandte:

Nacht ist's, doch rings verbreitet Tagesschein
In seinem Kleide von Krystall der Wein,
Bald glaubst du, in des Bechers Höhle walle
Ein glüh'nder Strom geschmolzener Metalle,
Bald fragst du dich, wenn du in ihm das helle
Geperle siehst, ob eine Bergesquelle,
Ob nicht das Sternenheer der Himmelsräume,
Herabgeträuft, in seiner Wölbung schäume.

8.

Auf die nächtliche Traumerscheinung der Geliebten.

Als Nachts ihr Traumbild mir erschien, da neigt' ich
   voll Verlangen
Mich zur Granatfrucht ihrer Brust, zur Rose ihrer
   Wangen.

Sie hätte zu dem Wachenden als Wachende sich gerne
Gesellt: doch zwischen Beiden lag der Schleier weiter
        Ferne.
Ach! möchten Andre, und nicht wir, der Trennung
        Schmerzen tragen,
Ach, hätte anderswo der Gram sein Lager aufgeschlagen.
Auf sie jedoch, die Gärten gleicht voll duft'ger Blüth'
        und Ranke,
Auf die Gazellenäugige, wie junge Zweige schlanke,
O daß der Himmel Huld auf sie und Segensfülle häufte,
So wie sie auf mein brennend Herz den Thau der
        Küsse träufte!

9.

An den Vezir Abul Hassan Ibn ul Jasa, als dieser ihm einen Strauß Narcissen gesandt hatte:

Mir kam dein Strauß in später Nachtzeitstunde;
Ihn zu begrüßen, ließ ich in der Runde
Die Becher schneller kreisen. Leuchtend zogen
Die Sterne über uns am Himmelsbogen,
Und, von dem Wein, dem Seelennährer, trinkend,
An eines schönen Mädchens Busen sinkend,
Berauscht' ich mich an doppelten Genüssen,
Am Saft der Trauben und an ihren Küssen.
Doch wie ein Andrer zu dem Rebenmost,
Confekt und Zucker nippt als Zwischenkost,
So diente, theurer Freund, mir der Gedanke
An dich als süße Zukost zu dem Tranke!

Den ersten Schatten auf das Glück Al Motamids warf der tragische Tod seines Sohnes Abbad. Er hatte, nach seiner Besitznahme von Cordova, diesen zum Statthalter daselbst ernannt; bald aber mußte der neue Machthaber einen Angriff von Ibn Okascha bestehen, einem gebornen Cordovesen, der in die Dienste des Königs von Toledo getreten war und für diesen sich Cordova's zu bemächtigen trachtete. Abbad suchte schnell sein Heer zu sammeln, aber vermochte den plötzlichen nächtlichen Ueberfall nicht zurückzuschlagen; er fiel im Kampfe, sein Haupt ward vom Rumpfe getrennt und an den König von Toledo gesandt.[1]) Der Vater, der gerade diesen Sohn auf das zärtlichste geliebt, wurde bei dieser Nachricht von wahnsinnigem Schmerze erfaßt. Zum Rachezuge aufbrechend, eroberte er Cordova wieder und ließ Ibn Okascha ans Kreuz nageln. Er ahnte nicht, wie viele andere Trauerfälle er noch zu beweinen haben sollte; aber sein Unglück eilte mit raschen Schritten heran.

Um jene Zeit — erzählt Ibn Challikan — war Alfonso, (der Sechste), der Beherrscher Castiliens, so mächtig geworden, daß die kleinen muhammedanischen Könige sich genöthigt sahen, Frieden mit ihm zu machen und ihm Tribut zu entrichten. Al Motamid, obgleich er die anderen an Macht übertraf, zahlte

---

1) Script. arab. loci. II, 122. Abdul Wahid, 90.

dem Alfonso gleichfalls Zins, letzterer aber, der im
Jahre 478 (1085 nach Christus) Toledo erobert hatte,
begann die Blicke auch auf seine Staaten zu richten,
wollte sich nicht mehr mit dem Tribut begnügen und
sandte ihm eine drohende Botschaft mit der Aufforderung, ihm seine Festungen auszuliefern. Dies Ansinnen erzürnte den König von Sevilla dermaßen,
daß er den Gesandten schlug und dessen Begleiter hinrichten ließ. Sobald Alfonso Nachricht von dem
Vorfall erhielt, traf er alle Vorbereitungen zur Belagerung von Sevilla; die Scheichs des Islam aber
traten zusammen, um sich über die Mittel zu berathen, welche in dieser Gefahr Rettung bringen könnten. Alle stimmten darin überein, daß die Sache
der Muhammedaner verloren sei, wenn ihre Fürsten
fortführen, sich, wie bisher, gegenseitig zu bekriegen;
über den Weg, den man einzuschlagen habe, um dieser verzweifelten Lage zu entgehen, herrschte Verschiedenheit der Meinungen unter den Anwesenden, endlich aber kamen sie überein, man müsse Inssuf Ibn
Taichsin, den Herrscher von Marokko, wider die Christen zu Hülfe zu rufen.

Dieser mächtige Fürst, das Haupt der fanatischen
Murabiten, hatte, aus den Wüsten des nördlichen
Afrika nach den fruchtbareren Küstengegenden vorgedrungen, damals einen großen Theil von Maghrib
seiner Herrschaft unterworfen. Mit Bezug auf das
Schicksal, das die Abbadiden durch ihn ereilen sollte,

erzählt ein arabischer Schriftsteller schon von dem Vater des Motamid: „Al Motabid erkundigte sich beständig, wenn er Nachrichten aus Afrika erhalten konnte, ob die Berbern schon bis zur Ebene von Marokko vorgedrungen seien; es war ihm nämlich prophezeit worden, dieses Volk werde ihn oder seine Söhne des Throns und Reichs berauben; als er nun Kunde erhielt, sie hätten sich in jener Ebene niedergelassen, versammelte er seine Söhne um sich und sprach, indem er sie betrachtete: „Wenn ich doch wüßte, wen das Unheil durch dieses Volk befallen wird, mich oder euch!" — Da sagte Abul Kasim (nachher Al Motamid genannt): „Möge Gott mich als Opfer für dich annehmen und alles Unglück, das er für dich bestimmt hat, auf mein Haupt herabsenden!" Diese seine Beschwörung ging später in Erfüllung."[1)]

Die erwähnte Prophezeiung muß wenig Glauben bei Motamid gefunden haben, denn er trug kein Bedenken, den Rathschlägen der Scheichs von Sevilla zu folgen.[2)] Im Jahre 1086 setzte er über das Meer, begab sich nach Marokko zu Jussuf und trug diesem die Bitte vor, er möge ihn bei einem Kriegszuge wider die Christen mit Rossen und Mannschaft unterstützen. Jussuf verhieß ihm sogleich die Erfül-

---

1) Abdul Wahid S. 70.
2) Das Folgende nach Abdul Wahid S. 91 ff. Andere Autoren lassen Motamid nur eine Gesandtschaft an Jussuf schicken.

lung seines Verlangens, und der König von Sevilla
kehrte höchst befriedigt nach Andalusien zurück; er
wußte nicht, daß er seinen eigenen Untergang ver=
anlaßt hatte und daß das Schwert, von dem er
glaubte, es werde für ihn gezogen, sich wider ihn
kehren werde. Jussuf schritt bald mit großen Zurü=
stungen zum Uebergang nach Andalusien, und alle
Häuptlinge der Berbernstämme, welche es vermochten,
strömten ihm zu, so daß sich ein Heer von nahe an
7000 Reitern und sehr viel Fußvolk um ihn sammelte.
Er setzte mit diesen Truppen von Ceuta nach Alge=
siras über das Meer. Al Motamid kam ihm mit
den angesehensten Männern seines Königreichs zum
Empfang entgegen, erwies ihm die höchsten Ehren
und bot ihm eine solche Fülle von Schätzen dar, wie
Jussuf sie nie gesehen hatte; dies war es denn, was
in der Seele des Afrikaners zuerst die Begier nach
dem Besitz von Andalusien entzündete.

Von allen Fürsten der Halbinsel mit Rossen und
Mannschaft verstärkt, rückte das Heer der Moslimen
gegen Norden vor. Auf der anderen Seite hatte
Alfonso nicht Verheißungen noch Drohungen gespart,
um zahlreiches Kriegsvolk unter seinen Fahnen zu ver=
sammeln. Das Zusammentreffen der beiden Heere
fand auf christlichem Gebiete unfern von Badajoz
Statt. Hier wurde im Jahre 1086 die furchtbare
Schlacht von Zalaka geschlagen. Motamid, dessen
Truppen den heftigsten Stoß zu ertragen hatten,

kämpfte mit außerordentlicher Tapferkeit und empfing zahlreiche Wunden. Die Entscheidung schwankte lange, zuletzt aber erstritten die Moslimen einen glänzenden Sieg und nur mit Mühe entkam Alfonso. Jussuf ließ die Köpfe der getödteten Christen von den Rumpfen trennen und als man sie vor ihm aufgethürmt hatte, war deren Masse so groß, daß man sie für einen Berg halten konnte. Er sandte zehntausend Häupter nach Sevilla und eben so viele nach Saragossa, Murcia, Cordova und Valencia; außerdem wurden vier tausend nach Afrika geschickt und in den verschiedenen Städten aufgepflanzt. In Maghrib und im ganzen moslimischen Spanien veranstalteten die Muhammedaner Feste, vertheilten Almosen und schenkten Sklaven die Freiheit, um Allah zu danken, daß er den wahren Glauben so glänzend verherrlicht habe. [1]

Jussuf kehrte nach Afrika zurück, wie Motamid nach Sevilla, unternahm aber schon im folgenden Jahre einen neuen Zug nach Andalusien und enthüllte hier zum ersten Male seine wahren Absichten, indem er den König von Granada vertrieb und dessen Reich in Besitz nahm. Gegen Motamid benahm er sich noch immer als Freund und Bundesgenosse, doch erfüllte sich seine Seele mehr und mehr mit Bewunderung für den Reichthum und die Schönheit Spa-

---

[1] Al Kartas 96.

niens. Diejenigen, welche seinen vertrauten Umgang
bildeten, begannen ihm vorzustellen, wie leicht es ihm
sein würde, ein so schönes Land in seinen Besitz zu
bringen; auch suchten sie ihn gegen den König von
Sevilla zu erzürnen, indem sie ihm diese und jene
verletzende Aeußerung hinterbrachten, welche derselbe
gemacht haben sollte.

Während sich so die Wetterwolken über dem Hause
der Abbabiden zusammengezogen, scheint Motamid
noch keinen Verdacht geschöpft zu haben. Sein Sohn
Raschid dagegen konnte sich trüber Vorahnungen nicht
erwehren. Einst befand sich dieser im Kreise vertrau=
ter Bekannten, als die Rede auf die Vorgänge in
Granada und auf die Besitznahme dieser Stadt durch
Jussuf kam. Bei der Erzählung hiervon wurde der
Prinz finster und in sich gekehrt und rief, indem
er der Zerstörung des Palastes von Granada gedachte:
„wir kommen von Gott und kehren zu ihm zurück;" die
Freunde aber wünschten seinem Palast und Reich ewige
Dauer, worauf Raschid, erheitert, dem Abu Bekr
von Sevilla befahl, ein Lied zu singen. Dieser sang
dann die Anfangsverse eines alt=arabischen Gedichts:

O Maja's Wohnung an des Berges Fuß,
   Schon lang verlassen, liegst du nun in Trümmern!

Da verdüsterte sich die Stirn des Prinzen von neuem
und er gebot einer Sängerin, ein anderes Lied zu
singen. Diese sang:

Wer ist so kalten Sinns, daß er geweint nicht hätte,
Wenn er verwüstet sah die einst bewohnte Stätte?

Dies mehrte noch seine Traurigkeit, sein Aussehn wurde immer trüber, und er befahl einer anderen Sängerin, zu singen, worauf diese anhob:

O hätt' ich Schätze, um mit vollen Händen
Bedürft'gen, die es werth, davon zu spenden!
Doch selbst bin ich vom Unglück schwer betroffen;
Wie dürfen Andre Tröstung von mir hoffen?

Da wollte der Dichter Ibn Lebbana versuchen, den Eindruck dieser Lieder zu verwischen, erhob sich und sprach:

Schloß der Schlösser, Sitz der Hoheit! mögst du immer
    herrlich prangen
Mit dem Kreis von edlen Männern, den du heute hältst
    umfangen!
Ein Palast ist wie der andre; aber der, in dem wir
    weilen,
Geht den andern vor; zwei hehre Prinzen sind ja seine
    Säulen,
Ar-Raschid, erhabner thronend, als Orions Sterne
    droben,
Al-Motadd, der stets die Klinge hält zum Glaubens-
    kampf erhoben.
Heil dem Fürsten, der mit seinen Armen, kraftvoll aus-
    gebreitet,
Orient und Occident am Zaume, wie ein Roßpaar,
    leitet,

Der im Kriege Zornesblitze aus entflammten Augen
    sendet,
Doch im Frieden dem Bedürft'gen seiner Gaben Fülle
    spendet!

Durch den Anfang dieser Verse war der Prinz
aufgeheitert worden, aber in den Worten: „Ein Pa=
last ist wie der andere" fanden er wie die Uebrigen
abermals eine üble Vorbedeutung, und Alle waren
nun überzeugt, daß dem bösen Omen der Schicksals=
wechsel folgen werde.¹)

Bald gingen diese Befürchtungen in Erfüllung.
Jussuf warf plötzlich im Jahre 1090 die Maske der
Bundesgenossenschaft, die er bis dahin noch getragen
hatte, ab, bemächtigte sich der Festung Tarifa und
ließ sich dort als Herrscher von Andalusien ausrufen.
In der Absicht, seinen längst entworfenen Plan ins
Werk zu führen, hatte er schon früher verschiedene
andalusische Burgen an der Gränze des christlichen
Gebiets besetzt; die dort befindlichen Krieger drangen
nun gegen Cordova vor und belagerten es. Mamun,
einer der älteren Söhne des Motamid, vertheidigte
die Stadt tapfer, wurde aber nach muthigem Wi=
derstand getödtet, und Cordova fiel in die Gewalt
der Feinde.²) Dann wandten sich die letzteren gegen
Sevilla und begannen die Belagerung. Al Mota=
mid, der sich in der Stadt befand, zeigte große

---

1) Abbadidae II, 40.
2) Akkul Wahid 93.

Standhaftigkeit und Tapferkeit, indem er sich muthvoll jeder Gefahr aussetzte. Als ihm keine Hoffnung mehr blieb, machte er mehrere Ausfälle und stürzte sich, den Tod suchend, ohne Rüstung und im einfachen Hauskleide den Feinden entgegen; sein Sohn Malik fiel an seiner Seite, aber ihn selbst floh der Tod. Die Einwohner von Sevilla rannten angstvoll und verzweifelnd durch die Straßen, einige retteten sich durch Schwimmen über den Fluß, andere stürzten sich von den Wällen hinab. Zuletzt, im September 1091, fiel die Stadt.[1]) Die Schaaren der Feinde verbreiteten sich plündernd durch die Straßen und raubten den Einwohnern alle ihre Habe. Al Motamids Paläste wurden schmählich verwüstet, er selbst aber gefangen genommen und gezwungen, seine beiden Söhne Al Motadd und Ar Radhi, welche Befehlshaber von Martula und Ronda waren, zur sofortigen Uebergabe dieser beiden, fast uneinnehmbaren Festungen mit dem Beifügen aufzufordern, daß sonst das Leben aller der Ihrigen verwirkt sei. Die Söhne wollten anfänglich eine solche Schmach nicht auf sich laden und verweigerten es, sich zu ergeben, dann aber bestimmte die Rücksicht auf ihre Eltern sie, die Festungen auszuliefern, was nur gegen, sie sicherstellende, Bedingungen geschah. Al Motadd wurde jedoch, als er sein festes Schloß verließ, von

---

1) Ibn Challikan.

dem feindlichen Feldherrn aller seiner Besitzthümer
beraubt und Ar=Radhi verrätherisch getödtet.[1]

Den unglücklichen König ließ Jussuf gefangen
nehmen und mit seiner ganzen Familie in Ketten
auf ein Schiff bringen, das ihn nach Afrika hinüber=
führen sollte. Am Tage der Abfahrt versammelte
sich das Volk von Sevilla klagend am Ufer des Gua=
dalquivir und gab unter Thränen den Scheidenden
seine letzten Abschiedsgrüße. Nach Marokko vor Jus=
suf geführt, sah sich dann Al Motamid mit den Sei=
nen zu lebenslänglichem Gefängniß verurtheilt. Der
zu seiner Kerkerhaft bestimmte Ort war die Stadt
Agmat, südöstlich von Marokko. Hier nun strömte
er den Schmerz über den erduldeten beispiellosen
Schicksalswechsel, die Trauer um sein und der Sei=
nigen Elend und die Sehnsucht nach der für immer
verlorenen schönen Heimat in improvisirten Gedichten
aus, welche durch die Wahrheit und Tiefe der Em=
pfindung in der arabischen Literatur einzig dastehen.
„Die innigen und rührenden Elegien Al Motamids
— sagt Dozy — reißen den Leser so mit sich fort,
daß er von derselben bitteren Traurigkeit, die der
königliche Dichter fühlte, erfüllt wird und mit dem
Unglücklichen, der Freunde, der Söhne und des Rei=
ches Beraubten sich selbst in harter Gefangenschaft
zu befinden glaubt." Die Reihe derselben beginnt

---

[1] Abdul Wahid S. 100.

mit einigen Zeilen, die er gesprochen haben soll, als man ihn in Fesseln legte:

Kette, die mit Schlangenwindung du mich zu umschlingen wagst,
Denk, bevor du meine Glieder mit dem gift'gen Zahn zernagst
Und dein Flammenbiß versengend Hand und Knöchel mir zerfleischt,
Denk an was ich einst gewesen und was Achtung von dir heischt!
Einst, als nur von meiner Huld die Menschen lebten — denke dies! —
Sandte sie mein Schwert zur Hölle oder in das Paradies.

„Als er nun, erzählt Ibn Chakan,[1]) von dem Vaterlande hinweggerissen und aller seiner Reichthümer beraubt war; als ihn sein afrikanischer Kerker, wie einen lebendig Begrabenen, von aller Welt abschloß und ihm keiner seiner Freunde und Bekannten Trost zusprechen oder ihn durch trauliches Gespräch erheitern konnte: da seufzte und weinte er unaufhörlich, denn er durfte keine Hoffnung hegen, daß er je seine liebe Heimat wiedersehen werde. Beständig schwebten die Orte, wo er einst glücklich gewesen, vor seiner Seele: er stellte sich vor, wie jene Stätten nun verödet seien, wie die von ihm erbauten Paläste,

---

[1]) Die Einleitungen, welche die arabischen Sammler von Al Metamid's Gedichten einem jeden vorausjenden, sind bedeutend verkürzt worden.

gleich Kindern, die um ihren Vater trauern, ihren
ehemaligen Bewohner beweinten und wie die Schlös=
ser von Sevilla, einst von dem Vollmond der könig=
lichen Größe erhellt, von dem Ton traulicher Ge=
spräche und dem muntern Lärm nächtlicher Feste
durchklungen, nun düster und lautlos dalägen und,
ihrer ehemaligen Hüter beraubt, in Trümmer sänken.
In solche Gedanken verloren, dichtete er die Verse:

Die Paläste von Sevilla weinen um den Abbadiden,
Um den löwengleichen Fürsten, kühn im Kampf und mild
im Frieden;
Weinend klagt das Schloß Zoraya, daß auf seine stol=
zen Zinnen
Meiner Großmuth Regenschauer nimmer mehr hernieder=
rinnen;
Der Guadalquivir und jedes Lusthaus, das in ihm sich
spiegelt,
Weinen, denn durch meinen Fall ward ihre eigne Schmach
besiegelt.
Mich, der einst die Welt ich labte mit den Strömen
meiner Gnade,
Riß der Strom des Unglücks jetzo fort an Afrika's Ge=
stade.³)

---

1) Wegen der völligen Unmöglichkeit, den Text treu und zugleich genießbar
wiederzugeben, habe ich mir bei diesem, dem folgenden und mehreren der an=
deren Gedichte große Freiheit nehmen müssen. Im Text werden noch verschie=
dene Sevillanische Lustschlösser mit Namen genannt, von denen in dem Abschnitt
über Architectur die Rede sein wird.

Ihm war der Palast Az-Zahi als einer der schön=
sten und anmuthigsten Orte immer besonders lieb
gewesen; in diesem, am Ufer des Guadalquivir zwi=
schen Fruchthainen und Olivenbäumen gelegenen,
Schlosse hatte er die schönsten Stunden seines Lebens
verbracht; er hegte daher in der Verbannung keinen
höheren Wunsch, als seinen Lieblingsort noch einmal
wiederzusehen und sang in der Erinnerung an ihn:

Mich, den Gefangenen an Maghribs Strande,
Beweint der Thron in meinem Vaterlande,
Es weinen um das Leid, das mir geschehen,
In Spanien die Kanzeln der Moscheen,
Und Schwert und Lanze, die ich einst geschwungen,
Sind nun von düsterm Trauerflor umschlungen.
Mich hat das Glück, das Andern lacht, gefloh'n;
Nicht Herrschaft haben, und nicht Reich noch Thron,
Nur Jammer die Geschicke mir gelassen,
Die neidisch stets der Edlen Größe hassen.
Der Himmel selbst schmilzt hin in Thränengüsse,
Voll Mitleid, daß ich also enden müsse.
O dürft' ich einmal noch, befreit von Ketten,
Die Heimat sehn und ihre trauten Stätten!
O daß ich wieder, so wie einst, die Nächte
Am rauschenden Guadalquivir verbrächte
Und im Olivendickicht an dem Teiche
Ausruhte, während um mich her die weiche
Nachtluft sich wiegte im Gezweig der Myrthe
Und in dem Laub die Turteltaube girrte!
Daß meine Augen jene hehren Bauten,

Az-Zahir und Zoraya, wiederschauten!
Wenn sie mich sähen, würden die Erfreuten
Die Zinnen, so wie Arme, nach mir breiten,
Und mein Az-Zahi würde voll Verlangen
Mich, wie die Braut den Bräutigam, umfangen!
Unmöglich scheint für mich das Wiedersehen,
Doch Gott läßt selbst Unmögliches geschehen.

„Zu Agmat wurde ein Fest gefeiert; am Morgen sah er das Volk in frohen Schaaren auf die grünen Fluren strömen, während er selbst in seinem düsteren Kerker zurückbleiben mußte; da traten seine Töchter weinend und in zerrissenen Kleidern zu ihm in das Gefängniß. Diese mußten damals durch Spinnen ihr Leben in Agmat fristen und eine von ihnen diente sogar als Spinnerin bei der Tochter eines Menschen, der früher in Diensten Al Motamib's gestanden hatte. Als nun der unglückliche König die vor Hunger abgemagerten und durch das Elend entstellten Prinzessinnen mit bloßen Füßen vor sich stehen sah, brach er in Thränen aus und sagte, sich selbst anredend:

Wohl warst du froh beim Fest in frühern Tagen,
Doch, zu Agmat in Fesseln nun geschlagen,
Fühlst du, wenn sich die Andern freuen, Leid.
Arm, hungrig — ach! und im zerrissnen Kleid
Siehst du die lieben Töchter, die durch Spinnen
Nun spärlich ihren Unterhalt gewinnen
Und sich dir weinend nahn, um dich zu grüßen.
Im Schlamme waten sie mit bloßen Füßen,

Die sonst auf Moschus und auf Ambra schritten;
Ihr bleiches Antlitz zeigt, was sie gelitten,
Und ihre Wange, feucht von Zähengüssen,
Zeugt von der Noth, die sie erdulden müssen.
So stimmt der Tag, an dem du einst Gelage
Gefeiert hast, dich heute zur bittern Klage;
Sonst war das Glück gehorsam deinen Winken,
Heut ließ es dich zum Sklavenstande sinken.
Wer noch nach dir auf Größe trotzt und Macht,
Den täuscht fürwahr ein Traumgebild der Nacht.

„Während er so in Afrika schmachtete, versuchte einer seiner Söhne in Andalusien einen Aufstand wider den Räuber seines väterlichen Reichs, bemächtigte sich der Festung Arcos unfern Sevilla's und behauptete dieselbe mehrere Monate lang in der Hoffnung, die Anhänger der Abbabiden würden sich um ihn schaaren. Als Motamid die Kunde hiervon vernahm, schmeichelte er sich einen Augenblick mit der Hoffnung, der Aufstand werde gelingen und er dann in sein Reich heimkehren können; aber bald sank er wieder in die frühere Schwermuth zurück und sprach:

So muß denn thatlos altern meine Klinge,
Obgleich ich täglich sie voll Kampflust schwinge?
So muß denn meine Lanze träge rosten,
Und, statt der Feinde rothes Blut zu kosten,
Umsonst nach dem gewohnten Tranke dürsten!
So wird das Roß des unglückseel'gen Fürsten
Denn nie mehr unter seinem Reiter schäumen?
Nicht mehr gehorchen will es meinen Zäumen

Und fort mich tragen, denn es ahnt mit Schauern
Die Feinde, die im Hinterhalte lauern.
Doch, wenn dem Schwerte Keiner Mitleid schenkt,
Noch das verschmachtende, das sieche tränkt,
Wenn es verhängt ist, daß vor Scham die blanke
Erzlanze, ihre Schmach nicht tragend, kranke:
So hab', o Mutter Erde, mit dem armen,
Dem schmerzgequälten Sohne du Erbarmen!
An deiner Brust vergönne deinem Kinde
Ein Plätzchen, daß im Grab es Ruhe finde!

„Der verzweifelte Aufstand in Andalusien wurde bald unterdrückt und Al Motamid's Sohn bei der Vertheidigung der Feste Arcos durch einen Pfeilschuß getödtet. Nach diesem vereitelten Versuche zur Wiederherstellung der Abbadiden-Herrschaft trat dann für den Gefangenen eine verschärfte Haft ein und den immer tieferen Trübsinn, welchem er nun verfiel, drückte er so in Versen aus:

Nun, statt schöner Sängerinnen, singt die Kette, wie
    sie klirrt,
Mir ein Lied, das, dumpf und schrecklich, Seele mir und
    Sinn verwirrt.
Statt daß einst mein Schwert als Schlange zischte in
    die Feindesreih'n,
Nagt die schlangengleiche Fessel jetzt an mir — o schwere
    Pein!
Mich in Windungen umzingelnd und kein Mitleid ken=
    nend kriecht

Sie nun alle meine Glieder, daß vor Qual mein Leben
siecht!
Zum Erbarmer Gott erheb' ich meinen Klagruf, doch,
es scheint,
Mich vernimmt er nicht, ob sonst er dem auch hilft, der
hülflos weint.
Menschen, die ihr wissen möchtet, wer es ist und wer
es war,
Der in diesem Kerker schmachtet, wisset und vernehmt
es klar:
Bei Musik im Königssaale lud er Kön'ge sonst zu Gast;
Jetzt ist Säng'rin ihm die Kette, das Gefängniß sein
Palast.

„Einst, als er einen Schwarm von wilden Tau=
ben[1]) an seinem Kerker vorüberfliegen sah, dachte
er, wie sie in keinem Netze gefangen und nicht von
ihren Jungen getrennt seien, wie sie froh und frei
in Lüften schwebten und sich einen Trankort suchen
könnten wo sie wollten. Da fühlte er seine Ketten
doppelt schwer auf sich lasten, da empfand er es dop=
pelt, daß die Gefängnißwärter den geliebten Seinen
nicht Zutritt zu ihm gönnten und daß er in Körper=
und Seelenpein so einsam schmachten müsse. Er
dachte auch an seine Töchter, an die Noth und Ar=
muth, in der sie hinwelkten, und dieser Gedanke ward
ihm noch durch die Erinnerung an die frohe Zeit

---

1) Im Original Katha. S. über diese Vögelgattung: W. Ahlwardt, Chalef
el Ahmar's Kaffide. Greifswald 1359. S. 143.

seines früheren Glanzes verbittert. Da dichtete er die Verse:

Als bei dem Kerker ich in meinem Harm
Vorüberfliegen sah den Taubenschwarm,
Dacht' ich, und Thränen netzten meine Wangen:
Sie sind in Ketten nicht und nicht gefangen!
Beim ew'gen Gott! aus Neid nicht dacht' ich so,
Nein, nur aus Sehnsucht, daß ich frei und froh
Wie sie, wohin ich möchte, ziehen könnte,
Daß mir der Himmel Glück gleich ihrem gönnte
Und ich nicht einsam mit gebrochnem Geiste
In Fesseln schmachten müßte, der Verwaiste.
O diese Tauben, die nicht Trauer kennen,
Die keine Fernen von den Ihren trennen,
Sie bringen nicht wie ich die öden Nächte
In Schrecken hin; nicht wenn die Kerkerknechte
Sich nahen und am Thor der Riegel klirrt,
Wird ihr Gemüt, wie meins, von Angst verwirrt.
So hat von Ewigkeit her das Verhängniß
Es über mich bestimmt, daß im Gefängniß
Ich enden soll, beraubt von Glanz und Würde!
Ein Andrer mag, beschwert von Kettenbürde,
Das Leben lieben! Ich in meiner Noth
Ersehne brünstig mir den Retter Tod.
Euch aber schütze Gott, ihr lieben Tauben,
Und mag kein Falk euch eure Jungen rauben,
Wie mir, dem sich die Schmerzen stets erneuern,
Das Mißgeschick entrissen meine Theuern.

Den Tod seiner Söhne beklagte er in folgender Elegie:

O Quelle, die du ewig rinnst! aus meinem Auge flie=
ßen
Mehr Thränen noch, als Wellen sich in deinem Bett
ergießen.
Das Feuer stirbt, wenn ausgebrannt, doch dem verwais=
ten Vater
Ist stets die Brust von Glut erfüllt, wie des Vulkanes
Krater;
In meinem Herzen drängen so sich Brand und Naß
zusammen;
Von Wasserfluten überschwillts und brennt zugleich in
Flammen.
Es einen, sich bekämpfend sonst, in mir sich diese bei=
den,
Wie die Geschicke Glück auf mich zugleich gehäuft und
Leiden.
Ich weint' am Grabe meines Fath, und als die Schmer=
zenswunde
Gemach vernarbte, traf mich schwer vom Tod Jezib's
die Kunde.
O Stücke meines Herzens ihr, seit ihr von ihm ge=
rissen,
Verzehrt sich mein Gemüth um euch in Harm und Küm=
mernissen!
Fürwahr, erloschen sind in euch zwei Sterne hellen Lichtes
Und brennen wird mein Schmerz bis an den Tag des
Weltgerichtes.

O Fath, der du als Märtyrer hinsankst im Glaubens-
　　streite,
Ich hoffe, daß dein Strahl dereinst mich in den Him-
　　mel leite!
O mein Jezid, bei deinem Tod muß mich, den Trost-
　　entblößten,
Der Glaube, daß in Seeligkeit du drüben wohnest,
　　trösten!
Dich, wie den Bruder, hat der Pfeil im heil'gen Kampf
　　getroffen,
Drum daß sich huldreich eurer Gott erbarme darf ich
　　hoffen.
Die Mutter, welcher Harm und Pein um euch das Le-
　　ben trüben,
Schickt ihren Segensgruß an euch, so wie ich selbst,
　　nach drüben!
Die Thränen, die sie rastlos weint, vermischt sie mit
　　den meinen
Und Keiner ist so kalt, nicht auch, wenn er uns sieht,
　　zu weinen.

„Indessen er so, von Ketten belastet, sich nur mit Mühe von einem Platz zum andern fortschleppen konnte, trat sein Sohn Abu Haschim zu ihm ein und brach bei dem Anblick des Vaters in lautes Schluch=zen aus. Es war dies sein jüngster Sohn, den er vor allen andern liebte und an den er nach der Schlacht von Zalafa, wo er sich durch seine Tapferkeit hervor=gethan, die Verse gerichtet hatte:

Vom Flug der Speere war ich dicht umsaust;
Doch rüstig schwang die Klinge meine Faust,
Denn dein gedacht' ich, o mein junger Sohn,
Und hätte mich geschämt, wär' ich geflohn!

Während nun Abu Haschim unter so veränderten Umständen weinend vor ihm stand, sprach Motamid:

O daß ich endlich ausgelitten hätte!
Willst du kein Mitleid mit mir haben, Kette?
Vor deiner Wucht bin ich dahingesunken,
Mein Fleisch hast du zernagt, mein Blut getrunken,
Zerbrich mir nun nicht auch noch Mark und Knochen!
Mein Abu-Haschim wendet herzgebrochen
Und weinend sein Gesicht, indem er sieht,
Wie dein Gewicht mich auf den Boden zieht.
So hab' Erbarmen mit dem Jüngling doch,
Der noch gewöhnt nicht ist an's Leidensjoch
Und nie geahnt hat, daß durch Schicksalsschlüsse
Er einst bei dir um Mitleid betteln müsse.
Mit seinen kleinen Schwestern hab' Erbarmen;
Von frühster Zeit auf schlürften sie, die armen,
Statt Muttermilch, des Elends bittres Gift;
Die Eine kann das Leiden, das sie trifft
Schon fassen und es ward das arme Kind
Beinahe von dem vielen Weinen blind;
Die Andre weiß von nichts noch und ihr Auge
Sucht eine Brust nur, dran ihr Mündchen sauge.

„Da er nun keinen Freund in seiner Nähe hatte, keinen, mit dem er ein vertrauliches Gespräch hätte pflegen können, und da sein Elend immerwährend dauerte, so klagte er:

Du hoffst noch fort und fort auf frohe Stunden,
Du denkst, es würden heilen deine Wunden
Und diese Leiden nicht für immer dauern;
Doch glaub, dein Leben mußt du so vertrauern!
O in Az-Zahi's Schloß die frohen Feste!
Da waren Kön'ge deine Tafelgäste!
So wechseln mit einander Lust und Noth —
Das Ende jeder Hoffnung ist der Tod.

„Als er schon lange die schwere Haft geduldet hatte und ihm die langen schlaflosen Nächte in seinem dunkeln Kerker zur Qual wurden, sprach er während eines Gewitters, in dessen Donner und Blitzen er Boten sah, welche seine Gefangenschaft der Welt verkündeten:

An alle Erdenländer nun verkünden diese Boten,
Daß du in finstrer Kerkerhaft begraben bist gleich Todten!
Aus Westen ziehn sie schnellen Flugs hin in den fernsten Osten
Und füllen jedes Herz mit Gram durch ihre Trauerposten!
Es überfluten beim Gerücht von deinem Mißgeschicke
Von Mitleid Aller Herzen und von Zähren Aller Blicke;
Die Seeligen im Paradies des Himmels selber brechen,
Wie ihnen solche Kunde wird, in Thränen aus und sprechen:

„Wie kann es sein? du so gestürzt, der mächtigste der Krieger?
Du vorderster im Kampfe stets! du Sieger aller Sieger!"
Ja — geb' ich Antwort — das Geschick stieß mich in diese Tiefen,
Mich, der von Feindesblut vordem ich ließ die Klinge triefen!
Wie wenn die Heerden und die Trift verwüstet Räuberhorden,
So bin von Allem ich, was mein, hinweggetrieben worden.

„Unter den Gefangenen in Agmat waren einige mit dichterischem Talent Begabte, die sich von dem Kerkermeister die Gunst erbaten, in Al Motamid's Kerker eingelassen zu werden, um durch die Unterhaltung mit ihm ihren Kummer zu zerstreuen. So oft ihnen ihre Bitte gewährt wurde, fand Motamid im Umgang mit ihnen Trost, indem er ihnen von seinem Unglück erzählen und ihnen die Geheimnisse seines Herzens erschließen konnte; wenn aber die ihnen verstattete Frist abgelaufen war und sie ihn wieder verlassen mußten, verfiel er von neuem in Trübsinn. Zuletzt wurden diese Gefangenen freigelassen, während er selbst in seinem düsteren Verließe zurückblieb; als sie nun zu ihm traten und wegen seines Schmerzes selbst traurig wurden, sprach er zu ihnen:

Will die Thräne nie versiegen? Zeit doch wird's für sie zuletzt,
Daß sie trockne, da die Wangen welken, die sie rastlos netzt!
Betet, o ihr Freunde, betet für den unglückseel'gen Mann,
Und dem Himmel dankt, daß ihr nicht fürder seufzt im Kerkerbann!
Ihr seid frei, doch hoffen darf er nicht, daß ihm der Morgen tagt,
Wo man ihm die Fessel abnimmt, die die Glieder ihm zernagt.
O wie schwarze Riesenschlangen winden um mich grausenhaft
Sich die Ketten, mich zermalmend mit ergrimmter Löwen Kraft!
Euch indeß, ich fühl's, ihr Freunde, klopft das Herz vor Freuden hoch!
Mögt ihr eures Glücks genießen, ob mich meines auch betrog!
Alle geht ihr, die ihr tröstend um mich saßt im trauten Kreis —
Gott, dem Herrn, sei für eur Glück wie für mein Unglück Lob und Preis!

Endlich brach der unglückliche Fürst unter der Last seiner Leiden zusammen. Er starb in seinem Kerker zu Agmat im Jahre 1095. „Bei seiner Beerdigung — erzählt sein Biograph — lud der Ausrufer das Volk zu dem letzten Gebete, das über einen

Fremdling gesprochen werden solle; seltsames Schicksal eines früher so gewaltigen und mächtigen Fürsten! Gepriesen sei das Wesen, das immer besteht und dessen Größe und Macht ewig dauern." Von dem Schicksal der Seinigen hören wir, daß eine Tochter als Sklavin in Sevilla verkauft worden sei und ein Enkel später als Goldschmidt seinen Lebensunterhalt gewonnen habe.

XI.

Es ist schwer, bei einem Blicke auf die langen Verzeichnisse andalusischer Dichternamen, die uns durch arabische Schriftsteller aufbewahrt worden sind, ein wehmütiges Gefühl über die Vergänglichkeit literarischen Ruhmes zu unterdrücken. Die Werke dieser Dichter, die von den Kritikern und Literarhistorikern ihrer Zeit zum Theil mit den überschwänglichsten Lobpreisungen in den Himmel erhoben wurden, deren Verse in Aller Munde lebten und das Entzücken eines geistvollen, hochgebildeten Volkes ausmachten, sind größtentheils zu Grunde gegangen; und auch die, noch immer zahlreichen, Diwane und Anthologien, die ein günstiger Zufall aus dem großen Schiffbruch gerettet, ziehen höchstens noch die Aufmerksamkeit einiger orientalischer Philologen auf sich, welche mit Mühe ihre vergilbten Schriftzüge entziffern. Wird der Eifer, der die Literatur der Provenzalen neu erweckt hat, sich in der Folge auch der spanisch-arabischen zuwenden und uns, so weit es noch möglich, durch Herausgabe und Uebersetzung der Lebensbeschreibungen und Werke der andalusischen Dichter eine genauere Kenntniß jener denkwürdigen Periode der

europäischen Cultur erschließen? Ich glaube nicht
von einseitiger Vorliebe verblendet zu sein, wenn ich
behaupte, daß die Poesie der spanischen Araber, mit
allen ihren Mängeln, an Zartheit der Empfindung,
Reichthum und Glanz der Bilder jene der Proven=
zalen weit übertrifft, während der historische Gehalt,
den sie birgt, wenigstens nicht geringer ist. Dennoch
läßt sich bei der herrschenden Theilnahmlosigkeit für
alles Orientalische wohl kaum hoffen, diese Lücke in
der Literaturgeschichte werde so bald ausgefüllt wer=
den. Am wenigsten gibt sich die vorliegende Schrift
als einen Versuch zur Ausführung eines so großen
Unternehmens, an das ein ganzes Menschenleben zu
setzen wäre. Dieselbe begnügt sich damit, dem Leser
einen ersten Einblick in das weite Gebiet zu gewäh=
ren; Biographien und Charakteristiken der einzelnen
Dichter liegen außerhalb der ihr gezogenen Gränzen
und nur ausnahmsweise zieht sie biographische No=
tizen in ihr Bereich. Zu solchen Ausnahmen schien
theils da Veranlassung zu sein, wo die mitzutheilen=
den Verse erst durch die Kenntniß der Lebensverhält=
nisse ihrer Verfasser völlig verständlich werden, theils
da, wo das Biographische ein besonders charakteristi=
sches Licht auf die literarischen Zustände im muham=
medanischen Spanien wirft. In diesem Sinne ist
der Abriß vom Leben Al Motamids gegeben, in die=
sem soll hier noch von einigen aus der unermeßlichen

Zahl andalusischer Dichter kurze Nachricht gegeben werden.

Zu den berühmtesten derselben gehörte Ibn Zeidun. Von dem Leben dieses Mannes wissen wir, daß er, um 1003 geboren, durch seine hervorragenden Talente schon in jungen Jahren zu einflußreicher Stellung bei Ibn Dschahwar gelangte, welcher nach dem Sturze des letzten Omajjaden, bei dem er Siegelbewahrer gewesen, als Vorsteher des Senats und Heerführer die oberste Gewalt in Cordova ausübte.[1]) Während längerer Zeit dessen intimstes Vertrauen besitzend und mit Gesandtschaften an verschiedene der kleinen Höfe Andalusiens beauftragt, konnte er den Blicken den Neider nicht entgehen. Diesen gelang es endlich, seinen Sturz herbeizuführen. Die näheren Umstände, unter welchen er in Ungnade verfiel, werden nicht berichtet, doch kann man mit Wahrscheinlichkeit annehmen, daß sein Liebesverhältniß zu der schönen und geistvollen Wallada den Anlaß dazu gab. Diese omajjadische Prinzessin, eine Freundin der Dichtkunst und selbst wegen ihrer Verse berühmt, zog den Ibn Zeidun allen ihren anderen Verehrern vor und ein Nebenbuhler rächte sich an dem Begünstigten durch Verläumdungen, die bei seinem Gebieter Eingang fanden. Der früher so mächtige Günstling

---

1) Dozy's Catalogus Bibliothecae Academiae Lugduno Batavae I, 242. Weyers Specimen criticum exhibens locos Ibn Khacanis de Ibn Zeidnno und Ibn Challican.

wurde eingekerkert und suchte vergebens durch die Vermittelung eines Freundes die Gunst des Ibn Dichahwar wieder zu gewinnen; es gelang ihm jedoch, aus dem Gefängnisse zu entkommen und, nachdem er sich noch eine Zeitlang in Cordova versteckt gehalten, floh er nach dem westlichen Theile von Andalusien. Die Sehnsucht nach seiner Wallada und der Wunsch, in deren Nähe zu sein, trieb ihn indessen bald wieder nach Az-Zahra, dem halbzerstörten Lustsitze der Omajjaden bei Cordova, wo er die Geliebte insgeheim zu sehen hoffen durfte. Weiter irrte er längere Zeit durch verschiedene Gegenden Spaniens, bis er, am Hofe Al Motabids huldvoll aufgenommen und, mit dem Vertrauen dieses Fürsten beehrt, seinen dauernden Wohnsitz in Sevilla nahm. Er starb im Jahre 1071.

Die arabischen Anthologen, im Allgemeinen so sehr zu pomphaften Lobeserhebungen geneigt, daß man ihren Enkomien nicht viele Bedeutung beilegen kann, überschreiten beim Preise von Ibn Zeiduns Dichtergröße doch noch ihr gewöhnliches Maaß von Hyperbeln. Seine Poesie, sagen sie, habe eine Macht, wie keine Magie je sie besessen, und eine Erhabenheit, mit welcher die Sterne nicht wetteifern könnten. In diese Ueberschwänglichkeiten vermögen wir freilich nicht einzustimmen; indessen scheinen uns Ibn Zeidun's Gedichte, die sich großentheils auf sein Liebesverhältniß zu Wallada beziehen, merkwürdig wegen des, stark an die moderne Poesie erinnernden Geistes, der aus ihnen weht. Wenn man gewöhnlich annimmt, jenes schwärmerische Liebesgefühl, jenes schwermütige Träumen in und mit der Natur, das so viele der schönsten Hervorbringungen neuerer Zeit durchdringt, habe seinen ersten Ausdruck durch Petrarca gefunden, so darf Ibn Zeidun als älterer Vorgänger des Sängers von Vauclüse angesehen werden. Wie dieser „wandert er düster, gedankenvoll die stillsten Pfade, wo dem Sande keine Spur von Menschen eingedrückt ist; die Felsen und der murmelnde Bach sind seine Vertrauten, umher ist Niemand, der seine Klagen vernehmen könnte, nur die Liebe wandelt neben ihm." Unter den noch jungen Trümmern der Omajjadenherrlichkeit, in den verwilderten Zaubergärten von Az-Zahra trauert er um die unerwiderte Liebe zu Wallada und ruft die Sterne, die seine schlummerlosen Nächte erhellen, zu Zeugen seines Grames. Wie Child Harold treibt ihn die Unruhe seines Geistes von Ort zu Ort, um draußen den Frieden zu suchen, der seinem Herzen versagt ist.

Aus der Zeit seines heimlichen Aufenthaltes in Az-Zahra sind die folgenden Zeilen, welche sein Biograph mit den Worten einleitet: Als der Frühling die Gärten mit seinem grünen Gewande geschmückt, die Lilien und Rosen entfaltet, die Bäche geschwellt und die Nachtigallen zum Singen begeistert hatte, ward sein Gemüth erheitert und er verbrachte

die Abende froh unter den Düften des blüthenpran=
genden Hains und der mit sanftem Hauche athmen=
den Luft. Lebhaft aber ward er von dem Wunsche
erfüllt, Wallada zu sehen, und da er sich selbst nicht
nach Cordova wagen durfte, schrieb er Briefe an sie,
in denen er die Bewegung seines Herzens schilderte
und ihr Vorwürfe machte, daß sie ihn, der ihr doch
so nahe sei, nicht besuche:

Voll Sehnsucht denk' ich in Az=Zahra dein;
Die Erde lächelt und die Luft ist rein;
Von Osten weht der Wind so mild, so warm,
Als fühlte Mitleid er mit meinem Harm,
Und blitzend schmückt der Bäche Glanz die Flur,
Gleich wie des Mädchens Hals die Perlenschnur.
Schön ist der Tag wie jene, nun verflossen,
Als insgeheim wir hohes Glück genossen;
Wie damals blühn auch heut der Blumen viele
Und beugen, schwer von Thau, die zarten Stiele,
Allein mit ihren Augensternen scheinen
Sie mitleidsvoll mein Leiden zu beweinen.
Die Rose leuchtet hell, und mehr entfacht
Ihr Schimmer noch des Sonnenglanzes Pracht;
Vom Morgenstrahl erweckt, haucht süße Düfte,
Halb schläfrig noch, der Lotus in die Lüfte.
In meiner Brust empfind' ich tiefes Bangen,
Nach dir erregt mir Alles hier Verlangen.
O hätte mich der Tod hinweggenommen,
Als noch mit dir vereint ich war! willkommen
Gewesen wär' er mir, nicht diese Wunden

Stets reger Sehnsucht hätt' ich dann empfunden!
Wenn mich der Wind auf seine Schwingen nähme
Und zu dir trüge — wie mein Herz sich gräme,
Verriethe dann dir meiner Wangen Blässe,
Du Theure, Einz'ge, die ich nie vergesse!
Einst war — wo ist nun jene Zeit geblieben? —
Ein reger Wettstreit zwischen uns im Lieben;
Ich darf mich rühmen: treu hielt ich mein Wort;
Du hast vergessen, doch ich liebe fort.

An Wallada sind auch die nachstehenden Verse gerichtet:

1.

Als mein innerster Gedanke
Leis', o Theure, mit dir sprach,
Braucht' ich alle Stärke, weil mir
Fast das Herz vor Kummer brach.

Dunkel wurden meine Nächte,
Seit du fern hinweggeeilt,
Sie die einst so hell geleuchtet,
Da du noch bei mir geweilt.

Daß wir je uns trennen müßten,
Fürchteten wir gestern kaum;
Daß wir je uns wiedersehen,
Scheint uns heut ein eitler Traum.

2.

O du, so ferne mir entrückt,
Wenngleich mein Herz dein Wohnplatz ist,
Vergessen ließ dich deine Welt
Den, dessen ganze Welt du bist.
Bei muntrer Scherze frohem Spiel
Und allem Glück, das dich umgiebt,
Blieb kein Gedanke dir zurück
An den, der dich so innig liebt.
Vielleicht jedoch erreich' ich noch
Das Ziel, nach dem ich stets gestrebt;
Du fragst, welch Ziel? verkünden kann's
Ein jeder Tag, den ich verlebt.

3.

Wenn du willst, wird unsre Liebe
Nimmer, nimmerdar vergehn,
Das Geheimniß unsrer Seelen
Immer unentweiht bestehn.
Glaub'! der Platz in deinem Herzen
Ward mir fruchtlos nicht zu Theil,
Um den Preis von Blut und Leben
Selber wär' er mir nicht feil.
Eine Bürde auf die Seele,
Wie kein Andrer sie erträgt
Und die ich nur standhaft trage,
Hast du mir, o Weib, gelegt.

Schmähe mich! ich will es dulden;
Werde stolz! ich nenn' es recht;
Flieh! ich folge; sprich! ich höre;
Gib Befehl! ich bin dein Knecht.

4.

Alle Kraft hat mich verlassen,
Seit mein Blick dich nicht mehr schaut;
Das Geheimniß ist verrathen,
Das ich dir allein vertraut.
In die Zähne möcht' ich knirschen,
Daß ich schüchtern und verzagt
Eher, als von dir zu scheiden,
Nicht das Aeußerste gewagt.
Schwester du des Monds an Helle,
Strahlend du und hehr wie er,
Daß ich wieder dich erblicken
Möge, gebe Gott der Herr!
Lang nun dünken mich die Nächte
Und ich klage Nacht für Nacht,
Daß so kurz nur jene waren,
Die ich einst mit dir verbracht.

Während seines Aufenthaltes im westlichen Andalusien entstand ein Gedicht, das, zur festlichen Zeit des Fastenmondes und der großen Opfer gedichtet, mit lebhafter Sehnsucht die Erinnerung an die glücklichen, mit den Freunden in der Heimat verlebten

Tage feiert. Die vielen darin erwähnten Localitäten sind Paläste, Gärten und Villen in Cordova oder dessen nächster Umgebung:

> Freund, nicht erheitert mich das Fest und nicht das Fastenende,
> Der sehnsuchtvoll ich Seufzer früh und spät der Brust entsende.
> Nach Scharf ul Jkab o wie zieht mich fort und fort das Sehnen
> Und nach den Auen, die sich dort am Fuß des Berges dehnen!
> O nach dem Persischen Palast, den nimmer ich vergesse,
> Flammt das Verlangen stets in mir, wie Glut in eine Esse.
> Gedenk' ich an Rußafa's Thal, so überschleicht mich Trauer
> Und mahnt mich an vergangnes Glück von allzu kurzer Dauer.[1)]
> Auch in Mosannat Malik war ich froh so manchen Abend,
> Am Schwimmen bald und bald am Klang der Becher mich erlabend!
> Wie wiegte mich der See, gefüllt mit grünlichen Krystallen,
> Hellstrahlend gleich des Salomo gepries'nen Königshallen.

---

1) Hier folgen noch mehrere Verse, in denen von anderen Localitäten die Rede ist.

Ihr Stätten all, wo einst ich hob des Glückes reichste Schätze,
Ihr Orte, wo die Freude wohnt! der Liebe heil'ge Plätze!
Ist mir zu dir, um das ich viel der Thränen schon vergossen,
Der Rückweg, mein Az-Zahra, denn für immerdar verschlossen?
Gemächer der Chalifen ihr mit schimmerhellen Wänden,
Die selbst in tiefer Nacht den Blick mit Tageshelle blenden,
Stets seh' ich euch im Geist, den Thurm, das Lusthaus mit den Sälen,
Die beiden Prachtgebäude stets gleich leuchtenden Juwelen,
Und jenen ganzen Wonnesitz, der Seeligkeit auf Jeden,
Deß Fuß in seinen Umkreis tritt, ausschüttet wie ein Eden.
Ja dort, wo sich im schatt'gen Hain Mittags die Tauben laben,
Dort spendete mir das Geschick die besten seiner Gaben;
Nun aber, wenn mich sonst geweckt das Lied der Sängerinnen,
Scheucht schon vor Tag der Eule Schrei den Schlummer mir von hinnen;
Wenn die Geliebte sonst den Trank mir bot bei'm Frührothglanze,

Greif' ich, vom nächt'gen Schreckgebild entsetzt, nun zu
der Lanze.
Ach, schneller flohn am Bätis dort im lieben Heimat-
lande
Die Tage mir dahin, als hier am Guadianastrande!

Der Zeit, als er sich noch in Cordova versteckt
hielt, gehört die folgende poetische Epistel an den,
ihm innig befreundeten Dichter Abu Bekr Ibn Labbana an, in welcher er unter Beziehung auf sein
Unglück und seine Liebe zu Wallada sich wegen der
Flucht aus dem Kerker entschuldigt und den Freund
bittet, ein Wort für ihn bei dem Gewalthaber ein-
zulegen, der den Einflüsterungen seiner Feinde vor-
eilig Glauben geschenkt habe:

Fern von euch, ihr Freunde, bin ich, aber nicht dem
Raume nach,
Nein, nur weil ich euch zu sehen, euch zu sprechen nicht
vermag.
Das Geschick, das treulos Keinem Wort hält auf dem
Erdenrund,
Hat voll Grausamkeit zerrissen unsern jüngst geschloss-
nen Bund,
Und ich schwör's bei eurem Leben: ruchlos war's und
ungerecht,
Als es solche theure Bande zu zertrümmern sich er-
frecht.
Seit ich euch nicht ferner treffe, wo ich ehemals euch
traf,

Senkt sich selten, hier und da nur, auf die Augen mir
der Schlaf.
Wie der Wanderer verdurstend zwischen bitterem Gesträuch
Nach der klaren Quelle schmachtet, also sehn' ich mich
nach euch,
Aber borniges Gestrüppe, voll von Stacheln, rauh und
scharf,
Scheidet mich von euch, daß nimmer euch zu seh'n ich
hoffen darf.
Unter den Gazellen, welche bei uns weilten, war, ihr
wißt,
Eine, deren Lagerstätte tief in meinem Herzen ist.
Alle Reize hat sie; üppig unterhalb des Gürtels wallt
Ihrer Glieder Fülle; schlank ist in der Mitte die Gestalt.
An dem Tag, als ich von ihr mich trennte, ward das
Herz mir eng
Und erzitterte, als wär's in ihrem Ohre das Gehäng.
Reichen meine Worte nicht zum Ausdruck meiner Liebe
hin,
So ergänzen meine Seufzer, meine Thränen ihren Sinn.
Ach! wird nie die Jugend einsehn, daß die Raschheit
und die Kraft,
Die sie schmückt, der Neider ihnen und der Feinde viele
schafft?
Daß den ungestümen Renner, der bis an die Mark der
Welt
Vorwärts stürmen möchte, schmachvoll man zurück in
Banden hält?

Wird sie nimmer einsehn, daß man eine Klinge guter Art,
Scharf zum Hiebe wie zum Schlage, in der Scheibe wohl verwahrt?
Ungebrochen noch an Seele, ob gebeugt auch vom Geschick,
Richt' ich, o mein Abu Beker, hoffnungsvoll auf dich den Blick!
Du, in dem ich einen Vater fand, seitdem der meine starb,
Du, in dem ich Schutz und Anhalt, der mir sonst gebrach, erwarb,
Deine Huld, für die ich ewig meinen Dank dir zollen muß,
Ist auf mich herabgeschauert, wie der Wolke Regenguß!
Ohne dich, du Güt'ger, hätte Funken meines Geistes Stahl
Nie geschlagen, mein Talent sich nie enthüllt dem Sonnenstrahl,
Und die Dichtungssträuße, die ich auf des Genius Flur gepflückt,
Hätte ohne dich der Frühling nie mit Farbenpracht geschmückt.
Früh vor Gram bin ich gealtert; Mattigkeit des Todes schleicht
Durch mein Innres, ob die Jahre gleich mein Haar noch nicht gebleicht.
Leid hat lang auf mir gelastet, und ich ward durch viele Müh'n

Wie ein Garten, dem durch lange Dürre hingewelkt das Grün;
Wie das Reiben am Gewande, wie die Last, die es beschwert,
Am Kameel, so hat die lange Kerkerhaft an mir gezehrt.
Jedem beut der Erdengarten was ihn lockt und was ihn reizt,
Während selbst mit schlechten, herben Früchten wider mich er geizt.
Daß mein Wunsch mich so ins Irre führte, dacht' ich nicht fürwahr;
Doch auf irre Pfade treibt der Uebermut das Dromedar;
Der ich bis an die Plejaden heben wollte stolz das Haupt,
Nun herabgestürzt am Boden lieg' ich elend und bestaubt.
Als ich dachte, völlig sei des Fürsten Gnade mir geschenkt,
Hat er mich geschmäht voll Ingrimm, mich mit bitterm Wort gekränkt,
Und wie sehr ich auch durch Zeichen meiner Treue seine Gunst
Wieder zu erringen suchte, keine Mühe half noch Kunst.
In Gedichten pries die Weisheit ich, mit welcher er regiert,
Seine Herrschaft pries ich, die mit Perlenschmuck die Erde ziert,

Einem Schmucke, der als reicher Gurt um ihre Mitte
prangt,
Ihr als Krone auf dem Haupt ruht, ihr am Hals als
Kette hangt:
Doch sein Ohr stand dem nur offen, was voll Mißgunst,
ränkevoll
Meine Feinde von mir raunten, um zu sätt'gen ihren
Groll.
Weil zu Höh'n ich aufgeklommen, wohin ihr Talent
nicht reicht,
Haßt mich diese Brut von gift'gen Schlangen, die im
Finstern kreucht;
Jedesmal, wenn mich die Argen schauen, ist von Neid
und Grimm
Ihre Stirn gefurcht; sie wünschen Alles mir was irgend
schlimm.
Erst als ich von ihrer Feindschaft, ihrer blinden Eifer-
sucht,
Unerträgliches erduldet, wandt' ich meinen Fuß zur
Flucht;
Glaube nimmer, durch das Fliehen hätt' ich schuldig
mich bekannt!
Moses auch, als er verfolgt ward, floh aus der Aegyp-
ter Land.
Einst noch, hoff' ich, wird die Güte abermals von mir
erprobt
Und die Großmut, die an diesem edlen Herrscher Jeder
lobt.
Ganz auf seine Milde bau' ich, welche jeden Fehl ver-
giebt,

Ganz auf seine Huld, vor der die schwerste Schuld in
    Nichts zerstiebt.
Abu Beker! wenn mein Bitten zur Vermittlung dich
    bewegt,
Neu wird dann der Ehre Siegel meinem Leben aufge=
    prägt;
Glaub, durch deinen Fürspruch würde mir das Herz so
    sehr erfrischt,
Wie der Sinn durch Duft von Ambra, zwischen den
    man Moschus mischt!
Wird von dem Gebieter gütig mir Verzeihung zuge=
    sagt,
O so jubelt meine Seele, dran der Gram seit lange
    nagt,
Aber bleibt er hart, so ist noch über ihm ein Herr der
    Welt,
Der gerechter seine Gaben spendet oder vorenthält.

Den hervorragendsten Gestalten unter den arabi=
schen Dichtern Spaniens muß auch Ibn Lebbun
zugezählt werden, ein andalusischer Großer von küh=
nem und stolzem Sinn. Statthalter von Murvie=
dro, machte er sich von der Oberherrschaft des schwa=
chen Al Kabir unabhängig, ohne jedoch den Fürsten=
titel anzunehmen. Als der Cid Valencia eingenom=
men hatte, und an die Befehlshaber aller umliegen=

---

1) Dozy, recherches 522.

den Schlösser die Forderung stellte, seinem Heere
Lebensmittel zu liefern, widrigenfalls er ihnen ihre
Besitzthümer zu nehmen drohte, sah sich Ibn Lebbun
in eine sehr mißliche Lage versetzt. Es ward ihm
klar, daß er sich gegen den Cid nicht zu vertheidigen
vermöge und daß daher der Trotz wider ihn
nicht rathsam sei, daß aber auf der anderen Seite,
auch wenn er gehorche, der Cid ihn seiner Staaten
berauben werde. Er beschloß daher, Murviedro und
sein Gebiet an Ibn Razin, den Herren von Albar=
racin, gegen eine Jahresrente abzutreten. Der Letz=
tere ging mit Freuden auf den ihm gemachten Vor=
schlag ein, und Ibn Lebbun, seiner Herrschaft ent=
sagend, ließ sich in Albarracin nieder. Aber bald
bereute er den gethanen Schritt und beklagte seine
verlorene Größe, zumal er von Ibn Razin ungroß=
müthig behandelt wurde. Aus dieser Stimmung
sind die mehrsten seiner Gedichte hervorgegangen:

1.

Hinweg! laßt mich den Orient, den Occident durch-
eilen!
Zu sterben wünsch' ich, oder mir der Seele Gram zu
heilen!
Ein Lager und ein Knochen mag dem Hunde wohl ge-
nügen,
Ich aber schwing' als Adler mich empor in kühnen
Flügen;

Vom Himmel hoch späht er herab, ein reiches Land zu finden;
Was vor ihm ist, was hinter ihm, sieht er in Eins verschwinden.
Wenn mir ein Land mißfällt, alsbald dann gürt' ich meinen Renner,
Und schnell wie Sturmwind trägt er mich zu Ländern fremder Männer.
Der Freunde Warnung gilt mir nichts, dem Roß die Sporen geb' ich,
Und, ob mir Keiner folgen mag, rastlos von dannen streb' ich;
Der Sonne bin ich gleich, die früh im Osten sich am Rande
Des Himmels hebt und Abends sich senkt zu des Westmeers Strande.

2.

Wohin verschwanden nun die Sonnen,
Die einst das Dunkel uns erhellt,
Indeß die Nacht mit schwarzer Hülle
Ringsum verschleierte die Welt?
Wohin verschwanden nun die Nächte,
Die ich geheim mit dir verbracht,
Indeß die Eifersücht'gen schliefen
Und uns kein Späherblick bewacht?
O welche Lust, als deine Rechte,
Rothschimmernd wie Johannisbrod,
Mir in dem silbernen Pokale
Den goldnen Saft der Rebe bot!

3.

Folgt mir in die Wüste, Freunde, und im Sande laßt mich spähn,
Ob nicht Trümmer von der Wohnung meiner Theuern dort noch steh'n.
Jener Nacht will ich gedenken, die mit ihr ich froh genoß,
Weinen um die Zeit, die schöne, die für immer nun verfloß.
Noch im Frieden mit dem Schicksal war ich damals, frei und kühn,
Und mein Leben strotzte, wie ein junger Zweig, von saft'gem Grün,
Und ich labte mich am Weine, den zum Früh- wie Abendtrank
Die Geliebte mir kredenzte, sie so lieblich und so schlank.
Ich umarmte sie, den zarten Ast; zu ihrem Angesicht
Blickt' ich trunken auf, dem Monde, der die Welt verklärt mit Licht.
Alle Freuden bauten ihre Zelte über unserm Haupt;
Daß uns Unglück nahen könne, o wie hätten wir's geglaubt?
Lust und Scherz und süße Worte, einer Laute Saitenklang,
Küsse lächelvoller Lippen, Spiel und Kosen und Gesang,
Was man nur verlangen konnte, hatten wir im Ueberfluß,
Und die Wünsche wurden immer neu entfacht durch den Genuß,

Aber traue nicht dem Schicksal, das dir ew'ges Glück
verspricht!
Dich mit süßem Tranke lockt es und die Hefe ahnst du
nicht.
Erst mit allen jenen Wonnen hat es reichlich mich ge-
tränkt,
Aber dann mit bittrer Galle mir den Becher vollge-
schenkt.
O wie viele Leiden lud es auf mein Haupt! wie manche
Nacht
Hab' ich, ohne je zu klagen, schlummerlos in Gram
verbracht!
Könnt ihr ahnen, meine Freunde, welcher Schmerz mich
übermannt,
Weil mein Plan, der wohlerwogne, sich zum Unheil
mir gewandt?
Und doch weiß ich mich, beim Himmel, schuldig keiner
Frevelthat,
Weiß nicht, was für ein Verbrechen das Geschick zu rä-
chen hat.
Wenn ein Ruhm mir winkte, ruht' ich nimmer bis ich
ihn gewann
Und in großmutvollen Spenden schritt ich Allen sonst
voran.
Doch, wie grausam auch das Schicksal war, für Eins
sag' ich ihm Dank,
Daß durch seine Hand der Täuschung Binde mir vom
Auge sank.
Lange Zeit im Traume lebt' ich, doch vom Schlaf er-
wacht' ich nun

Und erkannte, was die Welt ist, was der Menschen
                    Sein und Thun.

4.

Für immer schied ich von der Welt mich
Und sprach zu ihr: genug! genug!
Nichts hab' ich mehr mit dir gemeinsam,
Nicht blendet mich fortan dein Trug.

Ein Gärtchen liegt an meinem Hause,
Nichts weiter will ich von dir schau'n;
Ein Buch genügt mir zum Begleiter,
Ihm mein Geheimniß zu vertrau'n.

Es lehrt mich Kunden alter Zeiten
Und wie's vordem auf Erden war;
In ihm, als einem edlen Schatze,
Find ich die Wahrheit voll und klar.

Ein Mißgeschick jedoch beklag' ich:
Daß, wenn mein Leben ausgelebt
Und sie mich in die Gruft bestatten
Nicht Einer weiß, wen man begräbt.

Eines der auffallendsten Beispiele von dem abenteuernden Treiben der fahrenden Sänger Andalusiens bietet das Leben des Ibn Ammar dar.[1] Von niederer Herkunft und bettelhafter Armut, als Landstreicher von Ort zu Ort ziehend, um sein Brod zu ersingen, dann Freund und vertrauter Rathgeber eines Königs, dessen allmächtiger Vezir und kriegstüchtiger Feldherr, der Fürsten ihres Reiches beraubte, endlich selbst mit königlicher Gewalt bekleidet, doch von solcher schwindligen Höhe plötzlich wieder ins tiefste Elend hinabgestürzt, würde sich dieser Dichter zum Helden eines Romans eignen, der das muhammedanische Spanien des eilften Jahrhunderts schilderte, wie Gil Blas das christliche des siebzehnten. Aus dem Dorfe Schannabus bei Silves gebürtig, kam er als Kind nach letzterer Stadt, wo er seine erste höhere Bildung genoß. Von da begab er sich nach Cordova, um sich in den schönen Redekünsten zu vervollkommnen. Als ihm seine eleganten Gedichte Ruf verschafften, begann er, die Poesie als Gewerbe zu betreiben und wanderte durch die Städte und Dörfer Andalusiens, hier und dort durch Lobgedichte Geschenke erbettelnd, indem er sich nicht auf den Preis der Fürsten beschränkte, sondern ohne Unterschied sich um Gabe und Gunst von Vornehm und Gering bewarb. So kam er auf einer seiner Fahrten

---

[1] Abdul Wahid 79 ff. — Ibn Challikan. — Dozy, histoire IV, 133.

nach seiner Vaterstadt, ohne etwas Anderes im Besitz zu haben, als ein Pferd, für das es ihm an Futter fehlte. In der Noth fiel ihm ein, daß ein reicher und eitler Kaufmann dort wohne. An diesen richtete er daher eine Kasside voll hochtönender Lobeserhebungen; der Kaufmann, für die darin enthaltenen Schmeicheleien nicht unempfänglich, schickte ihm zum Lohn einen Sack voll Gerste und Ibn Ammar war damals durch die Huld, die ihm ein solches Geschenk zuwandte, hochbeglückt.

Eine andere Kasside mit den Anfangsworten
Den Becher her! der Morgenwind weht über Thal und Hügel,
Nach ihrer Nachtfahrt hemmen die Plejaden ihre Zügel
lenkte die Aufmerksamkeit des Königs Al Motadid von Sevilla auf den umirrenden Poeten und ward Veranlassung, daß er an dessen Hof gezogen wurde. Bald gewann er hier die Freundschaft des Kronprinzen Motamid; das Verhältniß zwischen Beiden ward, nach dem Ausdruck seiner Biographen, ein so vertrautes, wie es nicht der Bruder zum Bruder, der Sohn zum Vater hat. Was unserem Abenteurer die Gunst des Prinzen in so hohem Grade zuwendete, scheint zum großen Theil dessen poetisches Talent gewesen zu sein. Ibn Ammar wurde durch seine Kassiden so berühmt, daß er neben Ibn Zeidun als der größte Dichter des Jahrhunderts galt; doch scheinen uns seine Gedichte weit hinter denen des Ge-

nannten zurückzustehen; es findet sich in ihnen selten
ein, aus dem Herzen kommendes und zum Herzen
sprechendes Wort, dagegen ermüden sie durch gesuchte
Wendungen und Metaphern und machen mehr den
Eindruck von rhetorischen Kunststücken als von Werken
der Poesie.

In der reizenden Gegend von Silves (im heuti=
gen Algarvien), zu dessen Statthalter Al Motamid
ernannt wurde, verlebten die Freunde glückliche Tage,
die von Beiden in ihren Versen verewigt worden
sind. Dennoch verkündeten dem Ibn Ammar schon
damals düstere Ahnungen, daß sein Glück und die
Freundschaft des Prinzen zu ihm nicht immer dauern
werde. Eines Abends, so wird erzählt, rief Mota=
mid ihn zu sich in das Gemach, zu welchem nur
seinen Vertrautesten der Zutritt gestattet war. Er
pflegte dies häufig zu thun, an diesem Abend aber
war er noch huldreicher als gewöhnlich, und lud ihn
ein, auch die Nacht bei ihm zuzubringen. Als es
nun spät wurde und Beide sich zum Schlaf gelegt
hatten, vernahm Ibn Ammar eine Stimme, welche
ihm zurief: „Sei auf deiner Hut, Unglücklicher, denn
er wird dich umbringen, wenn auch erst nach einiger
Zeit!" Da erwachte er voll Schrecken, fiel aber bald
wieder in Schlaf und vernahm von Neuem denselben
Ruf, der ihn abermals erweckte. Als sich dann das
Nämliche zum dritten Mal wiederholt hatte, hüllte
er sich in aller Hast in eine der Decken und stürzte

in den Hof des Palastes hinab, um sich dort zu verbergen und am Morgen heimlich ans Meeresufer zu entfliehen, von wo er nach Afrika überzusetzen gedachte. Nicht lange darauf erwachte auch Al Motamid, vermißte ihn, rief seine Sklaven herbei und verließ, indem eine Fackel vor ihm hergetragen wurde, mit ihnen das Gemach, um den Freund zu suchen. Bald entdeckte er auch diesen in seinem Versteck und fragte ihn erstaunt nach der Ursache seiner Flucht. Ibn Ammar erzählte ihm darauf den ganzen Vorgang. „Freund, sagte Motamid, der Wein ist dir zu Kopfe gestiegen und hat solche Traumgebilde erzeugt! Wie sollte Jemand sich selbst tödten? und bist du mir nicht wie mein eignes Selbst?" Durch diese Versicherungen ließ sich denn Jener beruhigen; aber, fügt sein Biograph hinzu, das Traumbild hatte ihm die Wahrheit verkündigt und Al Motamid tödtete später sein eignes Selbst.

Der durch viele Lebenserfahrungen früh erregte skeptische Sinn Ibn Ammar's, der ihn mitten im Vollgenuß fürstlicher Gunst und Freundschaft mit Zweifeln an deren Beständigkeit quälte, scheint sich auch auf die Religion erstreckt zu haben. Einst, als er sich mit dem Prinzen in die Moschee begab und eben der Ruf des Muezzin von der Minaret erscholl, forderte Motamid ihn zu einer Wett=Improvisation auf, indem er den ersten Vers sprach:

Horch! von dem Thurme der Moschee ruft zum Gebet
der Muezzin!

Ibn Ammar erwiderte:

Er hofft, ihm werde seine Schuld von Gott dafür in
Huld verziehn.

Motamid fuhr fort:

Weil er die Wahrheit laut bekennt, mag Segen ruh'n
auf seinem Haupt!

Ibn Ammar fügte hinzu:

Ja, wenn, was seine Lippe spricht, er wirklich auch im
Herzen glaubt.

Nach Motamids Thronbesteigung wurde Ibn Ammar als dessen erklärter Liebling alsbald zu den höchsten Ehrenstellen berufen. Zunächst erhielt er die Statthalterschaft von Silves und feierte hier mit fürstlichem Pomp, umringt von zahlreichen Sklaven und Dienern, seinen Einzug. Der Glanz seiner neuen Stellung ließ ihn jedoch nicht Derjenigen vergessen, welche ehemals dem armen fahrenden Poeten Wohlthaten erzeigt hatten. Als er erfuhr, daß der Kaufmann, der ihm für seine Kassibe Gerste geschenkt hatte, noch lebte, sandte er ihm den nämlichen Sack mit Silberstücken gefüllt, wobei er ihm sagen ließ, wenn er ihm früher Weizen statt Gerste geschickt hätte, so würde er jetzt statt des Silbers Goldstücke erhalten haben.

Der junge König konnte die Entfernung seines Lieblings nicht lange ertragen. Er berief ihn zu sich nach Sevilla und ernannte ihn zu seinem Vezir und obersten Feldherrn. War Ibn Ammar von den andalusischen Fürsten schon lange wegen der Schärfe seiner Satiren gefürchtet worden, so stieg er jetzt zu einem Einfluß und einer Machthöhe empor, die seinem Namen durch ganz Spanien Berühmtheit verschafften. Er führte die Reichssiegel, schaltete mit fast unumschränkter Gewalt über die Truppen und, während er mit glänzendem Gefolge und flatternden Fahnen einherzog, wurden hinter ihm die Heerespauken geschlagen. Auch als Diplomat bewies er Geschicklichkeit und wurde mehrmals zu Unterhandlungen an den Hof von Castilien gesandt. Einst, als das christliche Heer in großer Zahl gegen Sevilla vorrückte, wendete er die, den Muhammedanern drohende Gefahr glücklich durch eine List ab. Da ihm Königs Alfonso VI. Vorliebe für das Schachspiel bekannt geworden war, ließ er ein Schachbrett von köstlicher Arbeit mit Figuren aus Eben-, Aloën- und Sandelholz verfertigen. Er begab sich sodann als Unterhändler in das Lager Alfonso's und wußte zu veranstalten, daß sein Schachbrett die Aufmerksamkeit eines der Höflinge auf sich zog. Dieser erzählte dem Christenkönig davon, und alsbald ward Alfonso's Neugierde erregt, so daß er dem Ibn Ammar, als er ihn das nächste Mal sah, den Wunsch ausdrückte, sein Schachbrett zu sehen. — „Wohl! — antwortete ihm der schlaue Vezir durch den Dolmetscher — ich will ein Spiel mit dir darauf machen und die Bedingung soll sein: wenn du mich besiegst, so gehört das Schachbrett dir, wenn aber ich siege, so kann ich meine Forderung stellen." Der König verlangte zunächst, das Schachbrett zu sehen, war, als es gebracht wurde, ganz entzückt von dem Anblick, trug aber doch Bedenken, auf die Bedingung einzugehen. Ibn Ammar entfernte sich nun, gab aber sein Vorhaben nicht auf, sondern zog insgeheim Einige der christlichen Großen durch reichliche Geldsummen in sein Interesse. Dem Alfonso lag indessen das Schachspiel beständig im Sinne und es währte nicht lange, so fragte er die Großen wegen des von Ibn Ammar gemachten Vorschlages um Rath. Diesen gelang es, ihm seine Bedenken auszureden und er ließ den Araber, unter der Erklärung des Einverständnisses mit seiner Bedingung, zu sich bescheiden. Das Schachbrett ward aufgestellt und der christliche König setzte sich mit dem Muhammedaner zum Spiel, nachdem Letzterem noch auf sein ausdrückliches Verlangen zugestanden worden war, daß die von ihm bezeichneten christlichen Großen als Zeugen und Richter zugegen sein sollten. Nun war Ibn Ammar ein so ausgezeichneter Schachspieler, daß es ihm in Andalusien Keiner gleich that und er gewann die Partie auf die eclatanteste Weise vor Aller Augen, worauf er zum

König sprach: „wohlan! also kann ich jetzt verabredetermaßen meine Forderung stellen?" Alfonso fragte, worin sie bestehe. „Ich fordere, daß du mit deinem ganzen Heere von hier in dein Land heimziehst," rief Ibn Ammar. Bei diesen Worten verfinsterte sich das Gesicht des Königs, er sprang auf, setzte sich wieder und sprach zu seinen Großen: „Ich besorgte wohl, daß es hierauf hinauslaufen würde, aber Ihr stelltet mir die Sache als geringfügig dar." Wie er nun die Absicht ausdrückte, ungebunden von seinem Wort den Kriegszug weiter fortzusetzen, stellten sie ihm vor, daß der erste der christlichen Könige sich eines solchen Wortbruchs nicht schuldig machen dürfe. Nach und nach ruhiger werdend, versprach dann Alfons, abzuziehen, wenn ihm für das laufende Jahr ein doppelter Tribut gezahlt würde. Dies sagte Ibn Ammar zu, ja er ließ das geforderte Geld sogleich zu des Königs Füßen legen, Letzterer trat seinen Rückzug an und so sahen sich die Muhammedaner für dieses Mal von dem feindlichen Einfall befreit.

Auch an den Hof Raimund Berengars II., Grafen von Barcelona, ward Ibn Ammar durch gesandtschaftliche Geschäfte geführt. Auf dem Wege dorthin kam er durch das Gebiet von Murcia, und hier wurde in ihm der Gedanke rege, das Königreich Sevilla durch dieses Fürstenthum zu vergrößern. Er wußte Motamid für den Plan zu gewinnen und zog mit einem stattlichen Heere aus, um den Beherrscher von

Murcia, Ibn Tahir, vom Throne zu stoßen. Durch
Beihülfe eines Verräthers gelang ihm dies und Mur=
cia öffnete ihm die Thore. Ibn Ammar wollte dem
entthronten Fürsten, der in seine Gewalt fiel, sein
Loos versüßen und sandte ihm ein Ehrenkleid, aber
dieser erwiderte dem Ueberbringer stolz: „Sage dei=
nem Gebieter, daß ich von ihm nichts Anderes will,
als einen langen Pelz und eine grobe Mütze." Als
dem Ibn Ammar diese Antwort hinterbracht wurde,
murmelte er vor sich hin: „ich weiß wohl was er
meint; das sind die Kleidungsstücke, die ich trug, als
ich arm und bedürftig zu ihm kam, um ihm meine
Gedichte zu recitiren. Gepriesen sei der, welcher nach
seinem Willen gibt und nimmt, erhöht und ernie=
drigt!" Er verzieh jedoch dem Ibn Tahir diese
Kränkung nicht, sondern ließ ihn zu strenger Gefan=
genschaft in eine Festung führen.

Von nun an herrschte unser Abenteurer in Murcia,
dem Namen nach als Statthalter des Königs, in
Wahrheit aber mit unumschränkter Gewalt. Der Er=
folg seiner Unternehmungen und die schwindlige
Machthöhe, auf die er sich versetzt sah, berauschten
ihn; er erschien, wenn er Audienzen ertheilte, mit
einem Kopfschmuck, wie ihn die Könige zu tragen
pflegten und beging überhaupt mehrere Unvorsichtig=
keiten, die ihn in den Verdacht der Rebellion brin=
gen konnten. Zwar ist kein Grund zu der Annahme
vorhanden, daß er eine solche wirklich beabsichtigt

habe, allein sein Benehmen machte es seinen Feinden und Neidern nur zu leicht, den Schein davon auf ihn zu werfen und es gelang ihnen, Motamids Argwohn zu erregen. Ibn Ammar suchte den Gebieter durch ein Gedicht zu besänftigen, in dem er an die zahllosen ihm gelieferten Beweise von Hingebung appellirte, allein seine Gegner ruhten nicht, bis sie es zum offenen Zwiespalt zwischen Beiden gebracht. Verse gaben das Signal zum Ausbruch der Feindseligkeiten. Der entthronte Herrscher von Murcia war entflohn und hatte bei dem Fürsten von Valencia Beistand gefunden; wüthend hierüber verfaßte Ibn Ammar ein Gedicht, in dem er die Valencianer zur Empörung gegen ihren Herrn aufforderte; dieses Gedicht parodirte dann wieder Motamid in Versen voll heftiger Invectiven gegen seinen Vezir und letzterer gerieth nun so sehr in Zorn, daß er eine Satire schrieb, in welcher nicht allein der König von Sevilla selbst, sondern auch dessen Gemahlin mit Schmähungen überhäuft wurde. Diese Satire kam dem Geschmähten zu Gesicht und fortan war eine Aussöhnung unmöglich geworden. So sah sich Ibn Ammar durch den Trieb der Selbsterhaltung gezwungen, eine unabhängige Stellung anzunehmen. Aber in Folge der Aufreizung eben jenes Verräthers, der ihm die Thore von Murcia geöffnet hatte, forderte das Heer seinen rückständigen Sold von ihm und drohte, als er die Zahlung nicht leisten konnte, ihn an Motamid auszuliefern. Diesem Schlimmsten zu entgehen, ergriff Ibn Ammar die Flucht und begab sich zunächst nach Castilien zu Alfonso; da er aber bei diesem nicht die erwartete Aufnahme fand, an den Hof der Benu Hud von Saragossa. Auch hier trieb ihn sein unruhiger Sinn, sich in gewagte Unternehmungen einzulassen, und eine derselben schlug zu seinem Unheil aus. Bei dem Versuche, das feste Schloß Schukura einzunehmen, fiel er in die Hände der Herren dieser Festung, die ihn gefesselt in einen Kerker warfen und ihn förmlich demjenigen seiner Feinde, der den größten Preis für ihn zahlen würde, feil boten. In Bezug hierauf verfaßte er die Verse:

Auf offnem Markt — was hülfe Weigerung? —
Bringt man mein Haupt jetzt zur Versteigerung;
Bei Gott! nicht scheint's, daß der sein Geld verschwendet,
Der eine hohe Summe an mich wendet.

Der Höchstbietende war Motamid; er sandte seinen Sohn nach Schukura, um die Geldsumme zu überbringen und den Gefangenen in Empfang zu nehmen. Ibn Ammar wurde darauf in strengem Gewahrsam nach Cordova gebracht und in einem schmählichen Aufzug, mit Ketten beladen, vor Aller Augen durch die Straßen geführt. Al Motamid wollte, daß die Vornehmen wie das Volk ihn in diesem Zustande sähen, während früher, wenn er in Cordova einzog, die ganze Stadt sich um ihn gedrängt hatte und die angesehensten Einwohner ihm entgegengezogen waren, indem sie sich glücklich schätzten, wenn er nur ihren Gruß erwiderte oder sie ihm die Hand küssen durften. Als nun der unglückliche Vezir, von seiner hohen Stellung und seinem königlichen Ansehn gestürzt, in diesem erniedrigenden Zustande in Cordova angelangt war, und in Ketten vor Al Motamid geführt wurde, hielt ihm dieser die Wohlthaten vor, mit denen er ihn überhäuft habe, und den schreienden Undank, der ihm dafür zu Theil geworden, er aber schlug die Augen zu Boden und erwiderte zuletzt nur: „ich läugne nichts von dem, was mir mein Gebieter, den Gott schützen möge, vorhält, und wenn ich es läugnen wollte, so würden die Steine es lauter bezeugen, als die Rede es kann; ich habe mich vergangen, aber verzeih! ich habe gefehlt, aber übe Huld!" Der König rief jedoch: „das ist ein Vergehen, wofür es keine Verzeihung gibt!" Ibn Ammar ward nun zu Schiff nach Sevilla gebracht und in einen Kerker neben dem Thor des Palastes Al Mobarik geworfen. Durch vieles Bitten gelang es ihm, Papier und Schreibzeug zu erhalten; er richtete eine Kasside an den König, welcher dadurch milder gestimmt und sogar bewogen ward, den Gefangenen nochmals vor sich führen zu lassen. Al Motamid hielt bei dieser zweiten Unterredung seinem früheren Busenfreund, der in schweren Ketten vor ihm stand, abermals dessen Undank wegen der ihm erwiesenen Wohlthaten vor; der Gefangene vermochte lange kein Wort zu erwidern, dann suchte er unter Thränen das Mitleid seines Gebieters rege zu machen, indem er in ihm die Erinnerung an ihre Jugendfreundschaft und an die glücklichen, miteinander verlebten Tage wach rief. Diese Mahnung an sein früheres vertrautes Verhältniß zu dem nun so tief Gestürzten schien ihren Eindruck auf den König nicht zu verfehlen und Ibn Ammar legte einige mildere Worte, welche derselbe zuletzt sprach, so aus, als enthielten sie seine Verzeihung. In den Kerker zurückgeführt, fühlte er den Drang, die Freude seines Herzens Anderen mitzutheilen und schrieb an Motamids Sohn Raschid einen Brief, in welchem er ihm von dem zuletzt Vorgefallenen Kunde gab. Raschid empfing das Schreiben, als er eben einige von den alten Feinden des Vezirs bei sich zu Gaste hatte, diese warfen ihre Späheraugen in den Brief und sofort verbreiteten sie über dessen Inhalt lügnerische Gerüchte, welche geeignet waren, den Unwillen des Königs aufs äußerste zu reizen. Sobald Motamid hiervon hörte, ließ er den Gefangenen fragen, ob er irgend Jemandem von der Unterredung des vorhergegangenen Tages Mittheilung gemacht habe. Ibn Ammar läugnete dies aufs entschiedenste und der König verlangte dann zu wissen, was er mit dem zweiten der beiden Blätter Papier, die er neulich gefor-

dert und auf deren eines er die Kaſſide geſchrieben, gemacht habe? Als Jener antwortete, er habe es gebraucht, um den erſten Entwurf der Kaſſide darauf zu ſchreiben, verlangte Motamid dies Concept zu ſehen. Ibn Ammar, außer Stande, ein ſolches vor=
zuzeigen, ſah ſich zuletzt genöthigt, einzugeſtehen, daß er einen Brief an Raſchid geſchrieben habe. Da glaubte Motamid, durch das Gefühl der ſchmählich betrogenen Freundſchaft aufs Aeußerſte gebracht und vor Zorn kaum noch ſeiner Sinne mächtig, auch an allem dem, was er über den Inhalt des Briefes hatte hören müſſen, nicht länger zweifeln zu können. In aufſchäumender Wuth ergriff er eine Art und ſtürzte in den Kerker Ibn Ammar's hinab. Dieſer war wie vernichtet, als er den zornflammenden Kö=
nig erblickte; er wußte ſogleich, daß er komme, um ihn zu tödten, wankte trotz ſeiner ſchweren Ketten=
laſt dem Eintretenden entgegen und warf ſich wei=
nend vor ihm nieder; aber der König, für alle Bit=
ten taub, erhob die Axt und hieb ihn zu wieder=
holten Malen damit, bis er entſeelt zu ſeinen Füßen lag.

Die Araber theilten nicht die heute vielverbreitete Meinung, als gedeihe das poetische Talent am besten in der Abgeschiedenheit vom Tumult des Lebens oder als trübe es seinem Besitzer die Klarheit des Blickes, die zur Führung von Staatsgeschäften erfordert wird. Vielmehr vertrauten ihre Fürsten die höchsten Aemter Dichtern an und diesen diente oft die Poesie als Mittel, um in der Politik glänzendere Resultate, als durch diplomatische Noten, zu erzielen. Dies zeigt unter vielen anderen das Leben des Ibn ul Chatib.[1]) Zu Loja am Jenil in der ersten Hälfte des vierzehnten Jahrhunderts geboren, kam er früh nach Granada, der damals in höchster Blüthe stehenden Hauptstadt des Nasriden-Reiches. Waren auch Philosophie und Medicin sein Fachstudium, so wurde er doch vor allem von der schönen Literatur angezogen, las mit größtem Eifer die poetischen Werke der alten Araber und machte sich schon in jungen Jahren durch eigene Gedichte und Episteln in gereimter Prosa bekannt, welche ein seltenes Talent bekundeten. Eine Kaßide, die er zum Lobe des Königs Ab ul Hadschadsch verfaßte, erlangte großen Ruhm und verbreitete sich durch das ganze Reich, ja bis in die fernsten Länder. Zur Belohnung dafür ward er vom König in dessen Nähe gezogen und zunächst in der Hofkanzlei beschäftigt. Bald ebneten ihm seine

---

1) Ibn Chaldun, Geschichte der Berbern II, 491 ff. 454 ff.

Talente den Weg zu den höchsten Würden und seit
dem Jahre 1348 genoß er als erster Minister und
Vezir das unbegränzte Vertrauen des Ab ul Had=
schadsch. Hohe Bewunderung wegen der Eleganz
ihres Styls erregten die Schreiben, die er im Namen
seines Gebieters an andere Monarchen richtete; aber,
mit welchem Eifer er auch seinen Amtsgeschäften ob=
lag, noch immer fand er Zeit zur Abfassung historischer
Werke über Granada und die dort geborenen ausge=
zeichneten Männer, so wie zahlreicher Gedichte, welche
später in einem eigenen Divan gesammelt wurden.
Als Muhammed V. nach dem gewaltsamen Tode
seines Vaters Ab ul Hadschadsch den Thron bestieg,
mußte Ibn ul Chatib von einem Theil seiner Stel=
lung zurücktreten, um ihn an den Liebling des neuen
Königs, Rednan, zu überlassen; doch behielt er das
Vezirat, und Muhammed zeigte ihm bald sein Ver=
trauen, indem er ihm eine Sendung an den Sultan
Abu=Inan, den Meriniden, übertrug, um dessen Bei=
stand gegen die Christen zu erwirken. Als der Dich=
ter zur Audienz am Hofe dieses mächtigen Herrschers
erschien, bat er um die Erlaubniß, zunächst und vor
dem Beginn der Verhandlungen ein Gedicht recitiren
zu dürfen. Der Sultan gestattete es und der Ge=
sandte sprach, aufrecht vor ihm stehend:

Statthalter Gottes! möge sich dein Ruhm erhöh'n und
mehren,

So lang des Mondes Strahlen Nachts die Finsterniß
verklären,
Und mag des Schicksalslenkers Hand vor dräuenden
Gefahren,
Wenn nichts des Menschen Kraft vermag, dich huldvoll
stets bewahren.
Dein Antlitz scheucht die Finsterniß, wenn Leiden uns
umnachtet,
Erquickung bietet deine Hand dem, der in Noth ver-
schmachtet;
Vertrieben schon wär' unser Volk aus Andalusiens Lan-
den,
Wofern nicht du mit deinem Heer ihm hülfreich beige-
standen;
Nur Eins thut unserm Spanien noth, Gebieter, nur
das Eine,
Daß schützend, rettend bald dein Heer an seinem Strand
erscheine.

Diese und noch einige weitere Verse, die der Ge=
sandte sprach, fanden beim Sultan so hohen Beifall,
daß er augenblicklich den begehrten Beistand zusagte
und alle Mitglieder der Gesandtschaft mit Huld und
Geschenken überhäufte.

Nachdem Ibn ul Chatib und Reduan fünf Jahre
lang die Staatsgeschäfte geführt hatten, faßte ein
Neffe des Königs den Plan, sie zu stürzen und einen
Thronwechsel herbeizuführen. Während der Abwe=
senheit Muhammeds V., der sich in einem Landhause

aufhielt, drang der Verschwörer mit seinen Genossen in die Alhambra ein, ermordete Reduan, warf Ibn ul Chatib in den Kerker und erhob Ismail, einen Bruder des Königs, auf den Thron, indem er selbst die Leitung der Regierung in dessen Namen übernahm. Muhammed hörte in der Villa, wo er sich eben befand, den Lärm der Trommeln, begab sich, einen Verrath befürchtend, in aller Eile nach Guadir und sandte von hier aus eine Botschaft mit Nachricht von dem Geschehenen an den Meriniden-Sultan Abu Salem, der eben zur Regierung gekommen war. Dieser hatte früher längere Zeit am Hofe von Granada zugebracht und seinen Bemühungen gelang es, die Freilassung Ibn ul Chatibs, so wie für Muhammed den ungehinderten Abzug aus Andalusien zu erwirken. Der gestürzte König und sein Vezir schifften nun nach Afrika hinüber. Als sie sich Fez näherten, kam ihnen der Sultan zu Rosse mit prächtigem Gefolge entgegen, führte sie dann in den Audienzsaal, in welchem die Würdenträger des Reichs versammelt waren, und ließ den König von Granada auf einem Throne, dem seinigen gegenüber, Platz nehmen. Sodann trat Ibn ul Chatib vor den Sultan hin und improvisirte im Namen seines Gebieters ein langes Gedicht, in welchem er ihn um Hülfe zur Wiedererlangung des Throns von Granada anflehte. Er begann in Nachahmung der alt-arabischen Kassiben mit der Schilderung des Abschiedes von der Geliebten:

Fragt, ihr Freunde, meine Theure, ob sie noch gedenkt des Thals
Von Mochabera? ob noch es duftend blüht wie ehemals?
Ob der Regen stets den Hügel netzt, wo jene Hütte stand,
Die in unserer Erinn'rung noch besteht, doch sonst verschwand?
Mit der Vielgeliebten leert' ich einst den Liebesbecher dort,
Dort, als meines Lebens Flur noch grünte, war mein Heimatsort,
Dort das Nest, in dem ich aufwuchs und zuerst die Flügel schlug —
Aber ach! wo find' ein Nest ich nun und Flügel nun zum Flug?
Daß nur kurz bei ihm die Freude weilet, ist des Menschen Loos
Und verstoßen hat mich jenes theure Land aus seinem Schooß;
Doch das Band, das an die Heimat mich gefesselt, o fürwahr!
Ich bewahr' es in der Seele unzerrissen immerdar;
Jeder Tag, seit von der Freundin mich geschieden das Geschick,
Dünkt mich wie ein Monat; o wer führt mich, wer zu ihr zurück?

Sehen hättet ihr uns müssen, als des Abschieds Stunde
kam
Und versengt die Brust uns Beiden wurde von dem
heißen Gram.
Schmerzen hat das Scheiden, die kein Herz erträgt;
wie Perlen Thau's
Schüttete die rauhe Hand der Trennung unsre Thrä=
nen aus.
Abends an den süßen Wassern hingen unserm Gram
wir nach,
Und von unsern bittern Zähren wurde bitter auch der
Bach.

Wie hier nicht ein König von Granada um den Verlust seines Reiches, sondern der Wüstenhirt Dschemil um die Trennung von seiner Botheina zu kla= gen scheint, so ist auch der Fortgang des Gedichtes, in welchem der Vertriebene seine Wüstenreise schil= dert, den älteren Mustern nachgebildet. Dann aber geht dasselbe näher auf seinen eigentlichen Zweck zu, indem es den Entthronten seine Hoffnung auf die Hülfe des Sultans aussprechen läßt.

Ja, er bringt mir Heilung, er, von Jakubs Stamm der
beste Zweig,
Er, der durch die Nacht des Unglücks hinschritt, ruhm=
und ehrenreich.
Ringshin trugen Karavanen seiner Thaten hohen Ruf,
Und, daß Wahrheit sie verkünden, zeugt das Große,
was er schuf.

Wenn das Meer die Gaben fassen könnte, die sein
Edelmut
Spendet, würd' es, voll zum Rande, Ebbe kennen nicht
noch Flut.
Selbst das Schicksal bebt vor Schrecken, wenn sein
tapfrer Arm ihm droht,
Sich in seine Heertracht kleidend, wandelt lebend selbst
der Tod.
Ihm gehorcht die Welt bis zu den Gipfeln, die kein
Fuß ersteigt,
In den Sternen schimmert Hoffnung auf die Huld, die
er bezeigt.
Herr der Kön'ge! fernher nah'n wir dir und flehen:
schaff uns Recht
An dem frevelnden Tyrannen, dem Geschicke, deinem
Knecht!
Grausam hat das Uebermüth'ge uns mißhandelt, rauh
und hart;
Doch wir nannten deinen Namen, und es bebte schreck-
erstarrt.
Zuflucht vor dem Tode suchen wir' beim Ruhm, in dem
du prangst,
Und im Schatten deiner Hoheit Kühlung unsrer Fie-
berangst.
Deiner Großmut dachten, Herr, wir, als das Meer wir
vor uns sah'n,
Und gering, mit ihr verglichen, schien uns nur der
Ocean;
Du nur bist der Pol, von dem des Lebes Schiff gelei-
tet wird;

Wenn die Dichtung Andre preis't, so hat sie schmählich
	sich verirrt.

Nach solchen Lobeserhebungen, die noch durch viele weitere Verse fortgesetzt wurden, wendete sich Ibn ul Chatib geradezu mit der Bitte um Beistand an den Sultan:

Imam du der Wahrheit! steh dem Rechte bei, das, tief
	gekränkt,
Halt- und schirmlos dasteht, wenn nicht deine Huld
	ihm Beistand schenkt.
Heißt's: „wir brauchen Krieger", wohl, so hast du ein
	gewalt'ges Heer,
Heißt's: „wir brauchen Gelder," wohl, so sind die Truh'n
	dir voll und schwer.
Der die Sitte du erneuerst, der du hemmst des Frevels
	Lauf,
Was der Feind zertrümmert, richtet neu durch dich der
	Islam auf!
Gönne dem vertriebnen Fürsten, welcher vor dir steht,
	das Glück,
Das sein höchstes ist, und führ' ihn in das Vaterland
	zurück!
Eile, daß dem wunden Herzen seines Volks, das Ty-
	rannei
Lange von ihm ferngehalten, deine Hülfe Balsam sei!
Sieh, wie jeder Blick dich anschaut und erwartungsvoll
	dich prüft,
Ob den Bund nicht, den ersehnten, deine Rechte bald
	verbrieft.

Vor dem Ruhme, den durch solche That du erntest, wie-
 gen leicht
Alle Summen, die sie kostet, und das Ziel ist bald er-
 reicht.
Nur ein Darlehn ist das Leben, ein Geschenk auf kurze
 Zeit,
Doch ein guter Name dauert fort in alle Ewigkeit.
Und als selig ist zu preisen wer ein solches Gut er-
 wirbt,
Wer für ein vergänglich Glück ein andres eintauscht,
 das nicht stirbt:
Aber, hoher Fürst, damit dein Gast zum Ziel gelange,
 sind
Renner ihm mit weißem Stirnmal noth und hurtig wie
 der Wind;
Reisevorrath muß er haben; Dromedare guter Art,
Perlengleich die Schenkel glänzend und der Körper gold-
 behaart;
Graue Schimmel, leicht von Gang und für den Tag
 der Schlacht geschult,
Deren Glanz mit dem der lichten Sterne um den Vor-
 rang buhlt;
Männerlöwen sind ihm nöthig, Sprossen des erhabnen
 Stamms
Von Merin, mit weißem Turban und mit ehrnem Rin-
 gelwamms;
Männer, deren Jeder, während unter ihm das Kampf-
 roß tanzt,
Einem ganzen Heere Stand hält, das sein Banner vor
 ihm pflanzt.

Ja im Drangsal sind die besten Helfer solche Männerleu'n,
Die zu jedem Gipfel klimmen, sich vor keinem Feinde scheu'n;
Wenn man bittet sind sie liebreich; den, der trotzt, vernichten sie,
Das Versproch'ne stets erfüllen, treu ihr Werk verrichten sie;
Sünde scheint für sie im Kriege der Gedanke an die Flucht,
Doch sie fliehen wenn sie Worte hören ohne Scham und Zucht;
Werden sie mit Ruhm gepriesen, höher schlägt dann ihre Brust,
Dann so wie ein Weinberauschter taumeln sie vor stolzer Lust.
Wie die Blumen durch die Zweige des Gesträuches lächeln — so
In des Lanzenwaldes Mitte blicken heiter sie und froh.

Herr! mein Geist und Lebensfunke war erstorben und erstarrt,
Und schon schwand mein Odem, als mir durch dein Mitleid Rettung ward.
In des Kerkers Grabe lag ich wie ein Todter hingestreckt,
Den Verlor'nen da zu neuem Leben hast du auferweckt,
Ihn mit deiner Huld beseligt, die so reichlich auf ihn floß,

Daß sich die verderrte Blüthe seines Herzens neu erschloß.

Zahllos sind die Gnaden, die du über mich gehäuft,
und ach!

Um sie zu vergelten ist mein Dank und ist mein Lob
zu schwach.

Aber alle diese Großmut, die du schon geübt hast,
denkst

Du zu krönen nun, indem du Macht und Ruhm uns
wiederschenkst.

Dieses Gedicht rührte die ganze Versammlung
bis zu Thränen. Der Sultan versprach sogleich, seinem Gaste zur Wiedererlangung des Thrones beizu-
stehen und bot inzwischen, den günstigen Augenblick
zum Handeln erwartend, ihm und seinem Gefolge
ein Asyl an seinem Hofe, indem er ihm mehrere
prachtvoll=geschmückte Paläste zur Verfügung stellte.
Ibn ul Chatib benutzte diese Zeit seines Aufenthaltes in Afrika, um die marokkanischen Provinzen zu
bereisen und die merkwürdigen Oertlichkeiten daselbst
zu besuchen. Bald pflog er auf dieser Reise Unterredung mit frommen Eremiten, bald betrachtete er
die Bauten der alten Könige, bald kniete er an den
Gräbern heiliger Scheichs. So führte ihn sein Weg
auch nach Agmat und auf den Friedhof, wo Al Motamid, der unglückliche König von Sevilla, mit seiner Gemahlin Itimad unter einem lotusbewachsenen
Hügel ruhte. Bei dem Anblick dieser beiden Gräber

konnte er seine Thränen nicht zurückhalten und improvisirte:

Nach Agmat, um zu knie'n an deinem Grabe,
Zog ich aus frommem Trieb am Wanderstabe,
Großmüthigster der Fürsten! Du Fanal,
Der weit die Nacht erhellt mit seinem Strahl,
O lebtest du, daß ich in deinem Lichte
Mich sonnte und dich priese im Gedichte!
Nun grüß' ich nur dein Grab, dein vielbeklagtes;
Ringsum die andern Gräber überragt es,
Und, wie der Edelste du warst im Leben,
So ward vor Allen, die dich hier umgeben,
Dir auch im Tod der erste Platz geboten.
O König der Lebend'gen und der Todten,
Nie sah'n vergangne Jahre deines Gleichen,
Noch wird der Künft'gen Einer dich erreichen.

Im Jahre 1362 konnte Muhammed V. den Thron von Granada wieder besteigen und Ibn ul Chatib mußte dessen Familie, die noch in Fez zurückgeblieben war, nach Andalusien geleiten. Alsbald trat er auch in seine frühere Stellung wieder ein und wußte Andere, die das Vertrauen des Königs gewonnen hatten, zu verdrängen. Einer Kaßide, die er zur Feier von dessen Rückkehr verfaßt hatte und die für eine seiner schönsten galt, widerfuhr die Ehre, ganz auf die Wände der Alhambra geschrieben zu werden. Längere Zeit war er nun der alleinige Rathgeber der Krone, ja die Regierung lag fast ganz in seiner Hand.

Seine Gunst war das Ziel aller Hoffnungen und
Vornehm und Gering drängten sich vor seiner Thür.
Aber auch der Neider und Widersacher hatte er nicht
wenige, die alle Mittel der Verläumbung zu seinem
Sturz in Bewegung setzten. Anfänglich glaubte Ibn
ul Chatib überzeugt sein zu dürfen, der König ver=
schließe solchen Einflüsterungen standhaft sein Ohr;
als ihm aber die Machinationen seiner Feinde ge=
fährlich zu werden drohten, verließ er Granada und
begab sich nach Afrika zu dem neuen Sultan Abd
ul Aziz. Da er bei diesem, dem er früher wichtige
Dienste geleistet, eine höchst ehrenvolle Aufnahme
fand, konnten die Höflinge in Granada ihre Eifer=
sucht nicht länger zurückhalten und setzten alle Mittel
in Bewegung, um den Flüchtling zu verderben. Sie
stellten seine geringsten Versehen als schwere Ver=
brechen dar, beschuldigten ihn, in seinen Reden ma=
terialistische Ideen an den Tag gelegt zu haben und
brachten es dahin, daß der Kadi von Granada, dem
seine Schriften vorgelegt wurden, sie für irreligiös
und ihren Verfasser für einen Ungläubigen erklärte.
Muhammed V. war nun so schwach, seinen früheren
Vezir fallen zu lassen und denselben Kadi an den
Sultan Abd ul Aziz zu senden, damit er die Be=
strafung des Flüchtlings nach der Vorschrift des Ko=
ran verlange. Abd ul Aziz indessen dachte zu edel,
um die Rechte der Gastfreundschaft zu verrathen; die
Antwort, die er auf das an ihn gestellte Ansinnen

ertheilte, bestand darin, daß er nicht nur dem Ibn ul Chatib selbst, sondern auch allen Andalusiern, die mit ihm nach Afrika gekommen waren, reiche Jahr= gehalte verlieh.

Während unser Dichter so hochgeehrt am Hofe von Fez lebte, konnte er sich des Zorns gegen seinen früheren Gebieter nicht erwehren; ihm Haß mit Haß vergeltend, stachelte er den Sultan auf, die Erobe= rung von Andalusien zu versuchen. Um das ihm drohende Unheil abzuwenden, schickte der König von Granada an Abd ul Aziz ein Geschenk von außer= ordentlichem Werth, bestehend aus den schönsten Pro= dukten der spanischen Industrie, aus andalusischen Maulthieren, die wegen ihrer Stärke überall gesucht wurden, und aus christlichen Sklaven und Sklavin= nen. Der Gesandte, welcher dieses Geschenk zu über= bringen hatte, forderte zugleich die Auslieferung Ibn ul Chatib's, allein sein Begehren wurde standhaft zurückgewiesen. Bedenklicher gestalteten sich die Um= stände nach dem Tode des Abd ul Aziz. Der neue Sultan Ab ul Abbas, anfänglich nicht allgemein an= erkannt, hatte sich dem Könige von Granada verpflich= tet, ihm seinen ehemaligen Vezir auszuliefern. Als er nun zur Vollgewalt gelangte, war es sein erstes, diesen verhaften zu lassen. Bald traf ein Gesandter aus Granada ein, um die Bestrafung des Gefange= nen zu verlangen und es ward eine Commission ein= gesetzt, welche ihn richten sollte. Während seiner

Kerkerhaft sah der unglückliche Ibn ul Chatib den
unvermeidlichen Tod voraus, behielt jedoch Fassung
genug, um noch mehrere Elegien auf sein trauriges
Schicksal zu dichten. In einer von diesen sagte er:

Wohl weil' ich auf der Erde noch; allein
Ich glaube schon von ihr entfernt zu sein.
Gelangt bin ich zum letzten Aufenthalt,
Wo nie ein Wort die Lippe ferner lallt;
Auf meinem Munde die Seufzer sind verweht,
So wie ein plötzlich endendes Gebet.
Macht, wie sie Wen'gen ward, war einst die meine,
Doch nichts bleibt nun von mir, als die Gebeine;
Zu meiner Tafel lud ich einst die Gäste
Und diene jetzt für Andre selbst zum Feste;
Des Ruhmes Sonne war ich einst; nun weint
Um sie der Himmel, daß sie nie mehr scheint.

Der Hauptanklagepunkt gegen ihn war, er habe
in seinen Schriften ketzerische Doctrinen verbreitet.
Hierüber hatte er mehrere Verhöre zu bestehen, aber,
bevor noch das Urtheil gefällt wurde, drang auf An=
stiften eines seiner Todfeinde ein Volkshaufe in den
Kerker und ermordete ihn.